TREINTA Y SEIS MENTIRAS DE JULES RIMET

CRÍTICA DEL INFLUYENTE LIBRO «HISTORIA MARAVILLOSA DE LA COPA DEL MUNDO»

Colección **La otra historia del fútbol** número 3

© **Pierre Arrighi, 2020**
Éditeur : BoD — Books on Demand,
12/14 rond-point des Champs Élysées, 75008 Paris
Impression : BoD — Books on Demand, Allemagne
ISBN : 978-2-322-13443-4
Dépôt légal : février 2020 — v3

Texto y diseño gráfico: **Pierre Arrighi.**
Ilustración de la tapa: Enrique Buero y Jules Rimet, antes de 1930 (Col. Juan Buero)

Para mi hijo Pablo.

Sumario

Abreviaciones de organizaciones deportivas 21

Introducción 23
 El libro de Rimet fue la culminación de un largo y dudoso proceso de autoculto **23** Con la «Creación de la Copa del Mundo» Rimet apuntó a obtener el Premio Nobel de la Paz **25** Havelange recuperó ciertos episodios del libro de Rimet para crear un relato evangélico al servicio del flamante aparato de la FIFA **27** La «Creación de la Copa del Mundo» es una sucesión ininterrumpida de mentiras **28**

1. Debate fundacional 31
 La cita mentirosa y su significado **31**
 En el *Handbook 1929*, Hirschman describió el fracaso de sus gestiones y evidenció la ausencia de debate con los dirigentes ingleses **32** En 1929, Guérin reapareció para denunciar los «errores históricos» de Inglaterra **36** En un artículo publicado en *La Presse* en enero de 1904, Guérin expuso los incidentes que jalonaron el proceso fundacional **38** El proceso fundacional se desarrolló sin los ingleses y duró once meses, de junio de 1903 a mayo de 1904 **42** El «punto de vista inglés» sobre el proceso fundacional de la FIFA también tiene su historia **43** La verdad **44**

2. Deseo común 45
> La cita mentirosa y su significado **45**
> La idea de un deseo común a todos los dirigentes continentales debe ser relativizada **47** La declaración de Clegg en la conferencia de Londres de 1905 significó el primer rechazo oficial de la FA **51** La FA expresó su segundo rechazo de la Copa Internacional con el voto torcido aprobado en la Conferencia de Londres **53** Al abrirse el tercer congreso de la FIFA, en 1906, Woolfall volvió a teorizar el rechazo de la Copa Internacional **55** La verdad **57**

3. Documento de época 59
> La cita mentirosa y su significado **59**
> Hirschman se limitó a proponer disposiciones reglamentarias para los partidos amistosos **60** El proyecto de Copa Internacional fue una producción colectiva **61** El «documento de época» presentado por Rimet contiene burdas incongruencias **62** El verdadero proyecto es de fácil acceso: se halla registrado en las actas del congreso de 1905 **64** Entre el texto original y la versión falsificada por Rimet hay diferencias flagrantes de forma y de contenido **66** La verdad **67**

4. Campeonato interclubes 69
> La cita mentirosa y su significado **69**
> Ya existían competiciones entre clubes europeos que daban plena satisfacción **70** El concepto de seleccionado manejado por los fundadores de la FIFA puede ser considerado visionario **72** La verdad **74**

5. Inglaterra aunada 75
> La cita mentirosa y su significado **75**
> Las actas de los congresos de la FIFA discuerdan con la contabilidad de Rimet **76** Un autor inglés allegado a la FIFA especula en vez de

investigar **79** Según el Comité Ejecutivo, en septiembre de 1905 la fa no se había afiliado **80** En septiembre de 1905, la fifa confirmó la no afiliación de la fa **81** La fa adhirió a la fifa en 1906 «de manera especial» **82** La verdad **84**

6. Antecedente mundialista 85
La cita mentirosa y su significado **85**
El mundialismo de la fifa fue más atrasado que avanzado **87**
El término «internacional, vago y elástico, no especificaba la dimensión geográfica del campeonato **88** Guérin y Mühlinghaus concibieron la Copa Internacional como una Copa de Europa, no como un Mundial **90** La fifa nació como organización continental, limitada a las federaciones europeas **91** Los ingleses promovieron el antimundialismo olímpico y la división del fútbol en zonas de influencia **93** La fifa se mundializó a fines de 1912 gracias a las protestas alemanas **95** La verdad **96**

7. Apatía unánime 97
La cita mentirosa y su significado **97**
Los adversarios de la Copa fueron recompensados por los ingleses **99** El boletín de la fifa de septiembre de 1905 evidenció la propaganda opositora de la presidencia belga **100** Guérin se implicó personalmente tratando de salvar la Copa Internacional **102** La verdad **104**

8. Esfuerzos excesivos 105
La cita mentirosa y su significado **105**
El programa de las eliminatorias de la Copa de 1905 no implicaba sobrecarga **107** La actividad real de los seleccionados de las asociaciones continentales era muy superior a la actividad oficial **110** También los franceses desplegaron una actividad internacional oficiosa desbordante **111** La verdad **112**

9. Bases inestables 113
> La cita mentirosa y su significado **113**
> En el tercer Congreso de la fifa organizado en 1906 en Berna, ciertos dirigentes continentales resistieron a los argumentos de Woolfall **115** El tema de una sola asociación rectora por país culminó en ataque contra la asociación fundadora, Francia **116** Los cismas eran falta grave solo si se producían en el Continente **118** Los británicos pretendieron imponer a las asociaciones del Continente la unidad nacional estructural que nunca se aplicaron a sí mismos **119** Los británicos exigieron del Continente una unidad legislativa que ellos fueron los últimos en alcanzar **121**
> La verdad **122**

10. Fútbol en pañales 123
> La cita mentirosa y su significado **123**
> Es posible determinar el nivel de desarrollo de un fútbol nacional motivado **125** Los fútboles de Dinamarca y Holanda cumplían los requisitos necesarios para ser considerados «mayores» **126** Suiza y Bélgica también poseían asociaciones importantes con gran capacidad organizativa **127** La usfsa francesa, olímpica y experta en campeonatos tentaculares, estaba pronta para la Copa Internacional **129** La verdad **130**

11. Tantos obstáculos 131
> La cita mentirosa y su significado **131**
> En 1914, las teorizaciones inglesas destinadas a frenar el desarrollo de la fifa habían perdido todo crédito **132** En el Continente, los campeonatos nacionales alcanzaron un desarrollo y una solidez fuera de dudas **134** La presidencia Woolfall impidió que la fifa hiciera sus experiencias y se desarrollara materialmente **135** Los ingleses estimaron que la Copa Internacional proyectada por la fifa amenazaba mortalmente al BHC **138** La verdad **140**

12. Mirlo olímpico 141
 La cita mentirosa y su significado **141**
 Hirschman propuso organizar un verdadero torneo internacional de la FIFA en el marco olímpico **143** En 1914, los poderes deportivos olímpicos, incluyendo los criterios de admisión, pasaron a manos de las federaciones internacionales **145** La reforma de los poderes olímpicos chocó frontalmente con la política de rebaja que la FA imponía a la FIFA desde 1908 **149** La verdad **150**

13. Organización inacabada 151
 La cita mentirosa y su significado **151**
 El BHC británico nació y se desarrolló sin conducción organizada **153** Los torneos internacionales de 1908 y 1912 fueron organizados por asociaciones nacionales **154** El torneo sudamericano nació antes de que se creara la Confederación Sudamericana **156** La FIFA renació en 1923 y se convirtió en «organización acabada» después de la «era Rimet» **157** La verdad **158**

14. Confusa discusión 159
 La cita mentirosa y su significado **159**
 En Cristiania, la estrategia del torneo abierto dirigido por la FIFA se opuso a la estrategia del torneo amateur dominado por la FA **160** Rimet votó sin objeciones la moción que criticó severamente cuarenta años después **162** El amateurismo no era una prescripción olímpica sino una orden de la FA **163** La verdad **164**

15. Prueba facultativa 165
 La cita mentirosa y su significado **165**
 A partir de 1921 no hubo más pruebas olímpicas facultativas **166** En 1908, el fútbol olímpico se volvió oficial y definitivo **168** El fútbol fue una de las disciplinas más estables de toda la historia de los Juegos **170** La verdad **172**

16. Subordinación indigna 173
　　La cita mentirosa y su significado **173**
　　No pudo haber subordinación indigna antes de 1930 porque hasta esa fecha no hubo prescripciones olímpicas **174** En 1908 y 1912, la fifa se subordinó a la prescripción amateurista que le impuso la tutela inglesa **178** En 1921, los votos de Rimet y Seeldrayers en Lausana anularon los aspectos retrógrados de la resolución de Cristiania **180** Siguiendo lo definido por el congreso de la fifa de Ginebra, Rimet reglamentó el torneo olímpico de 1924 como un abierto **182** En 1928, la fifa impuso sus estatutos profesionalistas como reglamento del torneo olímpico de fútbol **183** La verdad **184**

17. Una sola categoría 185
　　La cita mentirosa y su significado **185**
　　Entre 1896 y 1928, un solo deportista fue excluido de los Juegos, y no por el coi sino por los dirigentes del atletismo estadounidense **187** El proceso de selección de los jugadores franceses para los Juegos de Amberes fue totalmente libre **188** El proceso de selección de los jugadores franceses para los Juegos de París fue totalmente libre **189** En 1928, Francia seleccionó libremente a sus players pero en el marco de un proceso futbolísticamente desanimado **192** En 1924, la fifa oficializó la presencia de profesionales en los equipos olímpicos **193** La verdad **194**

18. Falta de acuerdo 195
　　La cita mentirosa y su significado **195**
　　Los historiadores franceses insinuaron la complicidad de Francia con la «intransigencia inglesa» **196** Inglaterra dirigió la ofensiva destinada a liquidar la fifa **198** En diciembre de 1919, Rimet votó el acuerdo para la liquidación de la fifa **199** Existen dos versiones del texto suicida **201** La verdad **202**

19. Idea abandonada 203
>La cita mentirosa y su significado **203**
La opinión futbolística europea vio en el torneo olímpico de fútbol de Amberes la respuesta a su expectativa mundialista **204**
En 1923, el congreso de la FIFA reunido en Ginebra decidió conducir el torneo olímpico **207** Rimet calificó oficialmente el torneo olímpico de 1924 como «*Tournoi Mondial de Football*» **209**
En 1924, la opinión futbolística se constituyó como opinión mundial irreversiblemente mundialista **210** La verdad **212**

20. Mundial todo pago 213
>La cita mentirosa y su significado **213**
La supuesta «objeción financiera» se apoya en un cálculo presupuestal que no es el de los eventos de envergadura mundial **215**
La FIFA no dispuso jamás el supuesto principio de «Mundial todo pago» **217** La FIFA no fue tan solidaria con sus asociaciones como lo da a entender Rimet **219** La verdad: **222**

21. Argumento decisivo 223
>La cita mentirosa y su significado **223**
Múltiples incongruencias delatan las dificultades de Rimet para armar el episodio **224** La demostración de Rimet carece totalmente de lógica **227** El contrasentido que significa responder a la objeción financiera con el campeonato en Sudamérica muestra la impostura del «episodio de Colombes» **228** La idea de un Mundial en Montevideo surgió en febrero de 1929 en el Club Nacional de Football **230** La verdad **231**

22. Plan secreto 233
>La cita mentirosa y su significado **233**
En 1925, Buero no era la persona indicada para entablar gestiones complicadas ante la AUF **235** En 1925 resultaba absurdo imaginar

que la AUF aceptaría organizar un Mundial «todo pago» en Uruguay **236** Nada en la correspondencia entre Rimet y Buero indica la existencia de un plan de acción común **238** Las reticencias de Buero a las propuestas de la AUF demuestran el carácter falacioso del «episodio de Ginebra» **240** La verdad **242**

23. Sin dificultades 243

La cita mentirosa y su significado **243** Rimet creó la Comisión Bonnet para impedir el surgimiento de una confederación continental **244** Las propuestas de la comisión violaban las obligaciones de la FIFA y eran inaceptables para el congreso **246** En Helsinki, fue Holanda que solicitó postergar las discusiones **247** Austria e Italia denunciaron la prohibición de la Copa de Europa como contraria a los intereses del fútbol **248** Delaunay denunció el no envío de las propuestas por el Comité Ejecutivo pero cedió al sabotaje de la Copa de Europa **249** La verdad **250**

24. Debates nuevamente confusos 251

La cita mentirosa y su significado **251** Rimet eliminó sistemáticamente a Sudamérica de los preparativos al Mundial de 1930 **252** La limitada propuesta financiera de la FIFA fue derrotada por la propuesta uruguaya **253** Buero explicó lo debates de Barcelona como un choque frontal entre el europeísmo de Rimet y el mundialismo de Uruguay **255** La verdad **255**

25. Todo un éxito 257

La cita mentirosa y su significado **257** Las actas del Congreso de Barcelona revelan una serie de silencios significativos **259** En Barcelona, Rimet cobijaba la candidatura oficiosa de París **259** El veto al reglamento financiero italiano precipitó la inesperada reacción de Mauro **262** Desistiéndose en

favor de Uruguay, Italia se vengó de la prohibición de la Copa de
Europa **264** El tema económico es una de las claves para entender
qué pasó en Barcelona **265** La verdad **266**

26. Regreso en tren 267
  La cita mentirosa y su significado **267**
  El mundo deportivo cruzó el Atlántico desde la creación de los
  Juegos Olímpicos modernos **268** En el tren de París viajaron la
  dirección de la FIFA y las asociaciones oficialistas **270** El boicot
  promovido por Rimet tuvo un carácter oculto, ilegal, y se encaró
  por tiempo indeterminado **271** Diez días después del Congreso
  de Barcelona, Hirschman empezó a trabar la tarea de los
  organizadores uruguayos **272** El 28 de julio, el comité organizador
  europeo comunicó un panorama desalentador del Mundial en
  Montevideo **274** Entre agosto y diciembre de 1929, las exigencias
  presentadas por la FIFA no pararon de crecer **276** En marzo de
  1930, las solicitaciones de Hirschman y Fisher alcanzaron niveles
  delirantes **277** A Buero le costó mucho obtener la participación de
  cuatro asociaciones europeas **278** La verdad **280**

27. Ruegos encarecidos 281
  La cita mentirosa y su significado **281**
  La directiva francesa adoptó la abstención por unanimidad, fuera
  de sus reuniones oficiales, ocultándola a sus bases **282** Rimet
  asumió oficialmente la abstención **284** Ocho semanas antes del
  inicio del Campeonato del Mundo, la asociación francesa se vio
  forzada a participar **288** Buero impuso la participación francesa
  activando sus contactos políticos **289** La verdad **290**

28. Peregrino apasionado 291
  La cita mentirosa y su significado **291**
  Diferentes documentos de la federación francesa desmienten

el cuento del peregrinaje **292** Francia mandó a Montevideo el seleccionado habitual **294** La verdad **296**

29. Bajo la bota 297
La cita mentirosa y su significado **297**
Las posiciones de Italia obedecían a decisiones que provenían a la vez de la cima del Estado y de acuerdos con el bloque central **298**
El bloque central lanzó la propaganda contra el Mundial e Italia la propaganda en favor de la Copa Paneuropea **299**
Rimet se plegó a la estrategia italiana y el 10 de marzo propuso a Buero la liquidación del Mundial **301** La auf se opuso a la liquidación del Mundial y siguiendo su proyecto inicial, asumió plenamente la creación del evento **302** El artículo de Gambardella fija la fecha del «plan de Marsella» **304** La verdad **306**

30-36. Siete conjuntos 307
Conjunto 1: Rimet ocultó la liquidación de la Copa Internacional de 1906 **308** Conjunto 2: Rimet ocultó la liquidación del proyecto de Copa Internacional de 1914 **312** Conjunto 3: Rimet liquidó retroactivamente los Mundiales olímpicos de 1924 y 1928 **316** Conjunto 4: Rimet ocultó la tentativa de liquidar la fifa aprobada por Francia, Bélgica e Inglaterra en 1919-1920 **327** Conjunto 5: Rimet fabricó la leyenda en la cual se presenta como el «inventor absoluto» del campeonato del mundo de fútbol **330** Conjunto 6: Rimet ocultó la liquidación de la Copa de Europa en 1927 **334** Conjunto 7: Rimet ocultó la tentativa de liquidación del Campeonato del Mundo de 1930 por la fifa **337**

Breve cronología del período estudiado 341
Reseñas biográficas 349
Bibliografía sucinta 361

Mentir, y un poco menos terquear, son vicios cuya aparición y progreso habría que combatir absolutamente y que en los niños van creciendo con la edad. Es que, cuando la lengua se ha habituado a torcerse, sorprende constatar después lo mucho que cuesta enderezarla. Hay hombres, por lo demás honrados, que se atan como esclavos a estos vicios. Tengo un sastre, que es un buen muchacho, al que nunca le escuché decir una verdad ni siquiera cuando esta podía serle personalmente útil.

Michel de Montaigne, *Ensayos, Libro I capítulo 9, Sobre los mentirosos,* 1595.

Abreviaciones de organizaciones deportivas

FIFA	Federación Internacional de Fútbol Asociación
COI	Comité Olímpico Internacional
FFFA	Federación Francesa de Fútbol Asociación (1919 a 1966)
FFF	Federación Francesa de Fútbol (desde 1966)
AUF	Asociación Uruguaya de Fútbol
USFSA	Unión de Sociedades Francesas de Deportes Atléticos
FA	Football Association (Inglaterra)
CSF	Confederación Sudamericana de Fútbol
AFA	Amateur Football Association (Inglaterra)
IFAB	International Football Association Board (Gran Bretaña)
CFI	Comité Francés Interfederal (Francia)
SFA	Scottish Football Association (Escocia)
UBSSA	Unión Belga de Sociedades de Deportes Atléticos (1895 a 1920)
URBSSA	Unión Real Belga de Sociedades de Deportes Atléticos (desde 1920)
CNS	Comité Nacional de Deportes (Francia)
COF	Comité Olímpico Francés
COB	Comité Olímpico Británico
COS	Comité Olímpico Sueco
FINA	Federación Internacional de Natación Amateur
FIGC	Federación Italiana de Fútbol (Giuoco Calcio)
UEFA	Union of European Football Associations (Europa)

Introducción

El libro de Rimet fue la culminación de un largo y dudoso proceso de autoculto

Jules Rimet fue presidente de la Federación Francesa de Fútbol Asociación (FFFA) de 1919 —fecha de la creación del organismo— a 1949, y presidente de la Federación Internacional de Fútbol Asociación (FIFA) de 1921 a 1954. Es considerado por algunos como el máximo dirigente del fútbol internacional de todos los tiempos. Durante su mandato a la cabeza de la federación internacional se organizaron dos primeros Torneos Mundiales en el marco olímpico —en 1924 y 1928— y cinco Campeonatos del Mundo convocados por la FIFA —en 1930, 1934, 1938, 1950 y 1954—.

En las historias del fútbol de los años sesenta, Rimet es presentado como «el creador de la Copa del Mundo». Esto quiere decir que se le atribuye la invención del Campeonato Mundial, considerando que se inició en 1930 en Montevideo. Pero sobre todo, quiere decir que se adhiere al relato que el propio Rimet publicó poco antes de morir, en el cual se presenta a sí mismo como el infalible conceptor, promotor y salvador de dicho evento. En otros términos, se atribuye a Rimet el rol «visionario» que él mismo se atribuyó, partiendo de esa auto-atribución, de ese autoensalzamiento.

Dos meses antes de dejar la presidencia de la FIFA, Rimet publicó un libro de memorias titulado *Historia maravillosa de la Copa del Mundo*. La primera parte, denominada «Creación de la Copa del Mundo», es la más importante, la que motiva esta crítica. Abarca el período que va de los primeros intentos para fundar la FIFA en 1901-1902 hasta la partida del Conte Verde del puerto de Villefranche-sur-Mer (Niza) hacia Montevideo, el 21 de junio de 1930. Es en esta parte que el autor se presenta como el creador total del Campeonato del Mundo de fútbol, exponiendo un encadenamiento de hechos supuestos que no aparecen en ningún otro documento y que ningún dirigente internacional de la época habría corroborado.

La «Creación de la Copa del Mundo» aparece como el punto culminante de un proceso de autoculto que se evidenció inmediatamente después de terminada la Segunda Guerra Mundial y que pudo realizarse sin obstáculos pese a la dudosa actuación política del presidente de la FIFA antes y a lo largo del conflicto: pacto con los dirigentes fascistas del fútbol italiano durante la década del treinta; aceptación de la dirección personal de Mussolini y del saludo fascista durante el Mundial de 1934; cordial invitación de los dirigentes nazis al congreso de la FIFA organizado en el marco de los Juegos de Berlín de 1936 y consecuente aceptación de la exclusión de los futbolistas judíos; aquiescencia sin objeción de la absorción del *Wunderteam* (el «Maravilloso equipo» austríaco) por Alemania en 1938 como consecuencia del «Anschluss»; y durante el régimen de la Colaboración (1940-1944), bajo las órdenes del mariscal Philippe Pétain, presidencia del Comité Nacional de Deportes (*Comité National des Sports*, CNS) y fomento de la ideología del «Nuevo orden moral».

El 25 de julio de 1946, el Comité Ejecutivo de la FIFA propuso al congreso reunido en Luxemburgo rebautizar el Campeonato del Mundo como «Copa Jules Rimet». Aunque no se homenajeaba otra cosa que un cuarto de siglo de presidencia, se adivina el origen de la iniciativa y la confusión que generaba la propuesta, favorable a la idea que Rimet se estaba haciendo de su propia obra. El nuevo nombre fue «votado por aclamación» pero generó mucho descontento, sobre todo en filas de la federación francesa. Para el secretario general, Henri Delaunay, fue una usurpación: el primero en proponer la idea de un Campeonato, etiquetado Mundial, y «desde la FIFA», había sido él, a principios de 1927, en el seno de la Comisión Bonnet. En cuanto a las asociaciones afiliadas que organizaron las ediciones posteriores, siguieron considerando el Campeonato del Mundo como un puro producto de su propio mérito —mérito deportivo, esfuerzo viajero y sacrificio financiero—, en la continuidad de una histotia vieja, iniciada en el marco olímpico, y rechazando la tesis de un invento absoluto, introducido «desde afuera» por una federación internacional superior o por obra de un jefe providencial.

En Brasil en 1950 y en Suiza en 1954, los organizadores locales continuaron designando la prueba como «Campeonato del Mundo» o «Campeonato Mundial», desechando la nueva apelación. En el prefacio de su *Historia maravillosa…* Rimet se vio obligado a explicar que, ante la constancia de las resistencias, poco antes del Mundial de Berna, el Comité Ejecutivo dio cierta marcha atrás. Estableció entonces «de modo definitivo» que el torneo mundial se llamaría «Campeonato del Mundo» y que la expresión «Copa Jules Rimet» se utilizaría solo como subtítulo. Pero el arreglo tampoco funcionó. Las asociaciones continuaron denominando la prueba a su manera, marcando la fuerza propia del fútbol, independiente de la modesta y cuestionable acción desarrollada por la FIFA, en la continuidad de lo iniciado por los franceses en el «*Tournoi Mondial*» de 1924.

Con la «Creación de la Copa del Mundo» Rimet apuntó a obtener el Premio Nobel de la Paz

El texto «Creación de la Copa del Mundo» es breve, apenas treinta páginas, y toca gran cantidad de temas importantes, complejos y polémicos. La primera impresión es la de un testimonio sensato. La segunda es la de un serio malestar por los ajustes de cuentas permanentes que el autor desliza en sus comentarios laterales, notas al pie de la página o descripciones falsamente ingenuas que desacreditan o ridiculizan a los colegas dirigentes. Son víctimas del veneno de Rimet todos los que le hicieron sombra, o sea los mismos que contribuyeron a su gloria: Pierre de Coubertin, fundador de los Juegos Olímpicos modernos, dirigente de la USFSA —creadora de la FIFA— y promotor del Torneo Mundial de París de 1924; Carl Hirschman, fundador de la FIFA y secretario histórico de 1906 a 1931; Henri Delaunay, verdadero patrón de la federación francesa, creador de la Copa de Francia y organizador del Torneo Mundial de 1924; y más allá de individualidades, el movimiento olímpico en su conjunto, «los delegados» de las asociaciones nacionales en general, el Comité de selección de la FFFA, los dirigentes del fútbol de Europa Central, «los administradores» de la FIFA, etcétera. Por el perjuicio que Rimet les ocasionó y les sigue ocasionando, ocupan un lugar especial en la nómina de los usurpados la Asociación Uruguaya de Fútbol (AUF), la selección celeste, y el delegado internacional y diplomático oriental, Enrique Buero.

Como no podía ser de otra manera, las incriminaciones de Rimet llevaron a que los contemporáneos, directamente atacados, ignoraran su libro. Pese a ello, con el paso del tiempo, muchos de los cuentos hilvanados por Rimet resucitaron como por milagro, alcanzando un éxito rotundo que se mantiene hasta hoy. La imagen del «cardinal untuoso», «hábil maniobrero» y «eterno pedigüeño» que guardaban de él quienes lo habían conocido personalmente dio paso a la del pastor humanista y evangelizador que ofreció generosamente el Campeonato del Mundo a los bicampeones olímpicos sudamericanos.

Rimet sabía muy bien que sus múltiples venganzas y usurpaciones impedirían el éxito de un libro cuya difusión dependía en gran medida del beneplácito de los dirigentes franceses. En realidad, la intención del presidente de la FIFA no era, como podría pensarse, erigirse en creador de la Copa del Mundo ante la opinión futbolística o aparecer como el primer instigador de una improbable historia oficial de la federación. Como lo reveló su hagiógrafo Jean-Yves Guillain, el objetivo real y concreto era nada menos que obtener el Premio Nobel de la Paz. Fue apuntando a esa meta que escribió la «Creación de la Copa del Mundo». El texto sirvió de base al informe que sustentó las gestiones ante las autoridades noruegas, sin resultado. Rimet falleció poco después de aquél intento, en octubre de 1956, y el libro, que no había circulado mucho, desapareció por completo del mercado.

Havelange recuperó ciertos episodios del libro de Rimet para crear un relato evangélico al servicio del flamante aparato de la FIFA

De 1955 a 1974, los ingleses volvieron a presidir la FIFA. Durante los mandatos de Arthur Drewry y Stanley Rous, los relatos de Rimet cayeron en el más completo olvido. Fue el brasileño João Havelange, presidente de 1974 a 1998, que los resucitó incluyéndolos en los primeros esbozos de historias oficiales, acreditando la imagen de Rimet como padre de la iglesia futbolística, *tan inventor del Campeonato del Mundo como Pierre de Coubertin lo había sido de los Juegos Olímpicos modernos.* Se trató entonces de comunicar a gran escala una serie de leyendas simples y luminosas que daban fuerza y eficiencia al vasto proyecto de desarrollo del aparato de la FIFA en su conquista del Tercer Mundo.

Ciertas tesis presentes en la «Creación de la Copa del Mundo» no convenían a Havelange. La trayectoria olímpica del brasileño, como nadador y waterpolista primero, como dirigente de alto nivel después, lo llevó a considerar inaceptable la denigración sistemática de los Juegos teorizada por Rimet. Por esa razón, *Historia maravillosa...* no fue reeditada ni mencionada explícitamente como fuente bibliográfica. Operando indirecta y selectivamente, Havelange retomó en los textos oficiales solo aquellos relatos «maravillosos» susceptibles de generar creencias y contribuir a la evangelización futbolística. No era difícil elegir. Con extraodinaria sagacidad, Rimet ya había marcado los episodios más «maravillosos» con expresiones que correspondían perfectamente a esa perspectiva: «Dios del fútbol», «apóstol», «revelación», «encuentro providencial», «infatigable peregrino», etcétera. Los cuentos de Rimet conocieron así una resurrección, como armas del Papa brasileño, y el mediocre maquinador francés fue erigido en profeta fundador de la congregación mundial del balompié.

La utilización lateral de las narraciones de Rimet tuvo la ventaja de evacuar las bajezas y la megalomanía del texto original. Sucedió entonces que los episodios imaginarios que resultaban de un maníaco autobombo se trastocaron, apareciendo a los ojos de la opinión como un reconocimiento póstumo y tardío que los colmados herederos debían a un hombrecito simple y ejemplarmente modesto. No leído, fundamentalmente desconocido, el libro alcanzó entonces, como por infusión, su máximo esplendor. En 2014, a poco del Mundial de Brasil, la película *United Passions* patrocinada por Sepp Blatter, marcó la cima del cuento de hadas.

La «Creación de la Copa del Mundo» es una sucesión ininterrumpida de mentiras

El texto «Creación de la Copa del Mundo» recorre cantidad de acontecimientos mayores de la historia del fútbol internacional: la fundación de la fifa, el fracaso de la Copa Internacional de 1906, la adopción de la resolución mundialista en el congreso de Cristiania de 1914, la crisis de la posguerra, los torneos olímpicos de la década del veinte, el fracaso del proyecto de Copa de Europa propuesto en 1926 por Italia y los países centrales, el Congreso de Barcelona, las dificultades que precedieron a la realización de la Copa del Mundo de Montevideo. La crítica que se propone aquí parte de una constatación que se fue gestando paulatinamente: el texto en cuestión es una sucesión ininterrumpida de mentiras, y en su conjunto, una elaborada impostura.

Casi todo es falso. «Mentiras elementales» de muy diversa naturaleza —ocultamientos, omisiones voluntarias, ambigüedades, contrasentidos, inventos, confusiones deliberadas con el objetivo de hacer diversión, puras ficciones, etcétera— se hilvanan dando lugar a «mentiras significativas». Estas convergen a su vez formando «conjuntos mentirosos fundamentales» que responden a los objetivos mayores que se fijó Rimet con vistas al maquillaje de su vida y de la historia de la fifa. Las «mentiras significativas» estudiadas aquí son veintinueve. Algunas corresponden a episodios que relatan tal o cual acontecimiento, por ejemplo el encuentro de Ginebra entre Rimet y Buero en 1925, otras a conceptos o afirmaciones que constituyen interpretaciones orientadas de un período más o menos vasto, por ejemplo la idea de que la fifa no reglamentó nunca los torneos olímpicos de fútbol. Estas veintinueve mentiras se presentan bajo la forma de citas relativamente cortas, compuestas de una o varias frases. Los «conjuntos mentirosos fundamentales» son siete. Los veintinueve primeros capítulos de este trabajo corresponden a la crítica de las veintinueve «mentiras significativas» detectadas. El capítulo 30 presenta y comenta cada uno de los siete «conjuntos» destacando su relación con el objetivo que se asignan. La suma de las veintinueve «mentiras significativas» y de los siete «conjuntos» justifica la cifra utilizada en el título de este libro.

La metodología utilizada para realizar este trabajo consistió en confrontar cada pasaje sospechoso con las fuentes documentales. El trabajo de archivos duró varios años. Los capítulos 1 a 29 siguen todos un mismo desarrollo. Se presenta primero la cita mentirosa, subrayada, con el núcleo de la mentira en negrita. Se destacan luego las inverosimilitudes que aparecen en el texto mismo, para cuya observación bastan el sentido común y cierto conocimiento básico del mundo del fútbol. Sigue la confrontación con los archivos, y finalmente, el restablecimiento de la verdad.

Cuatro fuentes documentales de primer orden sirvieron a la realización de esta crítica: las actas de los congresos de la FIFA; las actas de la directiva de la FFFA; la prensa oficial (*Handbook 1929*, boletines de la FIFA publicados en 1905 y semanarios de la FFFA) así como los artículos publicados en la prensa por el primer presidente de la FIFA, Robert Guérin; y finalmente, el libro clave, *Negociaciones internacionales*, publicado en 1932 en Ginebra por Enrique Buero, en el cual se reproducen, sin alteración ni comentarios, correspondencias e informes que revelan «las interioridades» del verdadero proceso de creación del Campeonato del Mundo de 1930.

No está de más recordar que el libro *Negociaciones internacionales*, ejemplo de transparencia por su contenido, fue ampliamente difundido, desde el día de su salida, a nivel de la FIFA y de los dirigentes del fútbol internacional. Los documentos allí impresos, que sobre una serie de episodios fundamentales inducen versiones totalmente opuestas a las de Rimet, nunca fueron desmentidos. En su «Creación de la Copa del Mundo», el dirigente francés finge ignorar la obra publicada por su supuesto cómplice.

Todo indica sin embargo que la estudió detenidamente, para darla vuelta. Resulta interesante destacar, por contraste, que como lo hemos podido verificar en los archivos del diplomático uruguayo cuidadosamente conservados y clasificados en la casa familiar, Rimet nunca envió a Buero su *Historia maravillosa…*

Con el objetivo de evaluar la actualidad de las tesis de Rimet, este trabajo hace referencia con frecuencia a versiones que, sobre tal o cual episodio, se expresaron en dos libros publicados bajo el patrocinio la FIFA: *1904-2004, el siglo del fútbol*, redactado para los 100 años de la federación por un grupo de investigadores europeos a pedido de Sepp Blatter; *Historia oficial de la Copa del mundo de la FIFA*, impreso en octubre de 2017 por el *Museo del Fútbol Mundial de la FIFA*, cuyo texto introductorio, obra del analista inglés Guy Oliver, abarca el mismo período de 1902 a 1930.

La crítica aquí expuesta no utiliza el sistema de notas propio de los textos académicos. Las referencias a las fuentes se hallan en el texto mismo de manera suficientemente clara. Casi todos los archivos mencionados son accesibles al público que los puede solicitar, descargar o consultar, siguiendo las instrucciones brindadas en la «Bibliografía sucinta».

Varios puntos decisivos no habrían podido resolverse sin la cooperación de Pierre Cazal. El investigador francés me comunicó generosamente, acompañando sus envíos con comentarios siempre perspicaces, muchos documentos claves relacionados con los siguientes temas: el nacimiento de la FIFA; el rol de Eugène Jourdain; la liquidación de la Copa proyectada por la FIFA en 1905; la renuncia de Robert Guérin; la crisis de la posguerra; el reconocimiento en 1920 de los belgas como Campeones del Mundo; las hesitaciones de Rimet con respecto al Mundial de Montevideo y sus diferencias con el resto de los miembros de la directiva de la federación francesa.

1. Debate fundacional

La mentira: el debate iniciado en 1902 entre los dirigentes continentales europeos y la Football Association inglesa (FA) condujo a la creación de la FIFA dos años más tarde.

La cita mentirosa y su significado

> El 8 de mayo de 1902, Hirschman transmitió su proyecto a Sir Frederick Wall, secretario general de la Football Association, decana de las asociaciones nacionales, cuya fundación remonta a 1863 y que reina sobre un pueblo impresionante de jugadores. **Sir Frederick Wall respondió que la propuesta sería estudiada en la próxima sesión del consejo de la FA. Se inició entonces el debate que condujo a la fundación de la Federación Internacional de Fútbol Asociación el 21 de mayo de 1904.**
> (p. 14)

Esta primera mentira trata del «proceso fundacional de la FIFA». Rimet entiende que duró dos años, de mayo de 1902 a mayo de 1904, que fue iniciado por el holandés Hirschman, y que su motor fue el debate que mantuvieron los dirigentes continentales europeos con los dirigentes ingleses. Este último enunciado no es desmentido ni relativizado posteriormente sino confirmado y ampliado por una serie de otras mentiras que participan de lo que algunos denominan como «punto de vista inglés».

La palabra «debate» supone evidentemente que hubo un intercambio constructivo de propuestas y opiniones, y el verbo «condujo», que a lo largo de dicho intercambio se prepararon efectivamente por lo menos algunos de los aspectos de la mencionada fundación: la redacción del Tratado, el establecimiento de los objetivos fundamentales, la definición de los principios organizativos, la fijación de cierto funcionamiento, y finalmente, la convocatoria del primer congreso. Solo si se verifica que se cumplieron estas dos condiciones podrá decirse, con Rimet, que el «debate» entre dirigentes continentales e ingleses «condujo» al nacimiento de la FIFA.

En el *Handbook 1929*, Hirschman describió el fracaso de sus gestiones y evidenció la ausencia de debate con los dirigentes ingleses

El *Handbook 1929* fue publicado por la FIFA en ocasión de sus 25 años de existencia. Hirschman, que había fundado la federación internacional y era su secretario general desde 1906, publicó allí una larga colaboración titulada «Notas sobre la fundación de la FIFA» en la cual reprodujo una serie de correspondencias que tuvo con la FA y con el otro fundador, el francés Robert Guérin. El texto ilustra y aclara el inicio de las gestiones encaradas por los dirigentes continentales. Comienza así: «Ignorando otras tentativas que pudieron existir para formar una Unión internacional del fútbol asociación, no puedo sino limitarme a describir los esfuerzos que conozco. Y por lo que sé, la primera tentativa emprendida fue la mía.»

Hirschman prosigue recordando que en 1902 ejercía como secretario del club VV de La Haya (*Haagse Vœtbal Vereniging*) y que a ese título le tocó organizar varios encuentros con equipos de otros países. Justificando el hecho de haber privilegiado los contactos con Inglaterra, explica que, aunque el fútbol continental contaba con dos viejas asociaciones creadas en 1889 —Dinamarca y Holanda— y otras dos más recientes —Bélgica y Suiza— nacidas en 1895 e igualmente robustas, «en aquél tiempo, la Football Association, fundada en 1863, era de lejos la federación nacional más importante».

Pasadas las consideraciones previas, Hirschman expone en detalle los trámites que recapitulamos a continuación.

El 8 de mayo de 1902 —como lo señala correctamente Rimet—, el dirigente holandés escribió al secretario de la FA evocando el desarrollo de las relaciones *entre clubes de diferentes países continentales* y solicitando su apoyo para la creación de una organización internacional. Diez días después, Wall respondió que transmitiría la carta al Consejo de la FA, cuya sesión tendría lugar el día 30. El 4 de junio, un nuevo correo del inglés confirmó que la propuesta había sido sometida al Consejo y que «sus delegados se aprestaban a comunicarla a la International Football Association Board (IFAB)».

Durante diez meses, los ingleses no dieron más noticias, hasta que el 8 de abril de 1903 Wall volvió a comunicarse con Hirschman, no para darle una respuesta, sino para informarle que «la International Board había decidido enviar una *copia completa* (sic) de la carta holandesa a cada una de las asociaciones británicas para que estas la consideraran en junio próximo». El capítulo de las gestiones ante los dirigentes ingleses se cierra de esta manera:

> Mi carta fue enviada nuevamente a la International Board de modo que la esperanza de que Inglaterra aceptara finalmente ocuparse del tema no se perdía completamente. El hecho es que mientras se esperaba el resultado de las discusiones de la IFAB, una invitación fue enviada por la USFSA (Unión de Sociedades Francesas de Deportes Atléticos) a las federaciones nacionales del Continente para una reunión en París en agosto de 1903. Como muchas de las asociaciones invitadas no podían presentarse, la reunión fue postergada.

Esto es todo en cuanto a los intercambios entre Hirschman y Wall: un trámite que se eternizó, y ninguna respuesta efectiva ni de la FA ni de la IFAB. Wall puso supuestamente en marcha un proceso de debates pero todo indica que su objetivo fue desalentar al solicitante. A ese respecto, el tema de «las consultas a la IFAB», que los ingleses manejarán de modo recurrente como si se tratara de un imperativo, merece un comentario. El organismo «internacional» —en realidad «intranacional»— se reunía una vez por año. Durante el período de los intercambios entre Hirschman y Wall, sesionó en dos oportunidades, el 16 de junio de 1902 y el 15 de junio de 1903. Las actas de la primera reunión registraron lo siguiente:

> Se leyó una carta proveniente de la asociación neerlandesa (enviada a la Football Association) sugiriendo la disputa de encuentros con equipos representativos de esta asociación, y proponiendo también fundar una Asociación Internacional destinada a promover el fútbol en Europa, a organizar un Campeonato Internacional y a asegurar la uniformidad en la aplicación de las leyes de juego en los diferentes países. La Oficina decide enviar una copia de la carta a las asociaciones de Escocia, Gales e Irlanda para consideración del proyecto y establecimiento de un informe.
> (p. 4)

Así, la IFAB no discutió el tema, limitándose a leer el correo y a anunciar su transmisión —una operación que la FA bien pudo haber efectuado sola desde el primer día—. Se observa la vaguedad y la pesadez de «lo decidido»: el establecimiento de un informe sin que se sepa por quién, cuándo y para qué. Si consideramos que «el informe» debía ser redactado por la IFAB, habrían pasado entonces tres años más entre la recepción de las diferentes posiciones, la síntesis y la aprobación. Pero nos quedaríamos cortos: las actas de la sesión de 1903 ya no mencionan el asunto.

Es que, en realidad, no era incumbencia de la mencionada Oficina tratar un proyecto como el de Hirschman. El organismo había sido creado con una sola misión: administrar las leyes del juego. No estaba en sus prerrogativas sustituirse a las decisiones que, en todos los otros planos, correspondían soberanamente a las directivas de las asociaciones británicas. Dicho de otra manera, la asociación inglesa no tenía porqué solicitar el acuerdo de Escocia o de Gales para establecer relaciones con asociaciones extrabritánicas, jugar partidos fuera del Reino, o adherir, al menos en principio, a una organización exterior. De hecho, la FA empezó a establecer acuerdos internacionales en América y en Oceanía desde fines del siglo XIX sin pedirle autorización a nadie, y cuando en 1906, se dignó a afiliarse a la FIFA —de una manera, como se verá, «especial»—, lo hizo individualmente, sin pasar por la mentada IFAB. Así, la transmisión de la carta al organismo interbritánico fue sobre todo una manera de manifestar desinterés, de cansar a Hirschman y de extinguir progresivamente el intercambio. Obedecía además a una sinuosa voluntad de aleccionar: ¿para qué crear un organismo internacional si este ya existía? ¿acaso la Oficina, que desde 1886 reunía a las cuatro asociaciones británicas, no se llamaba «International» Board? Se insinuaba así la intención de hacer notar a los continentales que estaban un poco desubicados.

Hirschman no habla más de los ingleses y pasa a narrar sus intercambios con Guérin. Este había entablado contactos con la FA sin estar al tanto de la acción de Holanda. La comunicación entre Hirschman y Guérin se produjo más tarde, cuando el dirigente francés constató, sino el fracaso definitivo, la pérdida de un tiempo precioso. Aparece entonces como fecha importante del proceso fundacional ese día 13 de junio de 1903 en que Guérin, actuando en calidad de presidente de la Comisión de Fútbol Asociación de la USFSA, envió una carta a ocho asociaciones continentales afirmando que existía «en principio un acuerdo para adoptar el Tratado internacional que sometí a vuestra aprobación».

Siempre según las «Notas...» de Hirschman, Guérin propuso un encuentro «que podría realizarse en Bruselas al margen de la Copa Van der Straeten-Ponthoz (Copa Ponthoz), o si no, en París, los días 3 y 4 de abril». La invitación se acompañaba del proyecto de Tratado y de las observaciones formuladas al respecto por el alemán Karding. Las asociaciones convocadas eran: la Unión belga de Sociedades de Deportes Atléticos (UBSSA), la Neederlandsche Vœtbal Bond holandesa, la Deutscher Fussball Bund alemana, la Asociación Suiza de Fútbol, la Œsterreische Fussball Union austríaca, la Asociación Sueca de Fútbol, la llamada «asociación madrileña de clubes de fútbol» (Real Madrid FC), la Asociación Italiana de

Fútbol y, claro está, la USFSA francesa, cuyo líder no era otro que el barón Pierre de Coubertin, creador de los Juegos Olímpicos modernos. Nótese que en la lista de las organizaciones que daban su «acuerdo de principio» no figuraba la asociación inglesa.

El 19 de enero de 1904, Guérin escribió personalmente a Hirschman comunicándole una nueva versión del proyecto de Tratado y evocando la organización del torneo internacional. Siguieron otras cartas los días 3 y 19 de febrero, 12 y 26 de abril. En la del día 12, Guérin confirmó que «el congreso tendrá lugar del 21 al 23 de mayo en París» y que se discutirían dos temas: el Tratado, en base a una nueva redacción que integraba las observaciones alemanas, y la creación de una «Federación Internacional de Fútbol Asociación». Enunció entonces, por primera vez, el nombre que habría de adoptar la entidad.

El 16 de mayo, en un nuevo correo, Guérin aseguró que asistirían ocho delegaciones: Holanda, Bélgica, Francia, Dinamarca, Suiza, Alemania, Italia y Suecia. Las «Notas…» de Hirschman culminan de este modo: «El Congreso tuvo efectivamente lugar los días 21, 22 y 23 de mayo de 1904. Se adoptó la Constitución firmada por siete países: Francia, Bélgica, Suiza, Holanda, Dinamarca, Suecia y España, que Alemania también aprobó por telegrama.» La ausencia de cualquier referencia al caso inglés confirma que, en mayo de 1904, en el momento de la fundación de la FIFA, no se había recibido la menor respuesta ni se había producido un esbozo de «debate».

En 1929, Guérin reapareció para denunciar los «errores históricos» de Inglaterra

El 2 de noviembre de 1905, Guérin renunció a sus funciones de secretario de la comisión de la USFSA, y en consecuencia, a las de presidente de la FIFA. Se retiró entonces definitivamente del fútbol. Dejó de dirigir, de entrenar y de escribir artículos sobre este deporte, siendo la única excepción el texto breve publicado en el *Handbook 1929*. Bajo el título elocuente de «La creación de la FIFA y el error de Inglaterra», Guérin, que tenía entonces 53 años, abrió su exposición apuntando directamente a las responsabilidades de la FA:

> Por esa época, en 1903, resolví fundar la FIFA con la colaboración de excelentes amigos como André Espir [Francia], CAW Hirschman y Louis Mühlinghaus [Bélgica]. Yo estaba un poco sorprendido de que Inglaterra, en donde 25 años antes el fútbol triunfaba, no adoptara esta iniciativa, ya que en 1903 no era difícil prever que este deporte se transformaría en el juego más popular del globo.

Guérin prosigue con la aclaración de que, en aquél comienzo, «no tenía ningún deseo personal de tomar la dirección de la FIFA y concebía perfectamente que el derecho de presidencia recayera sobre la FA inglesa.» Recuerda luego sus diferentes contactos con los dirigentes londinenses de esta manera:

> Hice por lo tanto el trámite en esa dirección y mi estupefacción fue grande cuando, recibido en el Holborn por el excelente secretario inglés, M. F. J. Wall, me di cuenta de que este ignoraba completamente lo que pasaba en el continente europeo. La cabeza hundida entre las manos, me escuchó predicar la idea de que Inglaterra debía liderar el movimiento. Wall me dijo solamente que lo iba a referir al consejo de la FA. Esperé algunos meses, luego de los cuales reiteré mi pedido. Solicitado por el secretario inglés, fui otra vez a Londres y me entrevisté con ese hombre amable, Lord Kinnaird. Pero fue como arar en el mar. Agotado y viendo que los ingleses querían *wait and see* [esperar y ver], asumí entonces la iniciativa de convocar a los delegados de las asociaciones que, como yo, habían entendido la necesidad de fundar la FIFA».

La conclusión de Guérin es por lo menos drástica:

> De hecho la federación vivió, y vivió libremente *hasta el día de hoy, sin el concurso activo de los ingleses, que perdieron así la mejor ocasión de jugar un*

rol deportivo preponderante. Yo pasé 25 años sin comprender, y hasta el día de mi último suspiro, no lo entenderé.

Como puede verse, el duro juicio de Guérin no se limita al período del proceso fundacional. Abarca la totalidad de los 25 años de existencia de la federación, y cubre en consecuencia, el largo período de la presidencia de Daniel Woolfall (1906-1918) que aparece denunciado por su inutilidad. Esto significa que si seguimos las posiciones del fundador de la federación, los dirigentes ingleses no solo no contribuyeron («condujeron») al nacimiento de la FIFA, sino que tampoco contribuyeron («condujeron») a su desarrollo posterior.

En un artículo publicado en *La Presse* en enero de 1904, Guérin expuso los incidentes que jalonaron el proceso fundacional

Cuando creó la FIFA en 1904, Guérin era un joven brillante y fogoso de 28 años. Ejercía como ingeniero, poseía un diploma de altos estudios comerciales y una licenciatura de derecho. Era también periodista deportivo en *La Presse*, *L'Auto* y *Le Matin*, y asumía al mismo tiempo las funciones de seleccionador del flamante equipo de Francia. En todas sus actividades, demostraba capacidades excepcionales de organizador y un afán metódico en la búsqueda de la mayor eficiencia. Fue Guérin quien dio una forma precisa a la propuesta originalmente holandesa de crear una federación internacional. Fue él quien trabajó para garantizar la redacción colectiva del Tratado. Él quien se hizo cargo de organizar reuniones preparatorias y convocar a los dos primeros congresos. Él quien defendió, sin fallar, la idea de una Copa de Europa (o Copa Internacional) expresada por Hirschman en la primera carta enviada a los ingleses. Él quien la convirtió en proyecto concreto y realizable, encaminando así el trabajo de la flamante FIFA en la perspectiva de ambiciones verdaderamente deportivas.

Cuatro meses antes del nacimiento de la federación, el 25 de enero de 1904, Guérin publicó en el importante diario *La Presse* una larga crónica titulada «El Tratado internacional», en la cual recordó pormenorizadamente los hechos ocurridos desde 1901. El texto permite establecer una cronología clara y cerrar definitivamente el capítulo de las relaciones entre continentales e ingleses durante el período fundacional. Comienza así:

> Causó sorpresa en algunas federaciones extranjeras ver que la USFSA encabezaba el movimiento cuando, tres años atrás, y más recientemente en febrero pasado, la Football Association convocó a algunas asociaciones a un congreso del que nadie supo jamás cuál sería el tenor. Admiremos de paso la lógica de la FA Co Limited que en dos ocasiones hizo ciertos esfuerzos —que sin embargo no fueron más allá del envío de circulares— para reunir un congreso de federaciones de fútbol y que en el momento en que se le pide su colaboración en vistas a adherir a un tratado que ya está definido, dividido en artículos, constitutivo de una base de discusión clara, ni vago ni indeciso, no ve qué es lo que ese texto puede aportar. Se produce entonces un curioso efecto oftálmico: dotada de una excelente vista en febrero, la Football Association se vuelve súbitamente ciega en agosto.

De esta manera frontal y directa, con una transparencia muy moderna —se verá cómo en otras circunstancias, el dirigente uruguayo Enrique Buero dio muestras de cualidades similares—, Guérin no dudó en comunicar ciertas verdades a la afición.

La primera es que los tejemanejes de la FA habían comenzado en 1901 («tres años atrás»), antes de las iniciativas de Hirschman, dando lugar desde ese entonces al anuncio de una conferencia que quedó en la nada. La segunda es que en febrero de 1903, la FA repitió el amague, con la misma inconsecuencia. La tercera es que, en agosto de 1903, cuando la USFSA envió su primera invitación, ya estaba pronto un proyecto «definido, dividido en artículos». La reacción de Wall, según la cual «el texto no aportaba nada», evidenció entonces, no una voluntad de debate constructivo, sino la profunda irritación de la dirección inglesa ante la acción soberana de los continentales.

Llama la atención el hecho de que en sus «Notas...» Hirschman no se refirió ni a las circulares inglesas ni a su aviso en la prensa. Sin duda el holandés no quiso revolver demasiado aquellos malos recuerdos ni insistir más de la cuenta sobre las tácticas del señor Wall. Al mismo tiempo, resulta interesante ver que desde aquellas fechas, los dirigentes londinenses combinaban dos estratagemas: por un lado, trámites dilatorios; por otro, llamados ilusorios. Generaban así fuertes expectativas que paralizaban la toma de iniciativas del Continente. Prosigue Guérin:

> Al último llamado de la Football Association [el de febrero de 1903] todo el mundo había respondido positivamente y esperábamos recibir —siempre bajo la forma de una circular— una convocatoria en regla. Estábamos entonces en abril de 1903. Varios meses pasaron y *pese a las insistentes reclamaciones de las federaciones interesadas*, el silencio se mantuvo, un silencio irritante. *Pese a las cartas recomendadas de la USFSA, pese al aviso publicado en un diario inglés por el secretario de la Neederlandsche Voetbal Bond (NVB) preguntando cómo había que hacer para recibir una respuesta de la FA Co Ltd*, la federación inglesa no dio más señas de vida. Así, en el mes de julio, la USFSA se puso de acuerdo con la UBSSA belga para retomar la idea que Inglaterra no había querido concretar.

El artículo permite inferir dos conclusiones. La primera es que al fracasar las gestiones de Guérin, la USFSA estableció una alianza con el experimentado dirigente belga Louis Mühlinghaus, iniciándose entonces, con la primera redacción de un Tratado, el proceso fundacional efectivo. La segunda es que, consecuentemente, el proceso fundacional propiamente dicho empezó en junio de 1903 cuando, después de tres meses de vana expectativa, el dirigente francés decidió trabajar sin los ingleses.

De la crónica de Guérin se desprende la siguiente cronología:

Principios de 1901: primera circular inglesa anunciando un encuentro. Año 1901: expectativa vana de los dirigentes continentales. Entre 1902 y principios de 1903: correspondencias y viajes de los dirigentes continentales que solicitan sin resultado la adhesión de la FA a la idea de crear una unión internacional y su correspondiente copa. Febrero de 1903: nueva circular de la FA anunciando un próximo encuentro. Abril de 1903: respuesta positiva de las asociaciones continentales y nuevamente vanas expectativas. De mayo a julio de 1903: solicitaciones de las asociaciones continentales que en vez de obtener la convocatoria para el encuentro anunciado, chocan con el silencio irritante de Wall. Junio de 1903: la USFSA (Guérin) y la UBSSA (Mühlinghaus) deciden actuar. Iniciando el proceso fundacional, redactan un texto constitucional y lo envían a varias asociaciones continentales. Agosto de 1903: Guérin envía el proyecto a la FA. Diciembre de 1903: la FA rechaza el proyecto que considera «sin interés». Enero de 1904: el dirigente francés publica su artículo en *La Presse*.

Guérin prosigue su crónica tanteando explicaciones y manejando argumentos en defensa de su acción. Interpreta que la FA «quedó descontenta con esa manera de actuar que la relegaba a un segundo plano, y que este fue uno de los motivos —quizá el más importante— de su rechazo de adherir al Tratado». Llega así a la siguiente conclusión:

> Los ingleses vieron en el Tratado un perjuicio a su reinado sobre el fútbol y a su prestigio, *sobre todo si se considera que el objetivo de las federaciones europeas no es solamente reconocerse mutuamente, sino constituir una vasta Liga Internacional que discutirá sobre las reglas del fútbol y organizar el campeonato de las federaciones de fútbol.* [...] Se negaron a relacionarse *de igual a igual* con las federaciones continentales, muchas de las cuales son, sin embargo, *de considerable importancia*, como lo demostraré en otra oportunidad.

La expresión «se negaron a relacionarse de igual a igual» no se refiere, como podría creerse, a la conocida arrogancia de los dirigentes del fútbol inglés. Guérin alude muy precisamente a los argumentos «teóricos» que le insinuaban Wall y Kinnaird —la falta de desarrollo de las asociaciones continentales, su escasa proyección nacional, etcétera—, y que apuntaban a quebrar la confianza que se tenían los dirigentes continentales. De ahí el anuncio de próximos artículos destinados a demostrar concretamente «la considerable importancia» de ciertas asociaciones continentales.

El proceso fundacional se desarrolló sin los ingleses y duró once meses, de junio de 1903 a mayo de 1904

Recapitulemos.

El 8 de mayo de 1902, según lo que afirma Hirschman, se iniciaron las gestiones de los dirigentes holandeses en vistas a obtener el apoyo de la FA para la creación de una unión internacional. A principios de 1903, Guérin entabló idénticas iniciativas. Viajó a Londres dos veces, habló con Wall y con Kinnaird. Al igual que Hirschman, no obtuvo respuestas a los temas planteados. En abril de 1903, las solicitudes de Hirschman y Guérin se encontraron en el mismo impasse, bloqueadas por el mismo «silencio terco». Se cerró entonces la primera fase de un proceso de acciones que, por su total ineficiencia, no puede ser considerada como parte del proceso fundacional propiamente dicho.

Dicen los autores de *1904-2004 El siglo del fútbol* que Guérin comprendió entonces que chocaba contra un muro, que las gestiones ante Inglaterra eran una pérdida de tiempo, y «se decidió a actuar sin los ingleses». Ese cambio marcó el inicio verdadero del proceso fundacional. En junio de 1903, se dieron los primeros pasos que «condujeron» efectivamente a la creación de la FIFA. El carácter radical de las posiciones de Guérin y la multiplicación de disposiciones adoptadas soberanamente por los continentales acentuaron el rechazo de Londres. La FA dejó de prometer el estudio del asunto y opuso un silencio que se mantuvo hasta el primer congreso de la FIFA. Los ingleses fueron invitados pese a todo, pero no se presentaron ni adhirieron al Tratado. Por el contrario: hicieron llegar, a la par de unas breves líneas de excusa, la invitación a un congreso paralelo en Londres en 1905. Puede decirse entonces, concluyendo, que el comportamiento de los dirigentes ingleses no correspondió a la idea que uno puede hacerse de una colaboración constructiva y conductora.

El «punto de vista inglés» sobre el proceso fundacional de la FIFA también tiene su historia

Rimet no fue el primero en sostener la tesis de un aporte positivo de la FA en el proceso de creación de la FIFA. Aunque de manera diferente, dicha tesis aparece expuesta en el mencionado *Handbook 1929*, en una nota titulada «En los tiempos heroicos de la FIFA», firmada por el dirigente belga barón Édouard De Laveley.

Para De Laveley, el proceso fundacional, tal cual se lo define habitualmente, entre 1902 y 1904, sencillamente no existió. El Barón ignora igualmente la existencia del presidente Guérin. Y aunque no se refiere claramente a ninguna reunión ni brinda al lector la menor fecha, se atreve a afirmar que la gestión continental ante los ingleses con vistas a la creación de la FIFA fue una sola, que fue obra exclusivamente suya, y que la federación internacional nació entonces, gracias a él, 36 horas después, sobre la base del acuerdo que «él» obtuvo. Así, según esta penosa versión, que el propio autor califica de rejunte de recuerdos flojos y forzadas elucubraciones, la FIFA habría surgido en algún punto del tiempo, entre 1905 y 1906, y su primer presidente cierto habría sido Daniel Woolfall.

De algún modo, las aberraciones seniles del Barón dan razón a quienes afirman que, entre 1902 y 1904, la FA no jugó ningún rol. El belga se identifica tanto con la indiferencia que manifestaron los ingleses durante aquél período que termina borrando completamente la acción decisiva de su propia asociación nacional. Su exposición traiciona el gran aporte de la Unión Belga que, gracias a Louis Mühlinghaus, trabajó desde mediados de 1903 para crear la federación internacional y su correspondiente Copa. De Laveley choca también con las posiciones de Rimet, que no niegan las gestiones de Hirschman y de Guérin, y aceptan la cronología fundamental que fija el nacimiento de la FIFA en 1904.

Se entenderá entonces que sorprenda la versión que sobre este punto presenta la *Historia oficial de la Copa del Mundo*, libro que, aunque sea por coherencia con el título, debería manifestar cierto respeto por los hechos mayores del pasado. En la «Introducción» denominada «Las fundaciones», el analista inglés Guy Oliver retoma la caótica crónica de De Laveley como si fuera un documento probatorio, y sobre esa base, niega la presidencia de Guérin, descalifica el congreso de 1904 y define aquella primera FIFA sin ingleses como una «FIFA de papel». Intentando dar alguna consistencia a su supuesta fuente, Oliver sitúa la verdadera fundación de la federación en abril de 1905, como si en su nota De Laveley se refiriera inequívocamente a la denominada «Conferencia de Londres».

La FIFA nació en mayo de 1904, y eso aquí no se niega. Dicho nacimiento se debió a la acción tenaz de quien fue el presidente más franco de su historia. Guérin preparó, reunió, redactó, consultó y convocó. Fue el conceptor encarnizado de una FIFA deportiva, la primera FIFA, que duró, hasta su renuncia en noviembre de 1905, dieciocho meses.

La verdad: De 1901 a 1903, los dirigentes del fútbol inglés maniobraron con el objetivo de frenar el nacimiento de la FIFA. Lo hicieron de dos maneras: anunciando reuniones que no se produjeron y prometiendo respuestas que no se formularon. Cuando los dirigentes continentales empezaron a tomar iniciativas propias, la FA se encerró en un silencio irritante. Hartos de vanas expectativas, los dirigentes continentales, liderados por Guérin y Mühlinghaus iniciaron, en junio de 1903, el proceso fundacional de la federación internacional. Desde esa fecha y por lo menos hasta el primer congreso de mayo de 1904, la FA mantuvo su actitud negativa. La creación de la FIFA se dio sin los ingleses. El proceso fundacional comenzó justamente cuando los continentales entendieron que la relación con los ingleses no conducía ni a debate ni a actos positivos.

2. Deseo común

La mentira: desde el principio, los dirigentes europeos —ingleses y continentales— manifestaron el deseo común de organizar una competición internacional.

La cita mentirosa y su significado

> No cabe recordar aquí en detalle todas las negociaciones que se entablaron entre las asociaciones de Europa Occidental y Nórdica con respecto a esta fundación. **Pero me pertenece establecer que uno de los principales motivos invocados para justificarla fue el deseo común de una competición internacional.**
> (p. 14)

La existencia en el seno de una federación internacional del «deseo común» de organizar un Campeonato Internacional debería ser una evidencia. ¿Para qué crear una organización de este tipo si no se quiere instaurar la competición que le brinda experiencia y medios materiales?

Y sin embargo, la FIFA tardó veinte años en conducir su primer evento deportivo —el «Torneo Mundial» disputado en el marco olímpico en París y sus suburbios en 1924— y veintiséis en crear su propio torneo —el Campeonato del Mundo de 1930 organizado en Uruguay—. En el primer caso, salvo el hecho de que las asociaciones británicas no participaron, reinó efectivamente cierto «deseo común»; en el segundo, lo que sucedió fue más bien un «deseo común» de las asociaciones europeas con vistas a abstenerse masivamente.

Con la FIFA nada fue sencillo, nada sanamente deportivo. Todo se complicó desde el principio. Su 2.º congreso pareció ir en la buena dirección cuando, reunido en junio de 1905 en París, aprobó la organización de una Copa Internacional cuya ronda final debía jugarse a principios de junio de 1906 en una ciudad suiza. Pero pese a la aprobación unánime de las asociaciones continentales que componían en ese momento la federación, el proyecto fracasó: no se llegó a jugar un solo partido preliminar.

La pregunta que se plantea entonces, subyacente al propósito de Rimet, se relaciona con el destino de dicha Copa y puede expresarse así: ¿acaso el Campeonato Internacional de 1906 fracasó *pese al «deseo común»* o porque el deseo no era ni tan común ni tan real como lo dice el dirigente francés?

Es un hecho confirmado que en 1902, Hirschman solicitó a Inglaterra el apoyo para crear una Copa. Guérin hizo lo mismo a principios de 1903. Poco después, Hirschman y Guérin debatieron al respecto. En 1904, en ocasión del primer congreso de la FIFA, el tema apenas se evocó. En la Conferencia de Londres del 1.º de abril de 1905, organizada por la FA, se discutió por primera vez abiertamente. En junio de 1906, ante el 3.er congreso de la FIFA, el futuro presidente Woolfall teorizó el entierro de la iniciativa. El estudio de estos jalones nos dará una primera idea sobre la existencia o no de un «deseo común».

Notemos al pasar la extraña alusión de Rimet a las «negociaciones entre Europa Occidental y Nórdica». No se entiende bien si estas categorías geográficas son las mismas que las anteriores —«Europa Nórdica» correspondería entonces a Inglaterra y «Europa Occidental» al Continente— o si se trata de un error deliberado de Rimet para distraer al lector de la mentira fundamental. Los «países nórdicos» (escandinavos) no jugaron ningún rol particular durante el proceso fundacional. Se limitaron a seguir la acción de los «occidentales», expresándose muy poco y manteniéndose al margen de las diferentes comisiones.

La idea de un deseo común a todos los dirigentes continentales debe ser relativizada

Las primeras propuestas enviadas por los dirigentes holandeses a Inglaterra eran notablemente ambiciosas. Incluían la idea de atribuir a la futura «liga internacional» el poder de administrar las leyes del juego —rompiendo la exclusiva de la IFAB— y de organizar el «International Championship» —englobando al Campeonato interbritánico (*British Home Championship*, BHC)—. Involuntariamente, cuestionaban los fundamentos del monopolio futbolístico de Gran Bretaña que, bajo la dirección autoritaria de Inglaterra, reinaba sobre el juego desde 1886. Cuando, un año después, Guérin entabló contactos similares, expresó los mismos objetivos con igual ingenuidad, obteniendo los mismos resultados negativos.

La iniciativa francesa fue originalmente una idea de Eugène Jourdain, presidente del muy activo Comité del Norte de la USFSA. Esta estructura organizaba desde 1898 el *Challenge du Nord*, un campeonato disputado inicialmente entre clubes belgas y franceses. Jourdain pensó que podía ser interesante organizar un campeonato parecido pero entre selecciones, y comunicó la idea a Guérin que por su calidad de secretario de la sección fútbol, era la persona indicada. El artículo «La situación actual de la Federación», publicado en el boletín número 2 de la FIFA, el 1.º de septiembre de 1905, recuerda que:

> En la época inicial, el desaparecido Hekkenberg, exsecretario de la federación holandesa, estuvo cierto tiempo en contacto con la Football Association y también lo estuvo el señor Jourdain, presidente del Comité Norte de la USFSA francesa. Ante las hesitaciones bastante legítimas de la Football Association, Jourdain transmitió sus puntos de vista a la directiva de la asociación francesa que, considerando la idea muy interesante, se relacionó directamente con el secretario de la Football Association. Estimando que el tema había sido poco estudiado, este respondió que iba a evocarlo en el próximo Consejo de la FA.

Parece confirmarse así que Hirschman no fue el primero que entró «en contacto con la FA», y que desde 1901, antes de la pareja de negociadores Hirschman-Guérin, la dupla Hekkenberg-Jourdain intercambió con Londres. Fueron muy probablemente esas primeras iniciativas las que motivaron el primer falso «llamado a conferencia» emitido por la asociación inglesa. Todo indica, por otra parte, que las gestiones holandesas y francesas se desarrollaron desconociéndose, sin molestarse pero sin completarse, invocando paradójicamente la necesidad de una unión. Mientras pudo, la FA preservó esa desconexión que le facilitaba la perpetuación de los trámites, hasta que Guérin, cambiando de estrategia, abrió un nuevo período de contactos privilegiando los amigos continentales y en particular la relación con Mühlinghaus.

La transición entre las dos fases se percibe en este pasaje publicado en el «libro de oro» de la asociación belga:

> El 12 de abril de 1903, el Comité Central de la Unión belga decidió adherir al próximo congreso de federaciones de fútbol que se reunirá en Inglaterra [segunda falsa conferencia inglesa], designando al señor De Laveley como delegado. El Comité adhiere también, en principio, *a la propuesta tendiente a crear una competición internacional de fútbol [de Guérin con L'Auto]*.

La acción soberana de los dirigentes franceses se volvió patente en junio de 1903. Su determinación relegó las iniciativas holandesas a segundo plano. Hirschman, disgustado, tomó sus distancias con Guérin. Su irritación se evidenció cuando el dirigente francés tomó la iniciativa personal de tramitar el apoyo financiero del diario *L'Auto* con vistas a la realización de la primera edición de la Copa Internacional en París. A partir de ese momento, se formaron dos bandos: el de Hirschman y De Laveley, siempre pendiente del aval inglés; y el de Guérin y Mühlinghaus, decidido a afirmar la independencia continental.

En agosto de 1903, *L'Auto,* que acababa de crear el *Tour de France,* aceptó financiar el Campeonato internacional de fútbol. El 10 de septiembre,

Guérin publicó en *La Presse* una nota titulada «Football Association, un campeonato de Europa», firmada «Off-side» —su seudónimo periodístico—, dando cuenta de los avances de su iniciativa:

> Recorriendo *Tous les sports*, órgano oficial del Consejo Nacional de Deportes (CNS), nuestra madre amateur, di con un texto —creo que yo también soy noticia— que dice mucho y que emana de la directiva del Consejo: «Recibida carta del señor Manaud solicitando, en nombre de *L'Auto*, la autorización de organizar el Campeonato del Mundo de fútbol asociación.» Por fin vamos a asistir a encuentros emocionantes entre equipos de todas las nacionalidades.

El 13 de enero de 1904 —la carta aparece citada en el *Handbook 1929*—, Guérin escribió a Hirschman: «Le informo por otra parte que el diario que debía aportar su apoyo a la USFSA para el torneo internacional se retiró. En esas condiciones, le ruego que considere nula la carta oficiosa que le había transmitido en relación con este asunto.» Y el 19 de enero envió un nuevo correo a la asociación holandesa con estas aclaraciones:

> Me parece que será el Congreso que discutirá los términos y los reglamentos de una unión internacional, puesto que, si hasta ahora me limité al reconocimiento y al apoyo mutuo y recíproco de las federaciones de fútbol, nuestro trabajo no debe detenerse aquí y creo que será la tarea del Congreso hacerse cargo tanto del tema de la Liga Internacional como del tema del campeonato de Europa. Respecto a este último punto, estoy totalmente de acuerdo con usted. *Y si bien es cierto que soñé con realizar la idea del campeonato de Europa de fútbol asociación, era con el objetivo, no de aventajar a mi federación, sino solamente a título experimental y para ganar tiempo.* Como usted, pienso que es absolutamente lógico y totalmente conforme que sea, no una asociación la que organice el torneo, sino la Liga internacional. *En el fondo estamos completamente de acuerdo. Solo en la forma nuestras ideas se desencontraban. Dado que ahora, dicho torneo no tendrá lugar por las razones indicadas en mi*

carta del 13 de este mes, ningún desacuerdo puede existir entre nosotros y creo que no nos queda sino buscar la manera de llevar a cabo dicho torneo europeo.

La afanosa buena voluntad de Guérin revela claramente la oposición que le estaba planteando Hirschman. Se entiende que el holandés se opuso a un patrocinamiento del evento por el diario francés, temiendo el anclaje de la Copa en territorio galo, con la consecuencia de afianzar el liderazgo de la USFSA en el seno de la FIFA. La actitud negativa de Hirschman no se justificaba. La iniciativa del dirigente de la USFSA respondía a una costumbre aceptada. Los campeonatos internacionales entre clubes, organizados por iniciativa propia de los dirigentes belgas y franceses, beneficiaban de financiamientos locales y los equipos invitados no expresaban por ello desconfianza sino agradecimiento.

El 12 de abril, prosiguiendo su camino, Guérin envió la invitación definitiva al primer congreso, fijando un programa en dos puntos: «Tratado de unión y creación de una federación internacional». Lo firmaban tres asociaciones —UBSSA belga, DFB alemana y USFSA francesa—, confirmándose el distanciamiento de los holandeses, que no integraron los grupos preparatorios. Se llegó así a la fundación de la FIFA el 21 de mayo de 1904 y a la aprobación definitiva del Tratado el día 23. Las susceptibilidades de Hirschman explican la afiliación tardía de su asociación, confirmada recién a principios de 1905, y quizá también la postergación del tratamiento del tema de la Copa Internacional.

Concluiremos este punto afirmando que los intercambios sobre el Campeonato Internacional se complicaron desde el principio. El famoso artículo 9 de la Constitución de 1904 — «solo la FIFA tiene derecho a organizar el Campeonato Internacional»— debe entenderse a la luz de la subrepticia lucha de poder que se entabló entre los dos dirigentes pioneros.

La disposición no apuntaba a censurar otros campeonatos internacionales creados por otras instancias —como el *British Home Championship* organizado por las asociaciones británicas— sino a impedir que el campeonato «internacional», el de la FIFA, pudiera surgir de la iniciativa individual de una de sus asociaciones miembro como lo había encarado Guérin. Se llegó pues, tempranamente, a la promulgación de disposiciones torcidas por efecto de la prioridad que se dio a los conflictos de liderazgo y de poder sobre los intereses superiores del desarrollo deportivo.

La declaración de Clegg en la conferencia de Londres de 1905 significó el primer rechazo oficial de la FA

De acuerdo con lo que ya se ha demostrado, es inútil buscar una reacción positiva de la FA al proyecto de Copa Internacional durante el período fundacional. Para Guérin, la idea de organizar el Campeonato Internacional explicaba la necesidad de crear la federación. Para los ingleses era todo lo contrario: el proyecto de competición internacional, cuyo advenimiento era considerado como una amenaza mortal para el *British Home Championship* tanto en lo deportivo como en lo financiero, justificaba oponerse a la creación de una unión.

La circular emitida por Wall el 14 de diciembre de 1903 pudo ser interpretada en su momento por dirigentes continentales optimistas como una seña positiva. El texto, claramente titulado «Regulaciones de las *giras internacionales*», se limitaba en realidad a estipular que «para los encuentros entre clubes y equipos ingleses y extranjeros había que asegurarse que dichos clubes o equipos extranjeros formaban parte de asociaciones representativas». Se destacaba el hecho de que muchos equipos extranjeros no pertenecían a una *asociación nacional «aceptable»*, y se advertía que, en adelante, la FA sancionaría las irregularidades que pudieran ocurrir en partidos organizados en el Continente. El objetivo era poner fin a las giras de equipos ingleses piratas que, constituyéndose fuera de la FA, eludían el pago del debido porcentaje a la camarilla dirigente.

En el primer congreso de la FIFA, muy exactamente el día 22 de mayo de 1904, Guérin y Espir presentaron una moción denominada «Creación de un Campeonato Internacional» que no fue discutida. Casi un año después, el 1.º de abril de 1905, tuvo lugar en Londres una «conferencia» convocada por la FA. Un informe completo fue publicado en la primera página de la revista semanal *Tous les Sports* del 8 de abril bajo el título «Football association: la conferencia de Londres del 1.º de abril».

Según estas «actas», asistieron ocho asociaciones, dos británicas y seis continentales, representadas por trece delegados: Lord Kinnaird, Crump, Clegg y Wall (Inglaterra); Fry (Irlanda); Rosenfeld (Austria); Hammer (Slavia); Zettersen (Suecia); De Laveley y Kahn (Bélgica); Warner y Hirschman (Holanda); y Guérin (Francia). Abrió la reunión el presidente de la FA, que después de agradecer a los delegados que habían aceptado la invitación de Inglaterra, «preguntó cuáles eran los votos formulados por las asociaciones continentales, votos que la Football Association está dispuesta a escuchar y *cuya aplicación se solicitará en la medida de lo posible*».

El término «se solicitará» anunciaba de entrada que no se trataba de una reunión decisoria sino de un encuentro cuyo poder se limitaba a la transmisión eventual de «los votos» —sugerencias o deseos hipotéticos sin obligación de cumplimiento— para el supuesto estudio por otra instancia —probablemente la inevitable IFAB—. La expresión «en la medida de lo posible» anticipaba que no se considerarían los votos de los continentales tal cual estos habrían de expresarlos, sino en una versión aceptable desde el punto de vista inglés.

De Laveley tomó la palabra expresándose en nombre de «los delegados extranjeros y más particularmente del agrupamiento continental existente en la actualidad». Dijo que la FIFA había sido creada en París el año anterior y que «Inglaterra debería tomar en cuenta esta importante agrupación que se honraría con la incorporación de las cuatro asociaciones británicas». Guérin insistió afirmando que «la FIFA se creó con el objetivo de concretar un apoyo mutuo e Inglaterra se debe a sí misma el hecho de fortalecer este grupo». No se mencionó el tema delicado del torneo internacional pero se exigió la lectura de los estatutos de la FIFA, que fue ejecutada por lord Kinnaird.

Sucedió entonces que:

Después de diferentes intercambios, Charles Clegg, [vicepresidente de la FA] explicó que tal vez no había llegado todavía el momento para Inglaterra de formar una Unión internacional con las asociaciones continentales. «Por un lado, las asociaciones continentales no son aún asociaciones nacionales e Inglaterra no puede permitirse establecer relaciones con organismos que no son asociaciones nacionales de verdad. Por otro lado, sería difícil, dado el calendario desde ya muy cargado de las asociaciones británicas, hallar fechas para la organización de un Campeonato Internacional.»

Quedó entonces bastante claro que la FA decía «no» a las propuestas concretas que planteaban los continentales: «no» a la FIFA como tal y muy claramente «no» al campeonato de la FIFA, confirmándose que, por lo menos hasta ese instante, el «deseo común» no se manifestaba.

Corresponde observar que los argumentos de Clegg iban mucho más allá de la simple declaración abstencionista. Significaban que la FA no tenía intenciones de considerar la FIFA como una unión internacional válida sino a lo sumo como un embrión de federación, y sugerían la perspectiva de un largo proceso de gestación durante el cual las asociaciones continentales tratarían de obtener la certificación inglesa. Recién entonces podría plantearse la posibilidad de oficializar una unión internacional digna de ese nombre y encararse eventualmente la organización de un campeonato. Pero aún así, después de satisfechos los debidos requisitos, el torneo no sería considerado por Inglaterra como un compromiso mayor, sino como la última de sus preocupaciones.

La FA expresó su segundo rechazo de la Copa Internacional con el voto torcido aprobado en la Conferencia de Londres

Los delegados continentales respondieron punto por punto a los argumentos de Clegg. De Laveley objetó que «solo la asociación sueca se encuentra actualmente en una situación delicada» y que «en los grandes países en los cuales el fútbol tiene rectoría [Francia, Bélgica, Holanda, Dinamarca,

Alemania, Suiza, Italia y Austria] existe una asociación nacional verdadera *y nadie puede ponerlo en duda*». Sobre el tema del torneo, señaló que «cada asociación será libre de participar en el Campeonato Internacional sin ninguna obligación», invitando a los ingleses a no obstruir.

Kahn argumentó que «el reconocimiento por Inglaterra de tal asociación en tal país, daría inmediatamente al organismo una fuerza y una autoridad considerables», y Guérin «que el objetivo de la creación de la FIFA había sido justamente reconocer la existencia de una sola asociación por país». Ocurrió entonces que, sin desmarcarse previamente de los planteos expresados por Clegg, «los delegados de la Football Association depositaron el "orden del día" siguiente, compuesto por un voto que será sometido a discusión en la próxima sesión de junio de la International Board», poco después del segundo congreso de la federación:

> Sería deseable que las asociaciones nacionales de todos los países de Europa formaran una Unión internacional para el control del juego de fútbol asociación, conservando cada asociación su propia jurisdicción pero cooperando con las otras asociaciones. Una asociación no podrá ser admitida si no es capaz de demostrar que es la única asociación nacional en su país. La unión internacional podrá proponer un Campeonato Internacional de tipo facultativo reservado a las asociaciones afiliadas.

La declaración fue unánimemente aprobada. Pero ¿qué significaba exactamente: un paso adelante o una maniobra dilatoria más?

Para empezar, el texto era solo un «voto», es decir la expresión de un deseo sin consecuencias prácticas y sin obligación de cumplimiento. Eso lo colocaba muy atrás con respecto al camino realizado por los dirigentes continentales, como negándolo, y aun cuando lo aprobara la IFAB —lo que no sucedió nunca— la expresión «sería deseable» le quitaba cualquier efectividad. Por otra parte, el voto no se refería a la FIFA existente sino a una «unión internacional» hipotética, que quedaba por hacer. De este modo, considerado como un típico producto de la manipulable gramática deportiva de la época—que los ingleses manejaban con maestría—, el voto era perfectamente compatible con la declaración de Clegg: ignoraba la realidad de la federación internacional existente, y muy lógicamente, eludía el tema de la afiliación de las asociaciones británicas planteado por los dirigentes de la FIFA al inicio del encuentro.

En cuanto al Campeonato Internacional, la inscripción del término «facultativo» como elemento definitorio, era una manera de dar vuelta el propósito moderador de De Laveley en el sentido de una devaluación de la prueba. En aquél tiempo, la no obligatoriedad de la participación era la regla tácita de todas las competiciones deportivas internacionales. Suponía sin embargo, cierta «obligatoriedad moral», o sea el hecho de que los votantes, por definición deseosos, harían lo posible por participar. La argucia de los ingleses consistió en transformar la concepción positiva habitual, que hacía sobresalir las ganas de competir, por una fórmula en la cual se resaltaba las «ganas de abstenerse». Se instauraba de este modo un mecanismo desalentador, que dividía las asociaciones en dos bandos: las que querían jugar y las que no. En otros términos, se oficializaba la ausencia de «deseo común».

Al abrirse el tercer congreso de la FIFA, en 1906, Woolfall volvió a teorizar el rechazo de la Copa Internacional

Hay que reconocer que el joven Guérin cayó en la trampa del voto de Londres. Convencido por De Laveley —que mantenía relaciones personales privilegiadas con Wall y era el único delegado continental que hablaba perfectamente inglés— de que se había dado un gran paso, comunicó ese mismo día a su amigo Ernest Weber, periodista de *L'Auto*, esta versión de lo sucedido publicada el 2 de abril:

> Football Asociación. La Conferencia de Londres. Londres 1.º de abril. La conferencia internacional organizada por la FA tuvo lugar hoy en el Crystal Palace. El texto de una resolución indicando la necesidad de que

las asociaciones continentales se asocien bajo el control de la FA Limitada se adoptó, cada asociación nacional (una sola reconocida por país) guarda su autonomía. La USFSA fue encargada de organizar el campeonato europeo. Es un éxito para la FIFA.

Como lo comenta Pierre Cazal, el comunicado exageraba. Allí donde el voto aprobado decía «deseable», Weber escribió «necesario». Allí donde se había expresado que «la unión podrá organizar un campeonato», Weber puso «la USFSA fue encargada de organizar el campeonato europeo», lo que es muy diferente. Al mismo tiempo, la nota de Guérin dio a entender el cambio que se avizoraba en la estrategia inglesa. La expresión «bajo el control de la FA» revela que se empezaba a manejar abiertamente la idea de que los ingleses ejercieran su tutela. El hecho es que, más allá de estos espejismos, los hechos posteriores confirmaron que el voto del 1.º de abril —día de los inocentes— había sido una nueva manera de frenar.

El 2.º congreso de la FIFA tuvo lugar del 10 al 12 de junio de 1905. De acuerdo con lo que algunos interpretaron sobre lo decidido en Londres, se aprobó el proyecto de Copa Internacional. La ronda final del torneo se fijó para la Pentecostés de 1906 en Suiza y se incorporó como grupo 1 de las eliminatorias al mismísimo *British Home Championship*, famoso campeonato anual interbritánico que las cuatro asociaciones del Reino disputaban desde 1884 siguiendo el sistema de una vuelta todos contra todos. El 10 de junio, las actas del congreso registraron que «la discusión acerca del curso que se dará al voto de la conferencia de Londres se pone al orden del día», y en la rúbrica «situación de las diferentes federaciones» se indicó que «la directiva adoptará una decisión después de haber tomado conocimiento de los resultados de la reunión de la International Board».

La sesión anual de la IFAB tuvo lugar el 17 de junio —cinco días después de terminado el congreso de la FIFA—, en el Lake Hotel de Killarney (Irlanda). El voto de Londres no se discutió, quedando nuevamente colgadas las expectativas continentales. El hecho de que, pese a lo expresado por Clegg y pese a que el voto de Londres era de orden general, la FIFA aprobara finalmente un proyecto concreto y efectivo de Copa Internacional, y que para colmo, dicho proyecto incluyera a las cuatro selecciones británicas como grupo eliminatorio subordinado, fue probablemente interpretado por Wall como una insolencia. Lo que es seguro es que si daba su apoyo a la iniciativa, consagraba la victoria completa de Guérin. Respondió entonces a la invitación futbolística de la FIFA con un nuevo silencio y empezó a manejar la posibilidad de oponerse a la propuesta. A fines de noviembre, en circunstancias que se estudiarán más adelante, Wall tuvo la certeza de la anulación definitiva de la Copa Internacional.

El tercer congreso de la FIFA se reunió en Berna los días 3 y 4 de junio de 1906. Cuatro delegados representaron a Inglaterra: Woolfall, Wall, Walker y Holland. Los belgas, divididos, se ausentaron. En la primera sesión se trató el punto «4. Campeonato Internacional». Como lo señalan las actas, Woolfall argumentó contra el proyecto declarando «que la FIFA aún no está fundada sobre bases suficientemente estables» y que «no se tiene la certeza de que en cada país exista una sola asociación rectora del fútbol». Eran las tesis expresadas por Clegg catorce meses antes en Londres, la posición de la FA, incambiada desde 1902, a la que el futuro presidente de la FIFA agregó un punto más: «Para crear un Campeonato Internacional habrá que cerciorarse también que todas las asociaciones juegan según las mismas reglas de juego».

A diferencia de lo sucedido en la conferencia de Londres, no hubo reacción de orgullo ni de razón. Algunos delegados continentales actuaron como vencidos, otros como vencedores. Hirschman volvió a callarse. Hefner (Alemania) sostuvo que en razón de la larga duración de los campeonatos nacionales, resultaba difícil organizar la Copa Internacional. Solo el suizo Schneider pareció resistir una última vez. Propuso que el Comité Ejecutivo de la FIFA sometiera al próximo congreso un nuevo proyecto de campeonato. Su pedido fue hipócritamente adoptado.

La verdad: A la vista de los documentos compulsados hasta el momento, no puede decirse que las asociaciones europeas manifestaron el «deseo común» de crear un Campeonato Internacional. Hasta la Conferencia de Londres, está claro que la FA inglesa se opuso a todo lo que provenía del Continente. A nivel continental, desde antes de que se fundara la FIFA, los holandeses complicaron y obstaculizaron la propuesta francesa. En Londres, Clegg anunció la no participación de Inglaterra y teorizó la creación de una Unión internacional hipotética e ideal que pospondría el campeonato a las calendas griegas. El voto de Londres, abstracto y ambiguo, fue archivado por la IFAB. Al abrirse el 3.er congreso de la FIFA, la FA volvió a teorizar la imposibilidad del campeonato: las asociaciones de la FIFA no eran verdaderamente nacionales, la FIFA no era verdaderamente internacional, y no había unidad en cuanto a las leyes del juego. Nadie protestó. Hefner expresó que el Campeonato Internacional molestaba. Solo Suiza solicitó el estudio de un nuevo proyecto. Pareció imponerse entonces el «deseo común» de olvidar la Copa.

3. Documento de época

La mentira: El reglamento que Rimet presenta como «un documento de época» es en realidad una versión falsificada del proyecto de Copa Internacional elaborado por la FIFA en 1905.

La cita mentirosa y su significado

> En el Congreso de 1905, organizado en París, el proyecto cobró forma al menos en el papel. **La Federación adoptó primero el reglamento elaborado por Hirschman. He aquí el texto. Es un documento de época** que, a mi entender, debe ocupar un lugar destacado en un ensayo histórico sobre la Copa del Mundo.
> (p. 15)

La tercera mentira de Rimet es única por su gravedad, su metodología minuciosa y lo que revela en cuanto a la psicología sin escrúpulos de su autor. Aquí el dirigente francés no se limita a presentar una narración orientada o a proponer interpretaciones partidarias sobre tal o cual acontecimiento: adultera cuidadosa y gratuitamente, de punta a punta, uno de los documentos oficiales más importantes jamás elaborados por la FIFA y propone su versión fraudulenta al lector como si fuera el original.

¿De qué se trata? El proyecto de Copa Internacional fue discutido, aprobado y publicado por el segundo congreso de la federación en 1905. Es de fácil consultación ya que forma parte de las actas del congreso. ¿Rimet pudo haberse confundido? Imposible. No hubo versiones previas ni otros proyectos semejantes en el correr de aquellos años.

(Recuerdo la primera vez que leí la «Creación de la Copa del Mundo». Al llegar a la cuarta página del ejemplar amarillento que me había vendido hacía años un librero del Sena, me di cuenta de la seriedad del trabajo. La obra restituía un documento clave, sin duda inaccesible o perdido, que el autor había tenido el privilegio de compulsar, y que, como lo decía modestamente refiriéndose al trabajo que harían un día los verdaderos especialistas, merecía figurar en «un ensayo histórico sobre la Copa del Mundo». El efecto reconfortante que eso me produjo se extendió a todas las páginas restantes. Mucho después, habiendo entrado en contacto con la FIFA por diversas otras razones, se me ocurrió pedir —nunca se sabe— una copia de aquél viejo proyecto. Dominik Petermann me envió enseguida las actas del 2.º congreso de la FIFA. La comparación entre el texto archivado y la versión de Rimet me desorientó. Solicité entonces los borradores, y eventualmente, todos los proyectos sobre el tema surgidos en aquél tiempo. Pero no había otro. El proyecto era ese y solo ese. Pasó otra vez un tiempo antes de que se me ocurriera que quizá «el documento de época» generosamente brindado por Rimet era la obra de un falsificador profesional, el hilo a partir del cual la madeja se iba a deshacer, contribuyendo indirectamente a generar, esta vez sí, un verdadero ensayo histórico.)

Hirschman se limitó a proponer disposiciones reglamentarias para los partidos amistosos

Comencemos por aclarar el punto de la autoría. Nada en los escritos de Guérin o en lo registrado en las actas permite afirmar que Hirschman tuvo que ver con la redacción del proyecto de Copa Internacional. Ni contribuyó a su redacción ni aportó críticas o modificaciones puntuales. Como ya se ha visto, el holandés presentó la idea de una Copa Internacional en su primera carta a los ingleses pero cuando Guérin tomó las riendas del proyecto, se dedicó sobre todo a desconsiderarla.

Los textos oficiales enseñan que, en el momento de fundarse la FIFA, Hirschman se dedicó exclusivamente a la confección de reglas destinadas a encuadrar los encuentros internacionales amistosos entre selecciones o entre clubes de diferentes países. Las actas del primer congreso de la FIFA, sesión del 22 de mayo de 1904, se abren con el siguiente punto del orden del día: «Del señor Hirschman. La directiva de la FIFA establecerá un reglamento de los matches internacionales», y el 10 de junio de 1905, al inicio del segundo congreso, el secretario André Espir anunció entre los temas a tratar: «2. Correspondencia de la Federación será realizada en inglés por el señor Hirschman, proponiendo un reglamento para los encuentros internacionales». Lo que buscaba el holandés era establecer disposiciones de control relacionadas con la situación del futbolista que jugaba en el exterior. La iniciativa era pertinente dado que en aquella época ya se había constituido un mercado internacional con futbolistas suizos, ingleses y escoceses que jugaban en clubes de Italia, España y Francia.

Las propuestas de Hirschman no dieron lugar al establecimiento de un verdadero reglamento sino a disposiciones aisladas que fueron integradas primero en la Constitución de 1904, y luego, a partir del congreso de Ámsterdam de 1907, en diferentes rúbricas estatutarias: «definición de los encuentros», «matches internacionales», «matches interasociaciones», «matches interclubes» y «jugadores».

¿Porqué Rimet afirmó entonces que el reglamento había sido «elaborado por Hirschman»? No para perjudicarlo personalmente—la falsificación afecta, como se verá, a la FIFA *en general*—, sino para sugerir al lector que el «documento de época» le había sido confiado personalmente por el holandés, y que era pues de primerísima mano.

El proyecto de Copa Internacional fue una producción colectiva

Hasta cierto punto, el proceso de elaboración del proyecto de Copa Internacional aprobado por el congreso de la FIFA de 1905 aparece consignado en los registros oficiales.

Las actas del primer congreso mencionan la presentación de un proyecto de Copa Internacional por Guérin y Espir (Francia), que no se discutió. Las actas del segundo congreso brindan dos nuevos datos. En la página 1: «De España, creación de una Copa Internacional (calificación de los jugadores)», y en la página 3, bajo el título «Proyecto relativo a la creación de una Copa Internacional»: «Dos propuestas fueron depositadas por Mühlinghaus y por España. El Congreso adopta el principio de un Campeonato Internacional que se disputará en 1906 en las siguientes condiciones.»

Es sabido que, desde un comienzo, el proyecto contó con el aporte efectivo de algunos de los dirigentes deportivos de la federación belga que tenían actuación preponderante en el desarrollo de la competición internacional entre clubes (Copa Ponthoz). Mühlinghaus trabajó con rectitud al lado de Guérin, obteniendo el acuerdo de principio de su asociación. Su designación como autor del proyecto de 1905 confirma a la vez su aporte efectivo y un hecho de orden táctico: la presentación de la Copa como iniciativa belga debía facilitar su aprobación por Holanda y por Inglaterra. En cuanto a la contribución de España, puede suponerse que se refería principalmente al tema de la definición de la nacionalidad.

El «documento de época» presentado por Rimet contiene burdas incongruencias

Tomemos ahora conocimiento del texto que Rimet presenta en su libro como si fuera el verdadero reglamento de la Copa Internacional. Lo reproducimos a continuación respetando en lo posible su diagramación, tipografía, puntuación, espacios y ordenamiento:

> *I. Se disputará cada año, al término de la temporada de fútbol, un campeonato entre los diversos equipos campeones en sus países respectivos y pertenecientes a una de las asociaciones nacionales afiliadas a la Federación Internacional de Fútbol Asociación.*

II. La asociación nacional encargada de la organización del campeonato será designada cada año por el congreso para el año siguiente.

III. El campeonato se jugará por eliminación. El orden y las fechas de las pruebas serán establecidas por la directiva de la federación.

IV. Los gastos de viaje de los equipos están a cargo de su asociación nacional.

V. Los gastos de organización están a cargo de la asociación nacional del país donde se disputa el campeonato.

VI. Los beneficios netos se repartirán entre las diferentes asociaciones que enviarán un equipo.

VII. La FIFA *entregará insignias de oro al equipo victorioso.*

VIII. Los equipos no podrán comprender ningún jugador extranjero al club bajo cuyo colores juegan.

a) Cada asociación participante soportará los gastos de viaje y de estadía de su equipo.

b) La asociación organizadora soportará los gastos de organización.

c) Los beneficios netos de las semifinales y de la final serán repartidos de la siguiente forma: 5 % para la federación internacional; 10 % para la asociación organizadora; 85 % para las cuatro asociaciones cuyos equipos se calificaron para las semifinales.

Primer grupo: las asociaciones británicas;
segundo grupo: España, Francia, Bélgica, Holanda;
tercer grupo: Suiza, Italia, Austria, Hungría;
cuarto grupo: Alemania, Dinamarca, Suecia.

Los vencedores de cada grupo se calificaban para las semifinales que debían disputarse, al igual que la final, en una misma ciudad. A su propio pedido, la asociación Suiza fue encargada de organizar estos tres encuentros. Las inscripciones debían enviarse antes del 31 de agosto de 1905 a la secretaría de la Federación.

Una lectura atenta de este «documento de época» permite advertir dos incongruencias.

La primera tiene que ver con las fechas. Las inscripciones debían llegar «antes del 31 de agosto de 1905», y se preveía que las eliminatorias se jugarían durante la primera mitad del año 1906 y la ronda final los días 2 y 3 de junio. La temporada de fútbol en los diferentes países de Europa comenzaba en septiembre. Recién en mayo de 1906 se conocerían los nombres de los clubes campeones. Pero entonces, según el programa establecido, no podrían jugar las eliminatorias los flamantes ganadores sino los campeones caducos de la temporada anterior, a menos que se suponga la disputa de todo el programa —eliminatorias y fase final— en los pocos días libres que quedaban entre el cierre de la temporada local y la Pentecostés. En tal caso, surgía el problema de la sobrecarga de compromisos ya que los mejores clubes se anotaban también en los torneos ya existentes, Copa Jean Ponthoz y *Challenge du Nord*.

La segunda incongruencia resulta de la definición de las modalidades económicas. Dice el anexo financiero de la versión falsificada: «a) Cada asociación participante soportará los gastos de viaje y de estadía de su equipo.». Y más adelante: «c) Los beneficios netos de las semifinales y de la final serán repartidos de la siguiente forma: 5% para la federación internacional; 10% para la asociación organizadora; 85% para las cuatro asociaciones cuyos equipos se calificaron para las semifinales.» Así, los clubes jugaban, viajaban, se sacrificaban, ganaban o perdían los partidos pero, siguiendo un esquema económico absurdo, ni asumían sus gastos ni obtenían su porción de las recaudaciones.

El verdadero proyecto es de fácil acceso: se halla registrado en las actas del congreso de 1905

Veamos ahora qué dice el verdadero «proyecto de Copa Internacional» cuya única versión figura en las páginas 3 y 4 de las actas del 2.º congreso de la FIFA. Fue presentado, discutido y aprobado sin objeción durante la tercera sesión del lunes 12 de junio. Lo reproducimos a continuación respetando en lo posible sus características formales:

Presentes: Robert Guérin (Francia), Sylow (Dinamarca), Espir (Austria y España), Schneider (Suiza), Hirschman (Holanda y Alemania), Mühlinghaus (Bélgica).
Proyecto relativo a la creación de una Copa Internacional.
Dos propuestas fueron depositadas por Mühlinghaus y por España.
El congreso adopta el principio de un Campeonato Internacional a disputarse en 1906 en las siguientes condiciones.
Europa se divide en cuatro grupos:
Primer grupo: Islas británicas
Segundo grupo: España, Francia, Bélgica, Holanda
Tercer grupo: Suiza, Italia, Austria, Hungría
Cuarto grupo: Alemania, Dinamarca, Suecia
Los partidos tendrán lugar por eliminatorias dentro de cada grupo. Los países y las ciudades serán designados por sorteo salvo en el caso de partidos entre países no limítrofes que tendrán lugar en terreno neutro a menos que se establezca otro acuerdo entre los interesados.
Los vencedores de cada grupo se calificarán para las semifinales. Las semifinales y la final tendrán lugar en la misma ciudad durante las fiestas de la Pentecostés. Esta ciudad será designada por el congreso.
Cada federación designará el equipo que se encargará de defender sus colores. Los jugadores deberán ser todos nacionales de su país según las leyes de dicho país. Los árbitros deberán ser neutros.
Los gastos de viaje de los jugadores quedan a cargo de su propia federación salvo convenciones especiales.
Los gastos de organización quedan a cargo de la federación donde se disputa el campeonato.
Los beneficios netos de las semifinales y de la final se distribuirán del modo siguiente:
5 % para la federación internacional,

10 % para la federación organizadora,

85 % a repartir entre las cuatro federaciones semifinalistas.

El Señor Schneider ofrece un trofeo que será atribuido al campeonato.

El congreso se lo agradece calurosamente.

El congreso encarga a la Asociación suiza de fútbol la organización de las semifinales y finales del Campeonato Internacional de 1906.

Las inscripciones para el campeonato deberán ser enviadas a la secretaría antes de fines de agosto de 1905.

La dirección de la secretaría aparece unas líneas más abajo: «Secretario tesorero: L. Mühlinghaus, Bruselas, 48 calle de Shaerbeck».

Entre el texto original y la versión falsificada por Rimet hay diferencias flagrantes de forma y de contenido

De la comparación entre el texto original publicado en las actas de la FIFA y la versión presentada por Rimet resultan grandes diferencias de forma y de orden, y graves alteraciones en materia de contenido.

Las diferencias de forma y orden son muchas. La versión de Rimet tiene tres partes y dos listados; la versión de la FIFA, de un solo bloque, sigue una estructura de prosa común y corriente, con párrafos y sin listado. En el texto de Rimet los grupos se hallan al final mientras que en la versión original se encuentran al principio precedidos por la frase: «Europa se divide en cuatro grupos». Se constata también que en el texto de Rimet los temas tratados no siguen una disposición lógica mientras que en el verdadero proyecto reflejan la progresión de la toma de decisiones.

En materia de contenidos, la comparación muestra que, salvo la composición de los grupos y el sistema de reparto de los beneficios netos, todo lo demás es diferente. Hay diferencias menores como el tema de los premios: medallas de oro para los vencedores en el punto VII del texto de Rimet, un trofeo suizo en el proyecto verdadero; diferencias más importantes, como la periodicidad: «cada año al final de la temporada» según

Rimet, una sola edición «a disputarse en 1906» en el texto original; y tres diferencias fundamentales.

La primera concierne la organización geográfica del campeonato. En este aspecto, el texto de la FIFA distingue claramente la fase eliminatoria y la ronda final; y se entiende muy bien que, en la primera, el lugar de los partidos se define por sorteo entre los «países y ciudades salvo en los casos [raros] de países no limítrofes para los cuales se fijará un terreno neutro, a menos que se establezca otro acuerdo entre los interesados». El sistema apuntaba a fijar las sedes de la manera más democrática, módica y libre posible con el objetivo de facilitar al máximo la participación de los equipos. La ronda final en cambio (semifinales y final) se jugaba en Suiza, en una sola ciudad. La versión de Rimet concuerda en lo que se refiere a este último punto, pero omite mencionar los criterios facilitadores de la ronda preliminar dejando abiertas otras interpretaciones como la de que cada grupo dispute un campeonato centralizado en un solo lugar.

La segunda gran diferencia de contenido es que, según el verdadero proyecto, las fechas de los partidos eliminatorios se definían de común acuerdo entre los interesados mientras que en la versión falsificada, según lo estipulado en la regla III, la directiva de la FIFA fijaba a la vez «el orden y las fechas de las pruebas» siguiendo un procedimiento autoritario y rígido.

La tercera diferencia es la más importante: afecta la naturaleza misma del torneo. En la versión de Rimet, debían enfrentarse «los equipos campeones en su respectivo país», es decir los clubes (disposición I), que no podían siquiera incorporar refuerzos provenientes de otras entidades. En el proyecto de la FIFA, en cambio, el quinto párrafo define claramente dos criterios: que los jugadores de los equipos participantes sean designados por la asociación nacional (selección de players) y que se compongan exclusivamente con futbolistas poseedores de la nacionalidad del país para el cual juegan (representación nacional).

Las tres grandes diferencias mencionadas evidencian las intenciones perseguidas por Rimet. Los cambios en cuanto al sistema de designación de los lugares, orden y fechas de los partidos eliminatorios, y la incertidumbre acerca del programa de la primera fase tienden a demostrar la rigidez de un proyecto que colocaba a los equipos participantes ante cierta cantidad de dificultades. En cuanto a la naturaleza clubista, sugiere a la vez el atraso general del fútbol continental y la confusión de los conceptos manejados por los fundadores de la FIFA.

Nótese que las dos primeras partes de la versión de Rimet, totalmente alteradas, aparecen en itálica —como las verdaderas citas presentadas en el resto del libro—. La tercera parte en cambio, que es la única más o menos respetuosa del texto original, está escrita en redonda.

La verdad: El proyecto de Copa Internacional definido y aprobado por el 2.º congreso de la FIFA en 1905 es el texto más importante producido por la federación durante los primeros veinte años de su existencia. En su libro, Rimet no propone un «documento de época» sino una versión minuciosamente falsificada, en la cual la propuesta de la FIFA parece mucho más complicada, y sobre todo, ajena a su misión internacional. El verdadero proyecto de la FIFA proponía un campeonato entre seleccionados nacionales y apuntaba expresamente a facilitar la realización de los partidos. Presentaba además la propiedad fundamental de proponer un reglamento económico anexo con un reparto de las recaudaciones y un porcentaje bajo pero efectivo destinado a la FIFA.

4. Campeonato interclubes

La mentira: En 1905, la FIFA proyectó una Copa Internacional entre clubes campeones, no una Copa Internacional entre selecciones nacionales.

La cita mentirosa y su significado

> Como se ve, **se trataba de un torneo entre clubes campeones en sus países y no de un verdadero campeonato del mundo entre equipos nacionales**.
> (nota al pie de la página 16)

Es una de las características recurrentes de la «Creación de la Copa del Mundo»: notas en las cuales se deslizan indirectas o comentarios breves a solo fin de devaluar oportunamente tal o cual iniciativa meritoria.

Así, al pie de la página 24, en relación con el tratamiento del tema de la crisis de la posguerra durante la cual Hirschman tuvo la lucidez, contra Inglaterra y contra Francia, de oponerse a la liquidación de la federación, se lee: «*Los desaciertos personales que lo condujeron a renunciar —cuyas repercusiones padeció la* FIFA— *no deben hacer olvidar los grandes servicios que brindó benévolamente*». Y al pie de la página 33, en el momento en que debió destacar la propuesta de Campeonato del Mundo —la primera— emitida por el secretario de la FFFA en 1927 en el marco de la Comisión Bonnet, Rimet apunta: «Me es agradable reconocer que el señor Delaunay, *tanto en los congresos como en las comisiones en las que actuó, secundó siempre lo mejor que pudo, mi acción con vistas al establecimiento de la Copa del Mundo».*

En cuanto a la nota de la página 16 no es otra cosa que un ataque contra aquella FIFA ambiciosa y lúcida de la primera época, y consecuentemente, contra Robert Guérin. Aquí tenemos la gran obra del primer presidente demolida: las asociaciones nacionales aparecen como representantes de un solo club, el campeonato internacional como un encuentro entre entidades privadas, y la idea misma de federación internacional pervertida y rebajada.

La mentira tratada en este capítulo es, claro está, una rama de la mentira anterior. Pero lo que interesa esta vez no es tanto el acto falsificador en sí sino el el objetivo que se fija: presentar la «era Guérin» como una prehistoria futbolística. Se conjugan dos intenciones: la de retrogradar el nivel de desarrollo del fútbol continental dando a entender que en 1905 apenas se avizoraba la perspectiva de crear un primer campeonato entre clubes de diferentes países, y la de evidenciar la desubicación conceptual del proyecto, *impropio* de una federación internacional e ignorante de lo que es una selección.

Ya existían competiciones entre clubes europeos que daban plena satisfacción

Vimos en las correspondencias reproducidas por Hirschman en el *Handbook 1929* que, buscando un lugar de reunión para el primer congreso de la FIFA, Guérin propuso encontrarse eventualmente en Bruselas en las fechas de disputa de la Copa Ponthoz. Esta competición se jugaba anualmente en la capital belga desde 1900, entre equipos de diferentes países europeos que en sus campeonatos respectivos habían alcanzado las primeras posiciones. En 1902, excepcionalmente, tuvo lugar en Londres y eso acrecentó considerablemente su prestigio. La prensa cubría el evento con marcado entusiasmo, considerándolo, con cierta exageración, como una «Copa de Europa».

Cada edición duraba entre tres y seis días. Los partidos se disputaban todos en la misma ciudad siguiendo un sistema de tipo copa y un ritmo sostenido de una fase por día. La primera edición contó con la presencia de seis equipos que provenían de Bélgica, Holanda y Suiza. En 1903, se anotaron trece clubes y se necesitaron cuatro fases. Participaron entonces dos cuadros ingleses, Pilgrims y Maidstone. Pilgrims perdió la final contra el equipo del Racing Club de Bruselas dirigido por Mühlinghaus. En 1907, el torneo alcanzó su máximo nivel de internacionalización con la participación de un equipo francés (Roubaix) y otro alemán (Dortmund FC).

La calidad de este torneo puede resumirse así: en sus ocho años de existencia, abrió sus puertas a treinta buenos conjuntos de seis nacionalidades diferentes. En 1909, la Copa Ponthoz fue reemplazada por la Copa Dulpuis de características similares.

También se ha mencionado, al evocar el rol de Jourdain en el nacimiento de la FIFA, la existencia del *Challenge International du Nord*, campeonato internacional decano, menos importante que la Copa Ponthoz, creado por la USFSA en 1898, que se jugó cada año hasta el inicio de la Primera Guerra Mundial. La primera edición contó con la presencia de seis equipos franceses y cuatro belgas. El sistema de competición binacional, con un grupo preliminar belga y otro francés, se mantuvo hasta 1904. Ese año, el campeonato alcanzó una dimensión cuantitativa culminante con dieciséis cuadros participantes. En 1905 se incorporaron tres clubes suizos. El torneo decayó en 1909 cuando la USFSA se fue de la FIFA. De 1911 a 1913, conoció una segunda vida recobrando la estructura binacional de los orígenes pero esta vez entre un grupo de equipos de la USFSA y otro de equipos afiliados a la Amateur Football Association inglesa (AFA).

Como se ve, no faltaban torneos internacionales interclubes de alta calidad. Y lo más interesante al respecto es constatar que fueron los organizadores de dichos torneos —Jourdain, Guérin y Mühlinghaus— quienes sostuvieron la idea de una Copa Internacional de la FIFA. Las copas internacionales interclubes no existían en Gran Bretaña. Eran un producto exclusivo del Continente que tenía la virtud de atraer a los clubes de Inglaterra y de invertir, aunque fuera ocasionalmente, la jerarquía establecida en materia de experiencia futbolística entre los británicos y el resto de los europeos. Este logro particular fue dando a sus organizadores algo así como una confianza vanguardista.

Desde este ángulo, el proceso histórico que llevó a la elaboración del proyecto de Copa Internacional de la FIFA puede ser visto como un salto cualitativo del nivel internacional interclubes al nivel internacional interselecciones, y muy concretamente, como suma y superación de las experiencias acumuladas por belgas y franceses en los dos complicados torneos: *Challenge du Nord* y Copa Ponthoz.

El concepto de seleccionado manejado por los fundadores de la FIFA puede ser considerado visionario

Consideremos ahora el tema de la confusión conceptual de los pioneros de la FIFA, sugerida por Rimet, partiendo, claro está, del proyecto verdadero.

Dos frases breves definen el concepto de seleccionado manejado por el congreso: «Cada federación designará el equipo que se encargará de defender sus colores. Los jugadores deberán ser todos nacionales de su país según las leyes de dicho país.» Fijaban cuatro criterios: la designación de los players por la asociación nacional; la participación de futbolistas exclusivamente nacionales según las leyes del país; la defensa por estos jugadores del historial futbolístico de su asociación; el uso por los players de los colores de su asociación. Un quinto criterio aparece implícitamente afirmado en la composición de los grupos eliminatorios: la designación de los equipos con el nombre de su país.

Lejos de reflejar atraso, demuestran que tanto Guérin como los colegas belgas y alemanes que lo ayudaron a redactar el proyecto fueron precursores: quienes les sucedieron tardaron décadas en alcanzar un nivel de claridad equivalente. Un breve repaso de los textos oficiales aprobados por los sucesivos congresos de la FIFA lo confirma.

En 1906, en Berna, el 3.er congreso de la federación reunido bajo presidencia inglesa estableció una definición muy limitada de selección, con un único criterio: «es un equipo representativo de un país». No se hacía referencia ni al proceso de selección ni al tema clave de la nacionalidad de los jugadores. En 1907, en Ámsterdam, el 4.º congreso agregó que los jugadores debían ser seleccionados *por la asociación*. La cuestión de la nacionalidad siguió planteando problemas ya que, si bien es cierto que en 1905 la FIFA se mostró dispuesta a reconocer la existencia de cuatro asociaciones británicas, después del acceso de Woolfall a la presidencia, los dirigentes continentales se atuvieron al principio de «un país, una asociación, una selección».

El 1.º de julio de 1912, al margen del torneo olímpico, el 9.º congreso de la FIFA adoptó el siguiente complemento al artículo 27: «Los jugadores deberán tener la nacionalidad del país de la asociación para la cual juegan». Se acotó entonces que las «relaciones internacionales entre Inglaterra, Escocia, Gales e Irlanda no se veían afectadas por la medida». Entre 1914 y 1923, la FIFA dejó de reunirse. En agosto de 1926, bajo el impulso de Seeldrayers, se publicó el artículo 32 con la siguiente definición:

> Un encuentro internacional reconocido como tal por la federación y sometido a la aplicación del artículo 28 es un partido entre dos asociaciones nacionales miembros de la federación en el cual ambos equipos llevan el nombre de su país. Los jugadores deben ser seleccionados por las respectivas asociaciones nacionales.

El artículo 28 fijaba el pago a la federación internacional de 0,75 % de los ingresos brutos recaudados en los encuentros internacionales con un mínimo de 5 dólares por partido. Este criterio afianzaba la concepción de la FIFA como aparato monopólico, con la idea de que solo existe el fútbol internacional que paga la cuota.

De este modo, veinte años después de la definición de 1905, se sumaron a duras penas casi cuatro de los cinco criterios enunciados por los pioneros: el equipo como representante de su país; la selección de los jugadores por la asociación nacional; los jugadores con la nacionalidad del país de la asociación que representan; y el equipo designado con el nombre de su país. Faltaban todavía el porte de los «colores de la asociación» —camiseta especial— y la agregación clara de que la nacionalidad de los jugadores se establecía «según las leyes de su país».

La verdad: En 1905, en momentos en que el 2.º congreso de la FIFA aprobó el proyecto de Copa Internacional, el fútbol continental tenía una vasta experiencia vanguardista en materia de campeonatos entre clubes de diferentes países. Puede decirse que el proyecto de Copa Internacional entre selecciones, ideado y defendido por Jourdain, Mühlinghaus y Guérin, se apoyó en la experiencia rica y soberana acumulada en el marco de las complicadas Copas *Challenge International du Nord* y *Jean Ponthoz*. Evidentemente, los fundadores de la FIFA no precisaban crear otra copa interclubes. La idea nueva fue organizar una copa entre selecciones. El proyecto de Copa Internacional de 1905 integró una definición de seleccionado particularmente avanzada, sumando una serie de criterios pertinentes que la FIFA posterior tardó décadas en igualar.

5. Inglaterra aunada

La mentira: La Football Association inglesa se afilió a la FIFA durante la «era Guérin», antes del congreso de 1905, es decir antes de que se decidiera la creación de la Copa Internacional.

La cita mentirosa y su significado

> Desde el año anterior, los efectivos de la federación internacional se habían acrecentado considerablemente. A las siete asociaciones fundadoras: Francia, Bélgica, Suiza, Holanda, Dinamarca, Suecia y España, **se habían aunado antes de este congreso de París: Alemania, Austria, Inglaterra, Italia y Hungría.** La cantidad de asociaciones afiliadas era por lo tanto suficiente para permitir a la federación lanzar su primer torneo en 1906.
> (p. 17)

Saber si la FA se afilió a la FIFA antes o después del 2.º congreso puede parecer un punto de discusión anodino. Es en realidad un elemento clave cuando se trata de saber el rol jugado por Londres en el fracaso de la Copa Internacional. Quienes buscan exonerar a los ingleses de la sospecha que pesa sobre ellos en cuanto al sabotaje del proyecto, hacen lo posible por demostrar que la FA se afilió antes del congreso de 1905, bajo la presidencia de Guérin, sugiriendo que esto prueba una actitud constructiva y favorable, lejos de las intenciones anti-FIFA que le atribuyen algunos.

Así, en *La historia oficial de la Copa del Mundo...*, el analista inglés Guy Oliver afirma, sin presentar pruebas documentales, que la afiliación de la FA se produjo durante la conferencia de Londres del 1.º de abril de 1905. Y en el sitio de la federación, en la página correspondiente a la biografía de Guérin, se lee este comentario de tenor similar: «Fue el impulsor y el responsable de la fundación de la FIFA. [...] El 23 de mayo de 1904, fue elegido Presidente en el primer Congreso de la FIFA y ocupó el cargo dos años, durante los cuales se sumaron *al proyecto* otras ocho federaciones nacionales, *incluida la inglesa.*» Notemos al pasar el uso del término «proyecto», típicamente inglés, aplicado a una FIFA que, en 1905-1906, ya era una *realización*.

La posición de Rimet es un poco diferente. Supone una colaboración activa ininterrumpida de Inglaterra desde 1902 y sugiere una especie de proceso progresivo de afiliación que se habría formalizado en un momento dado no definido por el autor.

Otro aspecto, otra contabilidad: la apreciación de «una cantidad *suficiente* de asociaciones» —que en medio de consideraciones pesimistas aporta una nota positiva— tiene, a decir verdad, poco sentido. Suponiendo justo el cálculo de Rimet, las asociaciones afiliadas eran doce. Pero nada impedía invitar a asociaciones aún no afiliadas, como sucedió en realidad, con la idea de que adhirieran a la FIFA al confirmar su participación. Tampoco cabía considerar una cifra mínima de participantes para decidirse a realizar la competición. Cuatro, ocho o doce equipos, lo importante era empezar. Recuérdese al respecto que la cantidad de 15 participantes en un torneo internacional de fútbol se alcanzó recién en 1924, en el *Tournoi Mondial* organizado en París bajo la batuta de Rimet.

Las actas de los congresos de la FIFA discuerdan con la contabilidad Rimet

La nómina de los firmantes del texto constitucional aprobado por el primer congreso de la FIFA aporta la confirmación de que en 1904 se afiliaron

Francia, Bélgica, Holanda, Suiza, España, Dinamarca y Suecia. Estas siete asociaciones estuvieron representadas físicamente en la reunión, obrando André Espir como delegado de los españoles. La ratificación de su afiliación por la federación holandesa se produjo después del congreso, a principios de 1905. Alemania no envió delgados pero «adhirió en principio por telegrama con fecha de este día».

Al congreso de 1905 se presentaron delegados de Suiza, Holanda, Dinamarca, Bélgica y Francia. Dicen las actas que «el presidente expuso el estado de la federación y los resultados obtenidos al año de su creación». Sobre la situación de Italia, Guérin informó que «la Federación Italiana aún no comunicó su adhesión a la federación internacional y que se pone al orden del día el tema de enviar una advertencia». Prosiguió señalando que «se da lectura a una carta del señor Hammer (Slavia) que declara que su federación está plenamente de acuerdo con el congreso y que envía su poder». Espir representó entonces a la federación checa. Se puso luego «en el orden del día el asunto de la afiliación de una de las dos federaciones suecas», confirmándose la desafiliación provisoria de la Svenska Fotbollförbundet de Kornerup, representada en 1904 por el danés Sylow.

Refiriéndose a la situación de Inglaterra, las actas de 1905 aportan las siguientes informaciones:

> El presidente remite al Congreso el acta final de la Conferencia de Londres del 1.º de abril de 1905, y da lectura a una carta de Wall, secretario honorario de la FA, disculpándose de no poder asistir al congreso, retenido por obligaciones en el extranjero. El asunto del curso a dar al voto de la Conferencia de Londres se pone al orden del día.

El tema de la afiliación de la FA no fue evocado.

En la segunda sesión de la mañana del 11 de junio. las actas registran que «se da lectura a una carta del señor Carlos Padrós (Madrid FC) que se excusa de no poder viajar a París y remite el poder de la federación española». Se mantuvo por lo tanto la afiliación de España, pese a que este país no poseía asociación nacional. El congreso prosiguió agradeciendo a la asociación alemana por «los votos expresados en su cable de este día». Espir representó a España y Hirschman a Alemania.

El estudio de la situación de los diferentes miembros continuó en los siguientes términos:

> Suecia. Sylow se hará cargo de encuestar con respecto a las dos asociaciones suecas. Austria: se recibirá al señor Hammer de la federación Slavia para preguntarle qué curso dará a la propuesta formulada en la conferencia de Londres de afiliarse a la federación austríaca. Islas británicas: el Comité Ejecutivo adoptará una decisión después de tomar conocimiento de los resultados de la reunión de la International Board y después de haberlos comunicado a los diferentes delegados de la FIFA.

Estas últimas indicaciones se referían únicamente al voto de la Conferencia de Londres que, como lo hemos visto, eludía el tema de la afiliación, y cuyo tratamiento por la IFAB nunca se concretó. Al término del 2.º congreso, la federación contaba por lo tanto ocho miembros confirmados —Francia, Bélgica, Holanda, Suiza, España, Alemania, Dinamarca y Slavia (Chequia)—, un miembro provisoriamente desafiliado —Suecia— y un miembro en vías de afiliación —Italia—. La situación de Austria no quedó clara. La de Hungría no fue evocada.

La tabla de las afiliaciones publicada por Hirschman en el *Handbook 1929* da las siguientes informaciones relacionadas con los tres casos litigiosos: «afiliación de Austria, 17 de octubre de 1905» (después del congreso); «afiliación de Hungría, 14 de septiembre de 1905» (después del congreso); «afiliación de Italia, 19 de agosto de 1905» (después del congreso).

En cuanto a la afiliación de Inglaterra, las mismas tablas señalan que ocurrió «en junio de 1905». Pero, extrañamente, a diferencia de todas las demás adhesiones, no da una fecha precisa. La fórmula empleada para señalar este ingreso es también particular. En todos los otros casos se expresa claramente que «tal federación *fue admitida* tal día», que «tal federación se convirtió *en miembro*» o que «tal asociación *fue afiliada*». En el caso inglés, no se utiliza ninguna de estas fórmulas. Se indica vagamente que «la FA *se unió* a la FIFA en junio de 1905», sin que quede claro el significado del término «unirse». El carácter dudoso de estos datos no favorece la hipótesis de una verdadera afiliación inglesa antes del congreso. Al mismo tiempo, la ausencia de cualquier mención a un pedido de afiliación por parte de la asociación inglesa en las actas de 1905 permite concluir que su incorporación ocurrió necesariamente después de aquél congreso.

Un autor inglés allegado a la FIFA especula en vez de investigar

Ya dijimos que en la parte introductoria de la *La historia oficial de la Copa del Mundo…*, Oliver reanudaba con el «punto de vista inglés». Con respecto a la afiliación de la FA, la posición del analista se ve claramente expresada en este correo del 7 de septiembre de 2017:

> *Creo que tenemos que tomar* como fecha exacta de la afiliación de Inglaterra el 1.º de abril de 1905, día de la conferencia de Londres. Leí en otro lado que la FA había definido en principio el 1.º de abril pero que esto quedaba sujeto a la aprobación de la International Board el 17 de junio. *Reconozco sin embargo que no hay ningún registro de esta decisión en las actas de la reunión de la IFAB ni en los periódicos del Athletic News*.

El problema de esta argumentación es múltiple.

En primer lugar, durante los debates que ocurrieron en la conferencia de Londres así como en el voto final, Inglaterra eludió por completo el tema de su afiliación. En segundo lugar, no tiene sentido seguir vehiculando la fábula de que la afiliación inglesa debía pasar por la aprobación de la IFAB. Nadie imagina a Inglaterra sometiendo la decisión de afiliarse al consentimiento de las tres otras naciones del Reino. Entre 1906 y 1908, la FA formó parte de la FIFA, no las otras asociaciones británicas. Esto significa que la decisión fue adoptada soberanamente, por su propia directiva, sin pasar por la Oficina. Finalmente, como el propio Oliver lo señala —y como es lógico—, la IFAB no trató el voto de Londres en su sesión del 17 de junio, ni lo trató jamás.

Según el Comité Ejecutivo, en septiembre de 1905 la FA no se había afiliado

El 16 de septiembre de 1905, Guérin —que seguía siendo presidente de la FIFA— publicó el siguiente comunicado en *La Presse*:

> Football asociación. Los partidos internacionales. El Comité Ejecutivo de la federación internacional, considerando que el voto emitido por el Consejo de la FA es un reconocimiento por este de las asociaciones nacionales continentales como únicas entidades regidoras del fútbol asociación en sus países respectivos; considerando que, por simple aviso de una de esas asociaciones continentales, la FA registrará las suspensiones, radiaciones individuales de clubes o de agrupaciones pronunciadas por esta asociación; que la prohibición de un partido por una asociación nacional continental —partido en el cual figuraría un equipo inglés— será registrada por la FA; considerando que la unanimidad del voto indica que la FA *está particularmente dispuesta, bajo una forma cualquiera, a adherir a la FIFA, y que circunstancias especiales impidieron hasta el momento que el Comité Ejecutivo de la FIFA persiguiera más rápidamente este objetivo*, pero que debe considerarse que los dirigentes de la FA, según sus declaraciones, *se han comprometido a continuar el acercamiento, que los resultados obtenidos hasta ahora son un camino hacia el objetivo a alcanzar*: autoriza las asociaciones afiliadas a concluir partidos con clubes o miembros de asociaciones afiliadas a la FA, pero no podrá autorizar los encuentros con los clubes afiliados a la Irish FA, a la Scottish FA y a la Wales FA, antes de que estas asociaciones hayan votado la resolución adoptada por la asamblea el 1.º de abril pasado.

El texto se refiere a la decisión adoptada por la FA en agosto de 1905, que reconocía la existencia de las asociaciones continentales afiliadas a la FIFA pero no a la FIFA como tal. La tortuosa declaración del Comité Ejecutivo, que manifestaba entonces una actitud forzadamente optimista, deja en todo caso claro el hecho de que solo se había logrado «un acercamiento» que, por otra parte, se veía interrumpido, y que el 16 de septiembre de 1905, la FIFA seguía esperando una afiliación que la FA rehuía.

Los dirigentes ingleses separaban claramente «reconocimiento mutuo» y afiliación. De hecho, a cada vez que se fueron de la FIFA —entre 1920 y 1923, y entre 1927 y 1946— la afiliación se perdió pero se mantuvo el reconocimiento mutuo y el contacto deportivo con el Continente. Este punto de vista les permitía enfrentar libremente a cualquier seleccionado de cualquier asociación del mundo. Las asociaciones continentales de la FIFA, en cambio, encerradas en su punto de vista dogmático, se negaron progresivamente este derecho lúdico a sí mismas, salvo el caso particular de partidos contra las asociaciones británicas que, contra la regla general, se mantuvieron independientemente del tema de la afiliación.

En septiembre de 1905, la FIFA confirmó la no afiliación de la FA

En su congreso de 1905, la FIFA decidió crear un boletín oficial. El suizo Schneider propuso asumir los gastos de impresión, lo que fue aceptado por unanimidad, con los debidos agradecimientos. Dicen las actas:

> El boletín será publicado regularmente y mencionará los estatutos y reglamentos de la FIFA así como las autorizaciones de los matches y todas las informaciones interesantes para las federaciones afiliadas. Será editado en francés y en alemán los días 1 y 15 de cada mes. Mühlinghaus y Schneider se harán cargo respectivamente de la redacción en francés y en alemán.

El boletín n.º 2 salió el 1.º de septiembre de 1905. Pudo leerse entonces esta información: «Última hora. Acabamos de recibir el siguiente telegrama: Voto del Consejo del fútbol inglés *reconoce asociaciones nacionales continentales*. Guérin». Se adjuntaba un breve comentario: «Esta buena noticia complacerá seguramente a todos los futbolistas del continente». Ese mismo telegrama inglés había motivado la ya mencionada declaración del Comité Ejecutivo publicada en la prensa. En cuanto al artículo principal del boletín, titulado «La situación actual de la federación internacional», aportó una serie de puntualizaciones sobre el estado exacto de la FIFA en materia de afiliaciones que, por lo menos hasta esa fecha, aclaran el tema que nos ocupa. Empieza así:

> Durante un año, se realizaron diferentes contactos por todas partes de modo que para el congreso de 1904, las asociaciones de Bélgica, Holanda, Dinamarca, Suecia, Alemania, España y Francia estuvieron representadas. El segundo congreso [confirmando lo que decimos aquí] no aportó modificaciones sensibles.

Se lee más adelante: «Hoy Bélgica, Holanda, Dinamarca, Alemania, Suiza, España, Francia, y recientemente Italia, están afiliadas», un total de ocho asociaciones que no es el que da Rimet ni el que presentan las tablas producidas por Hirschman. Esta frase confirma inequívocamente la no afiliación de Inglaterra: «No nos queda más que traer a las Islas Británicas, a Suecia y a Austria en nuestra agrupación.» La siguiente conclusión lo ratifica a la vez que destaca el triste fin del voto de Londres:

> El voto de la Conferencia de Londres debía ser sometido en la International Board que, en realidad, ya estaba presente en la Conferencia de Londres. ¿Qué pasó? Nos parece que la palabra dada en Londres por las asociaciones inglesas, irlandesas y galesas, que el voto emitido por el Consejo de la FA, tienen suficiente peso para que las Islas Británicas *terminen adhiriendo*, bajo una forma cualquiera, a la FIFA.

La FA adhirió a la FIFA en 1906 «de manera especial»

Los boletines siguientes no aportan ninguna información nueva sobre un eventual avance en la tramitación de la afiliación inglesa. El número 3 del 15 de septiembre fue consagrado al fútbol suizo y el número 4, del 15 octubre, el último que salió, se limitó a reproducir el comunicado publicado por Guérin en *La presse* el 16 de septiembre de 1905.

En cuanto a las actas del 3.er congreso de la FIFA reunido en Berna a comienzos de junio de 1906, colocan al investigador ante una situación extraña. La participación de cuatro delegados de la «Football Association Ltd. Inglaterra» corrobora el ingreso inglés (p. 1) y la elección de Woolfall el 3 de junio como miembro del Comité de Estudio interventor y poco después, como presidente del Comité Ejecutivo, lo confirma. Sin embargo, no aparece la menor alusión a un pedido ni a una aceptación oficial como sucedió siempre para cada ingreso desde el nacimiento de la FIFA.

La información que nos faltaba para resolver el tema proviene de los ingleses mismos. En su libro *50 años de fútbol, 1884-1934*, publicado en 1935 y reeditado en 2006, el histórico secretario general inglés Frederick Wall brinda el dato definitivo en la página 185 del capítulo «Fútbol a través de Europa» («*Football over Europ*»):

> No somos miembros de la Federación Internacional de Fútbol Asociación, que consiste en una autoridad de control de cada país, quedando excluidas todas las demás organizaciones. La Football Association *adhirió a la FIFA en 1906, en el sentido expresado entonces en las actas oficiales*: «La Football Association usará su influencia para regular el fútbol continental como puro deporte y para brindar a las asociaciones continentales el pleno beneficio de sus largos años de experiencia.»

Por «puro deporte», Wall entendía la disputa de partidos exclusivamente amistosos, descartando de las misiones «de influencia», la perspectiva del Campeonato Internacional. En cuanto al resto, los términos empleados por la FA en su decisión confirman el carácter especial de la adhesión, no como un miembro más, sino como un miembro privilegiado cuya permanencia se condicionó a la atribución de poderes tutelares. Así, la FA tuvo un pie en la FIFA y otro afuera, en el marco de una relación no solicitada por ella, establecida —como decía Guérin— «de cualquier manera». Puede decirse entonces que no fue tanto la FA que adhirió a la FIFA, sino la FIFA que aceptó «unirse» a la FA, y puede explicarse la ausencia de mención a este vínculo en las actas. Por un lado, la FIFA no podía oficializar un privilegio, y por otro, la FA se negó a seguir el procedimiento habitual que la habría colocado al nivel de una «asociación cualquiera». El problema fue entonces que esas condiciones de ingreso, compatibles con una misión de consejo, no lo eran con el ejercicio de una presidencia sana.

Nótese para terminar este capítulo, que la decisión transcripta por Wall limitó expresamente la acción de la FA dentro de la FIFA —y por ende, la acción misma de la FIFA— al «fútbol continental», a las «asociaciones continentales». Se estableció entonces que la FIFA no beneficiaría de los vínculos que podían aportarle los dirigentes ingleses en su relación con el resto mundo y que se limitaría a ser una entidad europea.

La verdad: Las tablas oficiales de la FIFA elaboradas y presentadas por Hirschman en el *Handbook 1929* indican que la FA «se unió» a la federación internacional en junio de 1905, sin dar una fecha precisa y sin referirse claramente a un trámite de afiliación. Las actas del congreso de 1905 y los boletines publicados hasta septiembre confirman que la FIFA no recibió respuesta de la IFAB con respecto al voto de abril, y que, hasta esa fecha, la FA no se había afiliado. Las actas de la directiva inglesa citadas por Wall en su libro de memorias permiten cerrar el tema concluyendo que la FA «adhirió» a la FIFA recién en 1906 y que esta afiliación de carácter especial no fue debidamente tramitada.

6. Antecedente mundialista

La mentira: El proyecto de Copa Internacional elaborado por la FIFA en 1905 contenía lo esencial de las reglas que rigieron posteriormente la moderna Copa del Mundo de la FIFA.

La cita mentirosa y su significado

> Se hallan aquí, en estas disposiciones viejas de medio siglo, lo esencial de las reglas que presiden hoy el impactante éxito de la Copa del Mundo.
> (p. 17)

En el capítulo 4, «Campeonato interclubes», Rimet había intentado demostrar, con su «reglamento» falsificado, que el Campeonato Internacional proyectado por el 2.º Congreso de la FIFA no apuntaba a un «verdadero campeonato del mundo» —entre seleccionados nacionales— sino a la disputa de un título entre clubes. Parecía quedar claro entonces que aquella iniciativa no correspondía, «en lo esencial», a las reglas que presiden o deben presidir un Campeonato del Mundo. Sin embargo, unas líneas después, afirma exactamente lo contrario.

No corresponde considerar como reglas esenciales —y por lo tanto, estables— de una Copa o un Campeonato del Mundo ni el sistema de competición ni el reglamento financiero: el sistema de competición osciló entre «copa pura» en 1924 y «campeonato puro» en 1950, y los reglamentos financieros no dejaron de cambiar. Pueden considerarse en cambio como esenciales los siguientes tres criterios que entran necesariamente, de manera implícita o explícita, en un reglamento mundialista: los equipos tienen que ser selecciones nacionales; se aceptan todas las categorías de futbolistas (abierto); la convocatoria (invitación) abarca a todos los países del mundo futbolístico y es susceptible de concretar en las canchas el encuentro entre países de diferentes continentes. En la versión del proyecto de Copa de 1905 falsificada por Rimet solo se asegura el segundo punto: un campeonato abierto a imagen de los internacionales británicos; mientras que en la verdadera versión, el campeonato es un abierto, juegan selecciones, pero la convocatoria resulta geográficamente limitada («Europa se divide en cuatro grupos…»).

¿Cómo entender entonces la incoherencia de Rimet? Como indicado en el siguiente punto del sumario que resume la idea del dirigente francés sobre la época pionera: «Fervientes deportistas *sueñan desde entonces con la Copa del Mundo pero* la demasiado joven Federación Internacional no logra siquiera realizar un campeonato de Europa». La frase propone, es verdad, una nueva versión de los hechos en la cual el proyecto mundialista se habría reducido a un proyecto continental. Y eso es lo interesante justamente —la idea de que se asistió a una reducción de las ambiciones y de que dicha reducción se produjo forzada por las circunstancias— porque ese proceso fue lo que quedó en las historias que narraron posteriormente las publicaciones de la FIFA.

Se lee en *1904-2004 El siglo de la FIFA*, que desde el principio quedó establecido que «solo la FIFA podía organizar el Campeonato Internacional» y que «la idea de una Copa del Mundo se vio así lanzada». En cuanto a *La historia oficial de la Copa del Mundo…*, refiriéndose al nacimiento de la federación, titula: «La FIFA se crea y reivindica el derecho a organizar un campeonato del mundo». Así, la federación internacional habría sido desde el principio *la organización fuente, depositaria* del sueño mundialista, y como tal habría *intentando concretar ese ideal desde el principio, es decir mucho antes de que lo permitieran las circunstancias*.

El mundialismo de la FIFA fue más atrasado que avanzado

Lo primero que se comprueba al leer la documentación de la FIFA pionera —las correspondencias intercambiadas entre Guérin y Hirschman, lo enunciado oficialmente en diferentes documentos, los órdenes del día de los congresos, las mociones presentadas, las resoluciones adoptadas, los estatutos— es que no aparecen nunca expresiones como «campeonato del mundo», «campeonato mundial», «torneo mundial», ni otras de significado equivalente.

El artículo 9 de la Constitución de 1904, que fijó el objetivo de la FIFA en materia de competición, dispuso que «solo la federación internacional tiene derecho a organizar *un Campeonato Internacional*». En cuanto al proyecto concreto finalmente aprobado en 1905, figura en las actas de dos maneras: como «Copa Internacional» y como «Campeonato Internacional». El artículo 9 sufrió pocas evoluciones durante las primeras décadas de existencia de la federación. Cambió de número, pasando de 9 a 22 en 1907, expresando entonces: «La FIFA proclama que solo ella tiene derecho a organizar *los campeonatos internacionales*», una fomulación que se mantuvo más allá de la reforma estatutaria de 1926.

En vano se buscarán otros textos oficiales o mociones discutidas por el congreso que escapen a las *formulaciones internacionalistas* antes de 1914. Recién ese año, una década después de creada la federación, se utilizó por primera vez la expresión «campeonato del mundo», y a decir verdad, de manera particular. En efecto, la moción aprobada entonces en Cristiania (Oslo) por los congresistas se limitó a reconocer el torneo olímpico de fútbol como «campeonato del mundo *amateur*» sin cambiar por ello los términos del artículo 22 ni entrar en los estatutos.

La terminología mundialista volvió a esfumarse durante la década del veinte para reaparecer recién en 1927 en algunos de los proyectos presentados por las asociaciones europeas en el marco de la consulta organizada por la primera Comisión Bonnet. La expresión «*WorldChampionship*» se impuso finalmente en el Congreso de Barcelona de 1929, cuando se atribuyó a Uruguay el honor de organizar «el campeonato del Mundo de la FIFA» en 1930. Sin embargo, el artículo 22, que pasó a ser 38, permaneció incambiado hasta 1954. El 15 de febrero de ese año, poco antes del retiro de Rimet, el concepto de Mundial entró en los estatutos, convirtiéndose recién entonces en proyecto al que las asociaciones debían adherir obligatoriamente: «Art. 38, párrafo 1: tachar y reemplazar por. 1. La federación se reserva el derecho exclusivo de organizar el Campeonato del Mundo—Copa Jules Rimet, de tal manera que la prueba tenga lugar sucesivamente en los diferentes continentes».

Se concluye que, contrariamente a lo que señalan Rimet y los historiadores que lo siguieron hasta hoy, el pleno «sueño del campeonato del mundo» llegó mucho más tarde que temprano.

El término «internacional, vago y elástico, no especificaba la dimensión geográfica del campeonato

El mantenimiento de la terminología internacionalista no fue un hecho casual, aunque en diferentes momentos, a lo largo de medio siglo de historia —entre 1904 y 1954—, obedeció a diferentes motivaciones.

¿Qué se entendía por «Campeonato Internacional»? Simplemente, un torneo entre selecciones nacionales. Se seguían así los conceptos expresados en 1894 por el congreso fundador de los Juegos Olímpicos organizado por la misma USFSA creadora de la FIFA. Desde un comienzo, la FIFA tendió a considerar los partidos entre clubes de diferentes países como «no internacionales» —un club no representa a una nación— estableciendo solamente la distinción entre «partido internacional» —un encuentro aislado— y «Campeonato Internacional» —disputado entre más de dos equipos y dotado de un sistema de competición destinado a destacar un campeón y proclamar un título—.

A la par de la vaguedad terminológica, la FIFA se impuso un esquema de relaciones deportivas bastante cerrado. Como decía Guérin, se trataba antes que nada de crear una especie de policía del fútbol. El principio era que solo las federaciones afiliadas que se reconocían mutuamente como miembros de la FIFA podían establecer relaciones entre sí, quedando prohibido jugar contra selecciones de asociaciones no afiliadas. Como el Campeonato Internacional solo podía disputarse entre países afiliados a la FIFA y ser organizado por la FIFA que controlaba la aplicación de estos criterios, quedaba establecida implícitamente una regla práctica objetiva según la cual la dimensión geográfica del Campeonato Internacional —regional, continental o intercontinental (mundial)— tendería a reflejar la extensión geográfica de la federación —regional, continental o intercontinental (mundial)—.

Es cierto que el programa del Campeonato Internacional fijado el 12 de junio de 1905 incluía en los grupos eliminatorios a ocho asociaciones no afiliadas: Italia, Austria, Hungría, Suecia y las cuatro entidades británicas. Se consideró entonces la convocatoria como una manera de favorecer el reclutamiento de nuevos miembros. La composición de los grupos fue un llamado a la extensión de la FIFA aunque siempre dentro de marcados límites continentales: «Europa se divide en cuatro grupos».

Algo diferente sucedió en 1920 en ocasión del torneo olímpico de fútbol de Amberes. La FIFA no organizó el evento pero autorizó expresamente los partidos entre sus selecciones afiliadas y aquellas que habían sido anotadas por el Comité Olímpico Belga (COB) aunque no formaran parte de la federación. En 1924, en cambio, para el «*Tournoi Mondial*» organizado por la FIFA y la asociación francesa, se impuso una doble convocatoria. La invitación olímpica llegó a 52 naciones en momentos en que la federación alcanzaba apenas una veintena de miembros. Para poder jugar, había que responder por un lado a la invitación del Comité Olímpico Francés (COF) y por otro a la exigencia de afiliarse a la FIFA.

Los congresistas de 1905 soñaban con una federación de todas las asociaciones nacionales europeas y con la realización de un Campeonato de Europa. Pero no estaban seguros de alcanzar la dimensión continental. La fórmula «Campeonato Internacional» era la más adecuada. Si se anotaban y jugaban todos los equipos previstos, podría hablarse de «campeonato de Europa» y proclamarse la puesta en juego de un título de campeón continental. Si no, si por ejemplo se ausentaban los británicos, la fórmula «Campeonato Internacional» seguía siendo pertinente.

Guérin y Mühlinghaus concibieron la Copa Internacional como una Copa de Europa, no como un Mundial

Es un hecho muy documentado que, en sus permanentes intercambios oficiales o informales, los fundadores de la FIFA emplearon de modo recurrente la expresión «Campeonato de Europa».

En las cartas que Guérin envió a Hirschman antes de la creación de la federación, utilizó casi exclusivamente la fórmula continental que marcaba claramente su ambición:

«Creo que será una tarea del Congreso hacerse cargo, tanto de la Liga Internacional como del asunto del Campeonato de Europa»; «Si soñé con la disputa de un Campeonato de Europa de fútbol asociación»; «Ya no hay desacuerdo entre nosotros y solo queda buscar el medio de llevar a cabo el torneo europeo».

Esa fue también la terminología empleada por Mühlinghaus en el texto titulado «El Campeonato Internacional» publicado en el boletín de la federación: «Examinaré hoy el asunto del Campeonato de Europa cuyos primeros encuentros deben llevarse a cabo en 1906».

La naturaleza geográficamente limitada del proyecto estaba por lo tanto clara desde el principio. Y para que no queden dudas, citaremos la nota titulada «Fútbol asociación, un campeonato de Europa» publicada por Guérin el 10 de septiembre de 1903 en *La Presse*. Respondiendo a los periodistas de *L'Auto,* que querían ver en la propuesta que la USFSA les acababa de someter un proyecto de Mundial, el futuro presidente de la FIFA consideró necesario efectuar la siguiente aclaración:

¿Campeonato del Mundo? Digamos campeonato de Europa, para ser más exactos, lo que no disminuye su valor, ni mucho menos. Y este será tanto más interesante que la idea de que se enfrenten, en un solo torneo, los mejores equipos europeos está en el aire desde hace casi un año.

En ese mismo texto, Guérin se refirió a la génesis de la futura federación evocando, con los mismos criterios, el desarrollo estrictamente continental de la «Unión europea»:

> Todas las federaciones europeas de fútbol hacen esfuerzos para agruparse, encontrarse, y eso será un medio poderoso para llegar a la Unión europea, que aún no se ha podido establecer, pese a todo lo que se hizo hace un mes para concretar el congreso internacional. *L'Auto* hace bien las cosas, y hay que agradecerle el hecho de solicitar, para esta manifestación deportiva, la participación de los equipos ingleses, belgas, holandeses, suizos, alemanes, daneses y vieneses. El terreno ya fue preparado. Desde el momento en que se organizaron las primeras tratativas entre los delegados de las federaciones europeas ya que se había casi decidido crear una Copa Internacional anual entre los mejores equipos de dichas federaciones.

La FIFA nació como organización continental, limitada a las federaciones europeas

Los dirigentes de la primera FIFA eran hombres de cultura. Manejaban un concepto moderno de «Mundo» como encuentro intercontinental entre Viejo y Nuevo Mundo, entre Europa y América. Estas habían sido las ideas de Coubertin, las de la USFSA fundadora de los Juegos Olímpicos modernos, organizadora de los juegos atléticos de la segunda olimpiada, en 1900, en París, y fundadora de la federación internacional de fútbol.

En el proceso que condujo a restablecer los Juegos Olímpicos, el mundialismo intercontinentalista de la USFSA se manifestó de múltiples maneras. Para empezar, en 1893 Coubertin viajó a Nueva York y a Londres, y obtuvo la designación de tres comisarios: uno por Europa Continental, otro por Inglaterra y sus colonias, otro por América. El congreso fundador de 1894 confirmó la extensión del proyecto al contar con representantes de sociedades deportivas de todos los continentes menos África. Finalmente, la composición del primer Comité Olímpico Internacional (COI) reflejó las aspiraciones mundialistas: lo integraron miembros provenientes de países de Europa, de Argentina, Estados Unidos y Nueva Zelanda.

Los Juegos Olímpicos también fueron mundiales (intercontinentales) desde el comienzo, por lo menos en atletismo, en donde los representantes de América cumplieron enseguida altas performances. En 1900, se evidenció una supremacía aplastante de los atletas estadounidenses cuyos amateurs ridiculizaron a los profesionales británicos. Se proclamaron entonces oficialmente gran cantidad de «campeones del mundo», y no solo en atletismo, también en tenis y tiro —la lista figura en el informe oficial—. La característica común a esos Mundiales, reconocidos oficialmente como tales, fue el duelo intercontinental entre Viejo y Nuevo Mundo, entre América y Europa. Se habló entonces, por extensión, de «Olimpiadas Mundiales».

No por ello todas las competiciones olímpicas fueron consideradas como campeonatos del mundo. La exigencia moderna requerida siguió siendo la intercontinentalidad. Como lo subrayó Coubertin en el prefacio del informe oficial, recién en 1924, al cumplirse veinte años del restablecimiento de los Juegos, los Mundiales se generalizaron a todas las disciplinas. A los Campeonatos del Mundo ya consolidados, se agregaron entonces los Mundiales de natación, waterpolo, polo y fútbol.

Aunque eran también miembros de la USFSA, los fundadores de la FIFA adoptaron opciones diferentes. Partieron, no de un proyecto deportivo universal, sino de una experiencia concreta —los campeonatos europeos interclubes—. Sobre esa base empírica, buscaron agrupar únicamente a las «federaciones europeas», sin tomar iniciativas en dirección de otros continentes. No hubo contactos con América y la política de limitación de la actividad a los encuentros entre asociaciones afiliadas afirmó la perspectiva exclusivamente continental. Se evidenció entonces una diferencia fundamental entre la convocatoria olímpica —mundial y abierta, sin mayores exigencias previas— y la convocatoria de la FIFA —condicionada, continental y restrictiva—.

Los ingleses promovieron el antimundialismo olímpico y la división del fútbol en zonas de influencia

Además de estos factores ligados a la *génesis clubista* de la FIFA, la visión de los fundadores se vio estrechada por la relación particular que los ligó a Inglaterra. La aceptación de la liquidación de la Copa proyectada en 1905 demostró que la intención de los dirigentes continentales era obtener el ingreso de la FA a cualquier precio. Esto condujo inevitablemente a descartar toda idea de afiliar países pertenecientes al «resto del mundo» que, en aquél entonces, era «zona de influencia» de Londres. Y cuando en 1906 la FA definió los contornos de su afiliación a la FIFA, el marco estrictamente continental de su tutela quedó claramente expuesto.

Otro factor, que venía también del lado de Inglaterra, pesó en la falta de mundialismo de la primera FIFA: el boicot de los Juegos de 1904. Todo empezó en la olimpiada de 1900 en París cuando quedó plenamente confirmado el estatuto de los Estados Unidos como superpotencia atlética indiscutida. El muy famoso profesional inglés Edgar Bredin corrió los 100 metros en 12 segundos mientras que el amateur estadounidense Frank Jarvis lo hizo en 11. En 400 metros, la diferencia entre estadounidenses e ingleses fue de 4 segundos y en salto largo de 1 metro 20. En el informe oficial, Fabens señaló:

> Llegaron del continente americano un centenar de atletas, todos hombres de una calidad superior a la media, estudiantes de grandes universidades y miembros de grandes clubes. Y aunque Inglaterra envió a sus dos más célebres profesionales, Downer y Bredin, la cantidad de amateurs no superó la media docena, porque los mejores elementos *ya se habían dado por vencidos* unos días antes en los campeonatos de Inglaterra frente a los mismos americanos que debían enfrentar en París.

Se inició entonces una abstención insidiosa, que abrió el camino de acciones contra América. Así, pese a que en 1896 y 1900, los Estados Unidos habían asegurado la mundialidad y el brillo de los Juegos, en 1904 los ingleses lideraron el boicot contra la edición de San Luis, dócilmente seguido por los franceses. Las cifras de participación son inapelables: 651 atletas de los cuales 523 estadounidenses y 42 europeos, solo tres británicos, un solo francés. Alemania y Grecia salvaron el honor deportivo de Europa enviando respectivamente a 17 y 14 competidores.

Charles Lucas, autor del informe olímpico oficial de 1904, lamentó la ausencia de los principales países de Europa recordando que «sin los norteamericanos la edición de París habría sido una farsa». Consideró sin embargo «que no había que lamentar demasiado estas ausencias dado que los franceses solo podían aspirar a obtener algún cuarto puesto y los británicos a ganar alguna prueba aislada».

Pese al contexto, la olimpiada de 1904 mostró al mundo el excelente nivel de los futbolistas canadienses. El histórico Galt FC, fundado en 1892, dominó el torneo triangular que lo opuso a dos formaciones estadounidenses. Al año siguiente, el Pilgrims inglés emprendió una gira por esos lugares. Este conjunto, que jugaba la Copa Ponthoz y era capaz de plantear serias dificultades a los equipos más poderosos de Inglaterra, logró apenas un empate, 3 a 3, contra el Galt, en un partido que fue calificado por la prensa local como «un mundial interclubes entre el campeón de América y un equipo que dos años antes conquistó la Copa de Europa».

También se conocía la existencia del fútbol sudamericano. Tres asociaciones organizaban campeonatos nacionales: Argentina, Chile y Uruguay. Sus dirigentes eran británicos y los jugadores inmigrantes europeos. En 1902, el barón argentino Antonio De Marchi encaró la tramitación de las primeras giras de equipos ingleses. La iniciativa prosperó y en 1904 el Southampton llegó al Río de la Plata. A partir de allí, las visitas de los clubes provenientes de Inglaterra se prosiguieron sin interrupción.

Por estas razones, sería un error pensar que la FIFA surgió como una entidad europea y que se mantuvo como tal durante años porque se desconocían los otros fútboles. El mundo futbolístico estaba fragmentado en cuatro polos —América del Norte, Cono Sur, Continente europeo y Reino Unido—, es verdad, pero era visible y tenía una torre de control: la asociación inglesa.

En 1895 Frederick Wall fue designado secretario de la FA y desde los primeros años de su acción, manifestó intenciones de supervisión mundial. A principios del siglo XX, el gran titiritero definió la estrategia de integrar a las asociaciones nacionales transoceánicas como miembros de la FA. Siguiendo un esquema de tutela parecido al que le impuso en 1906 al continente europeo, afilió por ejemplo a la AFA Argentina el 22 de abril de 1904, diez días antes de la fundación de la FIFA. La prensa bonaerense señaló en esa ocasión: «La afiliación incluye a los clubes de Rosario y Montevideo».

En 1906, Inglaterra dirigía por lo tanto dos coordinaciones internacionales: la FIFA, para el Continente europeo, y la FA internacional, para el resto del Mundo. Su política de afiliaciones paralelas generó una situación ilegal y desleal en sus relaciones con la FIFA: la presidencia inglesa, que prohibía severamente el establecimiento de relaciones con asociaciones no afiliadas, violaba descaradamente ese principio.

La FIFA se mundializó a fines de 1912 gracias a las protestas alemanas

Durante ocho años, los dirigentes de la FIFA no encararon ningún tipo de iniciativa tendiente a convertir su federación internacional europea en una federación de proyección mundial. Los torneos olímpicos de fútbol de 1908 y 1912 reflejaron ese europeísmo estrecho, contrastando con las ambiciones mundiales del atletismo que, dicho sea de paso, aún no tenía federación. La perspectiva de Juegos en Berlín en 1916 llevó a que los dirigentes alemanes se interrogaran. El 1.º de julio de 1912, en el marco del congreso de la FIFA reunido en Estocolmo al margen de los Juegos Olímpicos, ante representantes de 17 asociaciones europeas, sometieron al voto de la asamblea la siguiente moción b):

Contrariamente a lo dispuesto por el artículo 1 de los estatutos, las siguientes asociaciones son miembros de la FA: American FA; Chile FA, Australia Occidental FA; FA de Nuevo Gales del sur; Nueva Zelanda FA; y Argentina FA. Dichas asociaciones están invitadas a afiliarse a la FIFA. Se recuerda a América, California, Australia Occidental, Nuevo Gales del Sur que se reconoce una sola asociación por país. Siendo Australia un país en el sentido del artículo 1 de los estatutos de la FIFA, la asociación australiana está invitada a formar una sola asociación para todo el país. La misma invitación vale para las asociaciones americanas.

Los alemanes tenían razón: la FA no violaba solamente los principios fundamentales de la FIFA cerrando a la federación el acceso a las asociaciones del Nuevo Mundo, sino que además, en los Estados Unidos, Gales y Australia, multiplicaba las asociaciones, quebrantando el postulado de «un país, una asociación» dictado con mano de hierro al Continente. Los delegados ingleses rechazaron la acusación pero autorizaron inmediatamente el ingreso de Argentina en el seno de la federación. Siguieron en 1913 las afiliaciones de Chile, Estados Unidos y Canadá. La FIFA pasó a ser entonces un organismo verdaderamente mundial.

La verdad: La Copa Internacional proyectada por la FIFA en 1905 era una «Copa de Europa». Los dirigentes de la FIFA lo expresaron de manera clara tanto en el encabezamiento del proyecto como en sus correspondencias e informes oficiales. La primera FIFA se concibió a sí misma con un agrupamiento de federaciones europeas. Hasta 1912, fue una organización estrechamente continental. El continentalismo convenía a la política de división y tutela organizada por la FA a nivel mundial. Fue quebrado en 1912 por la protesta de Alemania. Los delegados Hoffman y Hefner reclamaron entonces a la FA que pusiera fin a su organización internacional paralela.

7. Apatía unánime

La mentira: Los mismos dirigentes de la FIFA que, con entusiasmo unánime aprobaron el proyecto de Copa Internacional, en los días siguientes, con igual unanimidad y sin decir nada, se desentendieron del proyecto.

La cita mentirosa y su significado

> Sin embargo, pese a que el torneo se decidió en el entusiasmo y parecía cobrar la amplitud de un hermoso encuentro europeo, hubo que renunciar. **No llegó ni una sola inscripción a la secretaría de la federación. ¡Ese primer campeonato no pudo disputarse por falta de competidores! El hecho es que, a la abstención unánime de las asociaciones, correspondieron la inacción y el silencio del Comité Ejecutivo.**
> (p. 18)

La Copa Internacional proyectada por la FIFA en 1905 no se realizó. El tema de saber porqué un proyecto preparado desde 1903, que parecía contar con el firme apoyo de siete asociaciones continentales en el momento de su aprobación, no tuvo lugar siquiera con formato reducido, sigue siendo, hasta el día de hoy, un verdadero misterio.

Rimet da a entender que durante los dos meses fijados como plazo para las inscripciones —estas debían enviarse antes de fines de agosto a la secretaría de la FIFA ejercida por la asociación belga— los delegados de las asociaciones se desentendieron de todo lo aprobado, y que a esto se agregó el hecho de que el Comité Ejecutivo (Guérin y Mühlinghaus), tan activo antes de la votación, no insistió.

El problema con estas afirmaciones es que en vez de aclarar las cosas, las oscurecen por la introducción de un nuevo hecho inentendible: la abstención de todos, sin excepción, solapadamente, como si se tratara de batir un récord de irresponsabilidad colectiva. Dejan suponer, por otra parte, la existencia en los archivos de un registro susceptible de confirmar tres hechos: que las inscripciones se abrieron, que nadie se inscribió, y que se cerraron con un resultado nulo debidamente constatado. Dicho registro nunca apareció.

Digamos entonces que las afirmaciones de Rimet, que parten del postulado no demostrado de que, *pese a que se abrió el registro*, como consecuencia de un movimiento colectivo de abandono *y de silencio a todos los niveles*, no hubo una sola inscripción, son apenas una hipótesis, y que esa hipótesis es más que improbable porque supone la existencia de una extraordinaria convergencia de comportamientos anormales entre todas las asociaciones, y lo que es más increíble aún, entre todos los tenaces promotores del proyecto. Mucho más plausible resulta suponer *un proceso progresivo iniciado con la no apertura del registro*, que requiere como única y modesta condición inicial la conducta obstructora de la secretaría, es decir, de una sola asociación, la belga.

Los autores del libro *1904-2004, el siglo del fútbol...* entendieron perfectamente el carácter improbable de las afirmaciones de Rimet. Escribieron: «La competición internacional fracasó *por falta de una cantidad suficiente de participantes*, lo que tuvo como consecuencia la partida de Robert Guérin». Más allá del hecho de que Guérin se fue de la FIFA recién a principios de noviembre —tres meses después del vencimiento del plazo fijado para las inscripciones—, y que por lo tanto esta «consecuencia» merecería un complemento explicativo sustancial, su versión, más verosímil a primera vista, se limita a maquillar, sin superar, la falla fundamental que ya existía en el relato de Rimet: no se apoya en ninguna prueba documental, en ningún registro. Presenta además el agravante de sugerir que los autores saben cuántas asociaciones se inscribieron, cuáles sí y cuáles no, introduciéndose así una nueva falsedad.

Los adversarios de la Copa fueron recompensados por los ingleses

Los primeros elementos para entender porqué la Copa de 1905 no se realizó se hallan registrados en las actas del congreso de Berna del 3 de junio de 1906. Woolfall acababa de declarar que la FIFA no tenía aún capacidad suficiente para llevar a cabo un campeonato y que había que verificar y corregir muchos aspectos antes de volver a encarar esa posibilidad, cuando Hefner opinó que «en razón de la extensión de los campeonatos nacionales es muy difícil organizar un Campeonato Internacional». Solo Schneider reaccionó solicitando «que el comité sometiera al próximo congreso un proyecto de reglamento [para un nuevo campeonato], lo que fue adoptado».

El nombramiento del nuevo Comité Ejecutivo reveló dos cambios fundamentales: el reemplazo de Mühlinghaus por Hirschman en el puesto clave de secretario tesorero, y el de Guérin por el asalariado de la FA, Daniel Woolfall, en la presidencia de la federación internacional. Se selló entonces la caída de los dos grandes defensores del torneo internacional.

De estos puntos registrados en las actas pueden sacarse algunas modestas conclusiones. La primera es que, de acuerdo con lo declarado por Woolfall, la FA no tuvo nunca intenciones de disputar el campeonato, de lo que se deduce que los dirigentes continentales ligados a Londres supieron rápidamente que el grupo eliminatorio 1 («Islas británicas») no se jugaría. La segunda conclusión es que, para los suizos, que se habían propuesto como sede y ofrecían el trofeo, el campeonato no estaba totalmente enterrado. La aprobación de su propuesta de elaborar un nuevo proyecto dio la pauta de que las maniobras proseguían y de que nadie se atrevía a decir las cosas de manera clara y definitiva. La tercera conclusión es que, después de la negativa inglesa y de las reticencias holandesas expresadas por Hirschman desde principios de 1904, se agregó la oposición de los delegados alemanes.

El boletín de la FIFA de septiembre de 1905 evidenció la propaganda opositora de la presidencia belga

El boletín número 2 editado por la FIFA el 1.º de septiembre de 1905 presentó en su página 4 un artículo titulado «Campeonato de Europa» —al que ya nos hemos referido— que contiene pasajes muy importantes relacionados con el tema de las inscripciones. Dice así:

> En principio, este campeonato fue reconocido como una obra audaz pero realizable. *La Vie sportive* [prensa oficial de la Unión belga] de Bruselas ha encontrado sin embargo que la Pentecostés es una fecha tardía para la disputa de la final. Desde el punto de vista de Bélgica, esta reflexión puede revelarse exacta, pero debemos examinar el caso de otros países que, como Suiza, Alemania, Suecia, y como Holanda incluso, no terminan la temporada antes del final del mes de mayo de cada año.
>
> Los partidos eliminatorios no pueden ser objeto de ninguna crítica. Las asociaciones continentales se han acostumbrado desde hace ya dos años, a arreglar partidos internacionales en los cuales participan sus equipos nacionales. Cito entre otros casos Bélgica vs Holanda, Bélgica vs Francia, Francia vs Suiza. Las bases están planteadas para la concreción de los partidos Bélgica contra Suiza y Bélgica contra Alemania.
>
> Se estudia en este momento la conclusión de un encuentro entre Francia y Alemania. ¿Qué impide que las asociaciones afiliadas, conformándose a la tabla establecida por el congreso, disputen sus partidos eliminatorios del campeonato bajo la forma de encuentros internacionales? Supongamos un sorteo que dé en el segundo grupo los partidos de Bélgica contra Holanda y Francia contra España. Bélgica y Holanda podrán, en la disputa de su clásico anual, jugar al mismo tiempo el partido de la eliminatoria. Se ve así que el

asunto que asusta tanto a algunos es en realidad bastante simple y que puede ser resuelto fácilmente con la buena voluntad de las asociaciones adherentes.

El texto, publicado luego de vencido el plazo fijado inicialmente, aporta unas cuantas informaciones cruciales.

La primera es que a esa fecha, contrariamente a lo que nos dicen las teorías oficiales y el relato de Rimet, el registro de inscripciones aún no se había abierto pero tampoco se había cerrado.

La segunda es que, por lo indicado, la postergación de las inscripciones se relacionaba estrechamente con el inicio de una campaña contra el campeonato, patrocinada por la asociación belga en las páginas de *La Vie sportive*. Este dato coincide con la hipótesis que ya hemos evocado: en la hora de inscribir, la secretaría belga no abrió el registro. Se manifestó entonces un conflicto interno entre Mühlinghaus, cofundador de la FIFA con Guérin, que se expresaba en los boletines de la FIFA como portavoz de la «dirección internacional», y De Laveley, que actuaba como agente de Londres y desplegaba su propaganda contra el Campeonato.

La tercera información concierne el método empleado por De Laveley. El Barón no presentó sus objeciones lealmente, ante el Comité Ejecutivo, con vistas a encontrar soluciones. Buscó la crisis. El argumento de las fechas era el pretexto de siempre empleado por los abstencionistas, con el agravante de que aquí, De Laveley no se quejaba porque sus jugadores no estaban disponibles sino por el falso problema de que pasarían tres semanas «inactivos», un tiempo libre que les daba la ventaja de poder prepararse mejor ante la eventualidad de jugar en la ronda final.

La cuarta información aparece sugerida en la expresión «Holanda incluso» que da a entender que este país, sin sorpresa, también objetaba.

El hecho es que, a principios de septiembre, vencido el primer plazo, la directiva internacional trabajó para salvar el campeonato, rebatiendo la propaganda belga, aceptando posponer las inscripciones, recordando que los partidos internacionales amistosos podían contarse como encuentros de la fase eliminatoria, y dejando suponer la posibilidad de recomponer los grupos. En efecto, en la «serie dos» debían jugar España, Francia, Bélgica y Holanda, y la referencia «al clásico anual» entre belgas y holandeses corresponde efectivamente al programa de la Copa. Pero el artículo encara también la posibilidad de encuentros entre Bélgica y Suiza, Bélgica y Alemania, e incluso Francia y Alemania, saliéndose del programa inicial. La nota contradice pues, de múltiples maneras, la afirmación de Rimet sobre el «silencio del Comité Ejecutivo».

Guérin se implicó personalmente para salvar la Copa Internacional

El 15 de octubre de 1905 la FIFA publicó en su boletín oficial número 4 el comunicado titulado «El Campeonato Internacional de Fútbol asociación organizado por la FIFA», firmado «la directiva internacional». Dice así:

> El último congreso internacional decidió organizar por primera vez en 1905-1906 un Campeonato Internacional de fútbol. A este efecto y para facilitar su logro, se crearon series con el objetivo de evitar demasiados y costosos desplazamientos, de esta manera: Primera serie: Inglaterra. Segunda serie: España, Francia, Bélgica, Holanda. Tercera serie: Suiza, Italia, Austria, Hungría. Cuarta serie: Alemania, Dinamarca.
>
> Para las series 2 y 3, será necesario que las federaciones se arreglen entre sí desde ya, con el objetivo de fijar las fechas y las condiciones de los encuentros, para que las semifinales y finales puedan disputarse en Suiza en la Pentecostés. (Uno de los próximos números del boletín dará algunos detalles sobre la organización del campeonato). Para facilitar la organización de este campeonato, los comités de las diferentes asociaciones están invitados a inscribirse *ante el señor Robert Guérin, 34 rue de Provence, París*, antes del 31 de octubre próximo, indicando en lo posible las fechas de los encuentros. La Directiva Internacional.

La nota muestra que a mediados de octubre el Campeonato seguía vivo y que recién entonces se encaró realmente la apertura de las inscripciones. Estas ya no debían llegar a la secretaría belga sino… ¡a los locales de la USFSA! lo que confirma a la vez el sabotaje orquestado por De Laveley y la posición del presidente, debilitado, pero arriesgándose a «afrancesar» el proyecto, más activo y responsable que nunca.

¿Cuántas inscripciones recibió Guérin?

La francesa quizá, pero no la belga ni la de aquellas asociaciones que, considerando el silencio inglés, la liquidación del grupo 1, el boicot de De Laveley, las objeciones alemanas y las reticencias holandesas, prefirieron plegarse al abstencionismo mayoritario en vez de defender lo decidido democráticamente. La amplificación de las complicidades liquidó definitivamente el proyecto. A fines de octubre, el torneo se reveló inviable, salvo cambio milagroso en la posición de la FA.

El 31, con escasísimos apoyos continentales, Guérin partió a Londres. El 1.º de noviembre, el equipo francés jugó contra un combinado de la capital inglesa. Guérin dirigió por última vez al equipo galo y por última vez ofició como árbitro en un encuentro de fútbol. Las discusiones de la última chance con los líderes ingleses volvieron a fracasar: no hubo, no podía haber media vuelta inglesa. El 2 de noviembre, el dirigente francés renunció a su puesto en la USFSA, en consecuencia de lo cual abandonó sus funciones como presidente de la FIFA. El boletín de Schneider dejó de salir. «Los detalles de organización del campeonato» no se publicaron jamás.

Sobre el fin de la carrera futbolística de Guérin solo se conoce el breve aviso publicado en *Le Journal* el 3 de noviembre de 1905:

> Una renuncia. Recibimos la noticia de que Robert Guérin, el simpático tesorero de la USFSA, acaba de presentar su renuncia. Es lamentable que los altos dirigentes de la Unión no hayan hecho todo lo posible para que Guérin dé marcha atrás en su decisión. En todo caso, se trata de una pérdida irreparable.

Ciertos textos recientemente publicados en el sitio web de la FIFA expresan que, desde comienzos de 1905, Guérin, deprimido, había decidido abandonar paulatinamente su puesto: «Estos problemas [la Copa, las dificultades de ciertas asociaciones, de la francesa en particular] fueron una carga para el Presidente de la FIFA, quien había emprendido sus tareas con mucho entusiasmo. Robert Guérin se retiró cada vez más de la vida deportiva y delegó la administración a su Vicepresidente Victor E. Schneider y a André Espir, su asistente personal».

El comentario, que es un puro invento, cuadra perfectamente con la tesis de «la apatía general» emitida por Rimet y con la voluntad de denigrar la obra del creador de la federación. Muestra también que ciertos «historiadores de la FIFA» no respetan los archivos que tienen a su disposición.

A principios de 1906, la FA aprobó su «unión» especial con la FIFA. En ocasión del 3.er congreso, los saboteadores de la Copa fueron recompensados. Mühlinghaus fue apartado. Schneider mantenido, pero por poco tiempo. No se evocó la renuncia de Guérin ni se expresó el menor agradecimiento por su obra. Siguiendo las directivas inglesas y la acción insidiosa de su agente belga, en un contexto turbio, cargado de mala consciencia, los dirigentes continentales ingresaron en una nueva era, la era de «la dominación inglesa».

La verdad: Apenas aprobado, en junio de 1905, el proyecto de Copa Internacional chocó con el silencio inglés y con la oposición activa de De Laveley, que operaba como agente de la FA en el Continente. El Barón bloqueó el trabajo de inscripciones que debía efectuar su asociación. El sabotaje de la Copa, fomentado desde Londres, obtuvo rápidamente complicidades. La «directiva internacional» luchó como pudo y cuanto pudo, argumentando en los boletines, postergando los plazos, ajustando la composición de los grupos eliminatorios. En octubre, escapando a las traiciones, Guérin pidió que se enviaran las inscripciones a su propia sede. El 1.º de noviembre, en Londres, volvió a intercambiar con los dirigentes de la FA. El 2 de noviembre abandonó sus cargos.

8. Esfuerzos excesivos

La mentira: La realización del programa de la Copa Internacional votado por la FIFA solicitaba esfuerzos excesivos que las asociaciones del Continente no eran capaces de proporcionar.

La cita mentirosa y su significado

> Los nuevos dirigentes habían probablemente sobreestimado la confianza de sus dirigidos, o tal vez **los gastos a consentir y los problemas a sobrellevar para participar en una prueba de esa índole se revelaban excesivos.**
> (p. 18)

La mentira que vamos a analizar ahora marca el inicio de una serie de hipótesis que Rimet presenta como explicaciones de fondo al fracaso de la Copa Internacional de 1905. Hipótesis porque, como lo indican las fórmulas «probablemente» y «tal vez», el dirigente francés no pretende referirse a hechos o declaraciones confirmadas. Tampoco lo podía hacer: la tesis de que al abstencionismo unánime y mudo de las asociaciones se sumó la inacción y el silencio del Comité Ejecutivo supone que ninguno de los actores dejó la menor indicación sobre los motivos de su abandono.

Rimet empieza considerando dos causas: la falta de confianza de las bases en sus dirigentes y los esfuerzos excesivos exigidos a las asociaciones. De entrada, estas generalizaciones presentan una falla notable: ¿quién puede creer que las poderosas asociaciones británicas, invitadas a participar, desconfiaban de sus dirigentes o eran incapaces de asumir un modesto compromiso internacional? Por otra parte, ya sabemos por lo indicado en los boletines oficiales y en las actas del 3.er congreso que ciertas asociaciones continentales influyentes—la holandesa, la alemana y la belga en particular— expresaron objeciones abiertamente, y que estas objeciones se referían a supuestas incompatibilidades entre las fechas de la ronda final y las del campeonato local. El pretexto invocado tiende indirectamente a demostrar la ausencia de cualquier otro tipo de problemas incluyendo aquellos indicados por Rimet.

Si consideramos ahora exclusivamente la situación del Continente, la hipótesis de la falta de confianza entre los dirigentes y sus bases no concuerda con el hecho de que los dirigentes de la FIFA eran en su mayoría líderes reconocidos de su propio fútbol, con autoridad directa sobre sus seleccionados y sus clubes. Los casos de Jourdain, Guérin, Mühlinghaus y Ludvig Sylow (Dinamarca) lo ilustran perfectamente.

Por otra parte, los boletines de la FIFA muestran que, si hubo «desconfianza», esta se manifestó solamente al más alto nivel, como un conflicto entre dirigentes de la FIFA. El choque principal opuso a Guérin contra De Laveley. Este, abusando de su posición como presidente de la asociación belga, bloqueó las tareas de la secretaría de la federación. A nivel de la UBSSA, los conflictos se agudizaron dentro mismo de la cúpula, entre el secretario (Mühlinghaus) y su presidente. En todos los casos, reflejaron sobre todo la desconfianza que se instauró entre los dirigentes continentales más anglófilos y los soberanistas.

En cuanto a la hipótesis de los esfuerzos excesivos, presenta un interés en sí porque su discusión implica evaluar las capacidades del fútbol continental. Recuérdese que en el boletín de octubre, «la directiva internacional» había anticipado el pretexto de la sobrecarga oponiéndole argumentos concretos: los partidos eliminatorios no son criticables, los encuentros internacionales pueden ser considerados como encuentros eliminatorios, etcétera. Se trata por lo tanto de saber quién tenía razón.

El programa de las eliminatorias de la Copa de 1905 no implicaba sobrecarga

Sin dejar del todo de lado el caso particular de Inglaterra —los adeptos de las explicaciones generales de Rimet olvidan siempre que el argumento de los esfuerzos excesivos no puede aplicarse a la experimentada FA—, conviene analizar con precisión las exigencias que el programa de la Copa Internacional planteaba real y concretamente a las asociaciones.

Guérin y Mühlinghaus sostuvieron que, a través del cuidadoso trabajo de ingeniería deportiva que significó la definición del sistema de competición y el establecimiento de los grupos preliminares, aseguraron a las asociaciones suficiente flexibilidad evitándoles gastos suplementarios y sobrecarga deportiva. La comparación entre la actividad que debían desplegar los diferentes equipos de los diferentes grupos con o sin campeonato parece darles la razón.

Los grupos definidos y votados el 12 de junio de 1905 en París fueron compuestos sobre la base de criterios de proximidad geográfica y de rutina futbolística, tomando en cuenta el hecho que, como lo expresó el boletín número 2 de la FIFA, los clásicos anuales habitualmente disputados como simples amistosos internacionales podían valer como encuentros de campeonato. Toda la primera fase era por lo tanto liviana para la mayoría de los equipos. Exigía un esfuerzo nuevo solo a aquellos seleccionados que no habían ingresado aún en el circuito internacional: España, Italia y Alemania, tres países sobre 15, aparentemente dispuestos a dar el paso.

El grupo 1, «Islas Británicas», sirvió de modelo. No era otra cosa que la edición 1905-1906 del *British Home Championship* (BHC) cuyos partidos debían valer también para la Copa Internacional. La edición se jugó efectivamente en fechas compatibles con el calendario previsto: Irlanda vs Inglaterra el 17 de febrero de 1906; Escocia vs Gales el 3 de marzo; Irlanda vs Escocia el 17; Gales vs Inglaterra el 19; Gales vs Irlanda el 2 de abril; y Escocia vs Inglaterra el 7.

En el grupo 2 se presentaba un solo problema, España, cuya selección se constituyó recién en 1912. Los otros tres equipos —Francia, Bélgica y Holanda— organizaron de cualquier modo partidos amistosos internacionales en fechas que cuadraban con las eventuales eliminatorias de la Copa. Francia jugó contra Bélgica el 22 de abril de 1906 en Saint-Cloud. Bélgica y Holanda iniciaron una verdadera rivalidad clásica desde el primer encuentro disputado el 30 de abril de 1905 en Amberes: revancha el 14 de mayo en Róterdam; nuevo encuentro el 29 de abril de 1906 en Amberes; nueva revancha el 13 de mayo en Róterdam. La situación futbolística de este grupo era por lo tanto simple. En caso de que España, instigadora de la Copa, no jugara, los demás conjuntos no tendrían que desplegar «esfuerzos excesivos» para organizar un modesto triangular.

¿Qué debe entenderse exactamente por «esfuerzos excesivos»? Partidos agregados a la actividad oficial programada que los equipos no estaban en condiciones de cumplir. Debe considerarse entonces no solo que la mayoría de las asociaciones podían utilizar su programa oficial como eliminatoria del campeonato, sino además, el hecho de que a los partidos oficiales se agregaron compromisos oficiosos que mostraban el deseo y la capacidad de los futbolistas de acrecentar la actividad.

Si consideramos el seleccionado de Francia, cuya consolidación como equipo internacional estaba por debajo de Bélgica, Holanda o Dinamarca, además de los partidos internacionales coincidentes con el programa del campeonato, jugó otros encuentros, por ejemplo, el del 1.º de noviembre, en plena temporada, enfrentando por primera vez a una selección inglesa en el *Parc des Princes*. En su libro *La integral del equipo de Francia*, Pierre Cazal anotó a ese respecto: «Inglaterra, que se afilió a la FIFA el 3 de junio de 1906 en el congreso de Berna, se había negado a jugar contra los franceses hasta ese momento». Y agrega:

> Fue el primer partido oficial entre los seleccionados de Francia y de Inglaterra. Francia jugó con camiseta roja y dejó la blanca a los invitados. *El encuentro no figura en las listas publicadas* por la Football Association

inglesa que se limita a contabilizar los matches de su equipo profesional. Sin embargo el equipo inglés era del más alto nivel: Sam Day, Harold Hardman, Stan Harris, Robert Hawkes, Herbert Smith y Vivian Woodward habían sido o serían internacionales con los profesionales. (p. 20)

Diremos por lo tanto que los esfuerzos demandados por la Copa Internacional al equipo galo eran efectivamente inferiores a los realizados. En vez de plantearle «esfuerzos excesivos», se inscribía en su propia dinámica en el sentido de aportarle más actividad, más partidos y esfuerzos que correspondían al nivel de actividad que se buscaba.

La configuración del grupo 3 era también sencilla. Italia, como España, carecía de selección. Suiza, con trayectoria internacional esporádica, se veía particularmente motivada por el hecho de organizar el torneo y donar el trofeo. En cuanto a los otros equipos de este grupo —Hungría y Austria—, habían iniciado una rivalidad clásica desde el partido del 12 de octubre de 1902 en Viena y se enfrentaban dos veces por año. Jugaron el 9 de abril de 1905 y el 4 de noviembre de 1906 en Budapest. Aquí tampoco se pedían «esfuerzos excesivos», y en caso de ausentarse Italia, un triangular resolvía el problema.

Solo el grupo 4 cobijaba una situación realmente delicada: lo componían tres equipos y los suecos estaban divididos. Alemania parecía bien dispuesta —se aprestaba a jugar un partido contra Francia—. En cuanto a Dinamarca, sus méritos internacionalistas sobresalían. Un seleccionado danés había jugado en las olimpiadas de Atenas… ¡en 1896! y dando muestras de un gran apetito en materia de partidos internacionales, el esfuerzo se reiteró en 1906, en el marco de los Juegos Olímpicos Intercalados organizados en la capital griega. Dinamarca jugó entonces dos partidos: el 23 de abril contra un seleccionado de Esmirna y el 25 contra un combinado ateniense.

La conclusión que se impone no es otra que la que manejaron los dirigentes de la FIFA en los boletines de septiembre y octubre contra quienes fomentaron el boicot. Todo estaba programado, siguiendo la lógica del grupo 1: afán de economía y esfuerzo mínimo o medido, para que los mejores equipos —los británicos, Bélgica, Holanda, Dinamarca, Suiza y Francia— disputaran la Copa sin forzar su actividad.

La actividad real de los seleccionados de las asociaciones continentales era muy superior a la actividad oficial

En el análisis precedente, examinamos la actividad futbolística de los equipos nacionales del Continente considerando fundamentalmente los partidos oficiales. Tratándose del período de gestación del fútbol internacional, este enfoque no permite medir, sino muy parcialmente, la actividad de los seleccionados, y tiende a dar una imagen rebajada *del desarrollo de las formaciones más avanzadas.*

Los equipos nacionales se constituyen como pueden, jugando cuando es posible de manera patentada contra otras selecciones, vecinas preferentemente, y cuando no es posible, organizando partidos internacionales oficiosos, o enfrentándose contra clubes o combinados, en el marco de *matches* probatorios, preparatorios, conmemorativos o formativos. Estos encuentros asimétricos no aparecen en las estadísticas, pero no son menos importantes y significativos de la actividad desplegada. Tampoco aparece en las estadísticas oficiales la actividad efectuada por seleccionados ocasionales o parciales, constituidos por clubes de una capital o de una zona con objetivos circunstanciales, y que representan un canal considerable en la acumulación de experiencia nacional pionera. Tener en cuenta toda esa actividad oficiosa se vuelve indispensable si se pretende dar una medida exacta de la situación y evaluar correctamente el tema que nos ocupa. Veamos rápidamente algunas muestras no exhaustivas de esta actividad «extra» desplegada por ciertas selecciones continentales en los tiempos pioneros.

En 1891, Holanda formó su primera selección con equipos de Róterdam y enfrentó a un conjunto de «belgas ingleses» —jugadores ingleses que evolucionaban en el campeonato belga—. Tres años después, un combinado de jugadores de cinco clubes holandeses desafió al club inglés de Félixstowe FC, confirmándose así una de las motivaciones principales que llevaba a seleccionar jugadores y constituir equipos reforzados: acercarse del nivel de Inglaterra. Así, desde 1894, un conjunto considerado como «el equipo de Holanda» se propuso enfrentar a la mayor cantidad de clubes ingleses. Otro hecho: el 3 de diciembre de 1900, una selección de players del Ayax, HBS, RAP Ámsterdam, Vitesse y Wageningen venció al Berliner Fusball Club alemán 5 a 1.

Bélgica es otro caso interesante. A fines de 1900, el Beershot quiso crear una nueva Copa de Europa interclubes que rivalizara con la Copa Ponthoz. La iniciativa no generó entusiasmo, surgiendo a cambio la idea de disputar un torneo anual entre la selección de Bélgica y una selección invitada. Nació así la Copa Vanden Abeele, cuya primera edición opuso a los locales contra un equipo de Holanda, el 28 de abril de 1901. En esa ocasión, el equipo holandés contó con jugadores de tres cuadros: Celeritas (Feyenoord) y dos otros clubes de Róterdam. Cierta cantidad de jugadores británicos reforzaron los conjuntos siguiendo una práctica reglamentariamente aprobada por la asociación local. El torneo conoció dos ediciones más, en 1902 y 1904, hasta que se produjo el debut oficial del equipo belga el 1.º de mayo de 1904, contra Francia, tres años después de iniciada una verdadera actividad futbolística internacional. Un dato interesante: en 1906, después de abandonado el proyecto de Copa de la FIFA, la selección oficial belga se ofreció una vasta gira por Inglaterra, enfrentando entre otros cuadros al mítico equipo de Corinthian y a una selección de Inglaterra amateur.

También los franceses desplegaron una actividad internacional oficiosa desbordante

Suele describirse el fútbol de Francia de aquellos tiempos como más atrasado y a la sombra del rugby. Ciertos datos sobre su actividad internacional durante los años del nacimiento de la FIFA relativizan esta afirmación.

En enero de 1903, un equipo galo se midió con dos selecciones de «extranjeros» del campeonato local, constituidas mayoritariamente por futbolistas ingleses. Como ya lo señalamos, en abril, un seleccionado de la USFSA jugó contra un equipo de Inglaterra que alineó a seis reconocidos internacionales. El 14 de marzo de 1904, Francia se midió con el Southampton FC; el 16 de abril con el Corinthian; el 12 de febrero de 1905 con Suiza; el 7 de marzo con Inglaterra; el 7 de mayo con Bélgica en Bruselas; y en Pascuas con Holanda.

Al mismo tiempo, un seleccionado de París disputó un encuentro contra Oxford City y otro contra un seleccionado inglés; y una selección de profesionales de la USFSA emprendió una gira por Inglaterra que la llevó a jugar contra los clubes de Millwall, Plymouth, Reading, Northampton, Norwich y Derby County. Una parte de esta actividad fue promovida por Guérin.

La verdad: El programa de la Copa Internacional fijado en 1905 por el 2.º congreso de la FIFA fue elaborado de tal modo que los principales equipos europeos, empezando por las asociaciones británicas, no tuvieran que desplegar esfuerzos suplementarios con respecto a su programa habitual. Solo algunas asociaciones debutantes, como España o Italia, debían dar el salto, crear una selección y ponerla en marcha. El estudio detenido de la actividad de los seleccionados continentales —oficial y oficiosa— consolida estas conclusiones. Los equipos nacionales entraban en una fuerte dinámica de desarrollo que los llevaba a efectuar giras y a multiplicar los partidos asimétricos. En ese marco, la perspectiva de la Copa Internacional se inscribía de la manera más favorable.

9. Bases inestables

La mentira: La Copa Internacional prevista para 1906 no pudo realizarse porque las bases de la FIFA eran inestables: sus asociaciones no eran nacionales y aplicaban diferentes reglas de juego.

La cita mentirosa y su significado

> La FIFA no estaba fundada todavía sobre bases suficientemente estables para emprender la creación de un Campeonato Internacional; para encarar una creación de ese tipo, había que asegurarse antes que nada de que en cada país existía una sola asociación rectora del fútbol. Y también tener la certeza de que todos los equipos invitados jugarían de acuerdo con las mismas reglas de juego. Otras objeciones igualmente pertinentes fueron formuladas.
> (p. 18)

Rimet prosigue su exposición sobre las causas del fracaso de la Copa Internacional proyectada en 1905, y en sus nuevas explicaciones reproduce textualmente las «teorías» emitidas por Woolfall el 3 de junio de 1906 ante el 3.er congreso de la FIFA reunido en Berna, poco antes de su designación como presidente. El diagnóstico vuelve a ser negativo pero Rimet lo considera «pertinente». Se compone de dos argumentos. El primero retoma las tesis emitidas por Clegg en la Conferencia de Londres en 1905, refutadas en aquella oportunidad por De Laveley y por los demás dirigentes de la federación: que las asociaciones afiliadas a la FIFA no eran verdaderamente nacionales. El segundo —la heterogeneidad de las leyes del juego— fue agregado por Woolfall en 1906, y como se verá en capítulos posteriores, será objeto de un conflicto permanente durante toda la era de la «dominación inglesa» entre los británicos y ciertos dirigentes continentales, en particular, los de Europa Central y Alemania.

El tema de las «bases inestables» tiene dos caras. Por un lado es un diagnóstico: es la cara aparente. Por otro lado, es un instrumento teórico de la dominación inglesa destinado a perpetuar la inacción deportiva de la FIFA: es la cara real. Visto como diagnóstico, la crítica se revela rápida y fácil: Rimet invierte sencillamente los términos de la ecuación deportiva más elemental. La FIFA era una organización joven, inexperimentada por definición, y por ende, de una solidez limitada. El desarrollo y la consolidación pasaban necesariamente por la adquisición de experiencia y de medios materiales. Resulta por lo tanto absurdo considerar que el fortalecimiento de la FIFA, su consolidación organizativa, su desarrollo material y la obtención de una homogeneidad legislativa podían alcanzarse sin la implementación del único factor decisivo y acelerador en la acumulación de experiencia y de ingresos financieros, a saber, la organización de campeonatos.

Resuelto este primer aspecto, nos queda por estudiar el tema en su segunda cara, como pensamiento elaborado con vistas a perpetuar el estancamiento de la FIFA. Nos conformaremos por el momento con demostrar la existencia de la trampa, analizando cómo lo que ordenaban los aleccionadores ingleses a los dirigentes continentales no era de ningún modo lo que se exigían a sí mismos. En un capítulo posterior veremos de qué manera, esta teoría al servicio de la «dominación inglesa» —la expresión se ajusta perfectamente— funcionó en la práctica como un obstáculo sistemático a las iniciativas de los continentales, bloqueando el desarrollo de cualquier experiencia propia, organizativa, legislativa y deportiva, hasta borrar de la cabeza de los dominados toda idea de torneo y de desarrollo material.

En el tercer Congreso de la FIFA organizado en 1906 en Berna, ciertos dirigentes continentales resistieron a los argumentos de Woolfall

Al 3.er congreso de la FIFA reunido los días 3 y 4 de junio de 1906, asistieron siete delegados continentales y nada menos que cuatro representantes de la FA. Se destacaron las presencias de Schneider, Espir, Hirschman, Hefner, dos delegados de Bohemia (Horacek Miloslaw y Max Egon) y la primera participación de Italia (Luigi Bosisio).

Los delegados ingleses, que aún no estaban instalados en el poder, propusieron inmediatamente la supresión del molesto boletín oficial, decidiéndose el reemplazo de la publicación por la emisión de simples comunicados que «la FIFA dirigirá a cada asociación».

Woolfall presentó luego sus teorías sobre la Copa Internacional expresando los conceptos reproducidos en la cita de Rimet. Schneider reaccionó proponiendo un nuevo reglamento para 1907 y Woolfall replicó solicitando la adopción de «las reglas inglesas» y ofreciendo el envío de los reglamentos al día a las asociaciones. Sobrevino entonces la pertinente observación de Espir: «Ciertos países como Francia adoptan todas las nuevas reglas o modificaciones de la Football Association apenas aparecen publicadas.»

En realidad, la FIFA ya efectuaba muy seriamente el trabajo de difusión de las reglas de juego y de sus modificaciones anuales por el Consejo de la IFAB justamente en el boletín que los ingleses acababan de cerrar. Así por ejemplo, en la página 2 del número de septiembre de 1905, Guérin, que era un árbitro experimentado —su último arbitraje, como lo dijimos, fue un partido entre un seleccionado inglés y Francia... ¡en Londres!—, tradujo y firmó un excelente informe, fechado el 19 de agosto, dando cuenta de las novedades decididas por los británicos el 17 de junio: los cambios en el artículo 9 autorizando la carga, siempre y cuando no fuera ni violenta ni peligrosa; en el artículo 10, precisando las condiciones de la correcta ejecución del tiro libre; en el artículo 11, posibilitando el gol de tiro libre directo en caso de sanción correspondiente al artículo 9; y el importante artículo

17, según el cual, en caso de tiro penal, el golero no podía avanzarse más allá de su línea de gol, pero si lo hacía y si la pelota entraba en el arco, no se anulaba el tanto.

El hecho es que el discurso anti Copa y el cierre del boletín marcaron el inicio de la política de destabilización que iba a reinar sobre la FIFA hasta 1914 siguiendo un conocido mecanismo: exigencia de ciertos requisitos e impedimento en cuanto a los medios que permiten su cumplimiento.

El tema de una sola asociación rectora por país culminó en ataque contra la asociación fundadora, Francia

Woolfall aun no había sido designado presidente cuando empezó a ejercer su misión policial. Dicen las actas que el delegado inglés «propuso que las diferentes asociaciones sometieran sus estatutos a la FIFA que podrá de ese modo asegurarse que cada una de ellas es efectivamente *la única* que rige el fútbol en su país». El trámite fue adoptado sin unanimidad. Era a la vez vacuo y peligroso. Por un lado, la presentación de los estatutos no constituía una prueba en cuanto al poder efectivo de la organización pero abría el proceso de auditoría a través del cual los ingleses se arrogaban una posición dominante. Por otro lado, el concepto de asociación «única», que sustituía con exceso la formulación que debió emplearse —asociación histórica o asociación principal—, sonaba como una amenaza.

La auditoría empezó sin tardar.

La Slavia, asociación de Bohemia, solicitó su admisión, lo que motivó una larga discusión sobre la palabra «país». El tema se manejó con prudencia porque a través de este caso se insinuaba el de Gran Bretaña. El despistado Holland consideró que no podía reconocerse más de una asociación austríaca. Schneider pidió un tratamiento de excepción. Otros delegados de Inglaterra opinaron que se podían reconocer tres asociaciones: Austria, Hungría y Bohemia. El italiano Bosisio propuso que estas tres asociaciones se reunieran para formar una sola y que la presidencia de su unión cambiara anualmente. Finalmente Hirschman, actuando como portavoz del punto de vista inglés, propuso que se aceptara la afiliación de las tres asociaciones durante un año, a título provisorio, lo que fue aprobado por la asamblea.

Se pasó entonces el caso de España, rápidamente resuelto —su afiliación fue suspendida en espera de los estatutos—, y luego a Francia. Ostentando su poco respeto por la asociación fundadora, «los delegados ingleses preguntaron cuál era la situación de la USFSA», y más precisamente «su relación con las federaciones profesionales». Acusando el golpe bajo, Espir no tuvo más remedio que exponer la situación de su asociación. Pero los delegados ingleses insistieron de tal modo que «el congreso, a pedido de los representantes de la FA, solicitó a la USFSA que depositara ante el comité los documentos susceptibles de demostrar que es *la única asociación habilitada a regir el fútbol en Francia*». Espir se defendió explicando que «la situación estaba claramente establecida en el tratado firmado entre la USFSA y la Federación de Sociedades Atléticas Profesionales de Francia (FSAPF)», pero no obtuvo el levantamiento de la provisoria inhabilitación.

El tratamiento reservado a Francia iba más allá de una simple formalidad administrativa: era a la vez una amenaza de exclusión —en caso de que se constatara que «el acuerdo» con la FSAPF no había significado «fusión»—, la voluntad de hundir un poco más la imagen de la Copa y la figura de Guérin, y el anuncio de que nada detendría al nuevo poder. La USFSA pasó a ser una organización dudosa.

El golpe inglés culminó con «el nombramiento de una comisión de estudio destinada a definir *las reglas de estabilización de la FIFA y a elaborar el reglamento*». Siguiendo la propuesta de Walker, el congreso decidió crear el organismo y «le otorgó los plenos poderes». Woolfall fue nombrado presidente; Hefner, Hirschman y Schneider miembros. La comisión de estudio se convirtió así en organismo intervetor, con poderes superiores a los del Comité Ejecutivo.

El 4 de junio, a pedido de Woolfall, se discutió «el tema de los partidos internacionales entre Inglaterra y los países continentales». La fórmula parecía significar que Europa no era un solo conjunto unido y homogéneo, sino dos conjuntos separados y diferentes. El presidente declaró entonces que «solo dos partidos internacionales anuales son posibles entre el equipo inglés y el Continente» y que «Inglaterra eligirá ella misma a sus adversarios considerando solamente las naciones representadas en el congreso». El anuncio selló la liquidación definitiva de la Copa Internacional.

Para completar el panorama, un último golpe fue asestado contra los predecesores. «Schneider informó al congreso que el secretario tesorero no había puesto al día las cuentas y que cabía por lo tanto proceder a la verificación de la situación financiera». El presidente y el nuevo secretario tesorero (Hirschman) «fueron designados para hacerse cargo del trabajo para el cual se ofreció el apoyo de la FA LTDA.»

Los cismas eran falta grave solo si se producían en el Continente

En el plano de la unidad organizativa nacional, primer ingrediente de la «inestabilidad de las bases», los problemas de la FIFA —como lo había declarado De Laveley en 1905— eran escasos y se resolvieron fácilmente. El fútbol sueco, dividido en el momento de la fundación de la federación, se unificó en 1908. En cuanto al problema francés, después de la renuncia de la USFSA, alcanzó su resolución definitiva en 1909 cuando el CFI (Comité Francés Interfederal) de Delaunay solicitó su afiliación a la FIFA. La FA inglesa, en cambio, padeció desde 1907 una importante escisión que pareció irreparable y que dio lugar a la creación de una prestigiosa asociación disidente, la Amateur Football Association (AFA).

La AFA contó inmediatamente con el apoyo de gran cantidad de equipos históricos como el famoso Corinthian, fundado en 1882 por el secretario adjunto de la FA, Nicholas Jackson. Los disidentes no eran «amateurs» en sentido estricto. Practicaban el reparto directo de las recaudaciones entre los jugadores y privilegiaban el régimen de jugador-director (accionariado de *gentlemen*). Lo que sí rechazaban era la obligación de verter elevados porcentajes de las recaudaciones de sus partidos y sus giras a las cajas de la FA. Eran por lo tanto «amateurs» solo en la medida en que se negaban a entrar en el sistema asalariado inflexiblemente regentado por Wall y sus acólitos.

La fe que se tenían los dirigentes de la AFA era tal que no temieron presentarse el 7 de junio de 1908 ante el congreso de la FIFA reunido en Viena para solicitar su afiliación. Dicen las actas:

> Asociación de Fútbol Amateur. El presidente permitió al señor Pollock-Hodsoll, representante de la AFA, formular su pedido de afiliación. Este declaró que, con la formación de la AFA, ni esta asociación ni la FA podían reivindicar el control absoluto del fútbol de Inglaterra. *Cada asociación controla una parte del fútbol inglés*. Sobre esta base solicitó una respuesta favorable a su pedido de afiliación. Inglaterra respondió que la FA era una asociación nacional y que la AFA representaba solo una pequeña sección del fútbol inglés. Se decidió entonces no atribuir la afiliación considerando que no se cumplían las condiciones del artículo 1. Francia votó en contra e Italia se abstuvo.

Se evidenció entonces una clara discriminación: la FA beneficiaba sin ninguna duda de una legitimidad histórica, que no era preciso demostrar. Pero la USFSA, genial creadora de los Juegos Olímpicos y de la FIFA, con una legitimidad internacional sin duda superior, seguía siempre en situación condicional, apartada de las riendas del poder. El cisma del fútbol inglés duró hasta 1914. Se firmó entonces una fusión de fachada sobre la base de un acuerdo en el cual la FA concedió a los exdisidentes el mantenimiento de su régimen económico particular.

Los británicos pretendieron imponer a las asociaciones del Continente una unidad nacional estructural que nunca se aplicaron a sí mismos

Lo más absurdo en la exigencia de absoluta unidad organizativa nacional que los ingleses imponían a «las asociaciones de la FIFA» era que, más allá del cisma que los distinguió durante casi toda la «era Woolfall», ellos mismos, como británicos que eran, no la cumplían, y consideraban ese incumplimiento como un hecho estructural irrevocable.

Aunque en los torneos de fútbol de los Juegos Olímpicos, en 1908, 1912 y 1920, Wall, que era el delegado de la FA en el Comité Olímpico Británico, disfrazó con la camiseta británica a un equipo de jugadores casi todos nativos de Inglaterra —una excepción: Harold Walden, nacido en Umballa (India)—, en el seno de la federación internacional se propuso obtener el reconocimiento de sus cuatro asociaciones subnacionales, violando claramente el principio fundamental de «una nación, una asociación» tan rigurosamente dictado al Continente.

Hasta la Conferencia de Londres, el tema no generó resistencias. Los representantes continentales se mostraron dispuestos a aceptar la afiliación de las cuatro asociaciones del Reino, y en el proyecto de Copa Internacional, la incorporación del BHC como grupo 1 reflejó la misma tolerancia. Pero cuando a partir de la toma de poder por Woolfall, ciertos delegados empezaron a darse cuenta de las verdaderas intenciones de Inglaterra, a la auditoría de arriba respondió la auditoría de abajo.

En el congreso de 1908, Woolfall presentó por primera vez la moción de afiliar a las asociaciones de Irlanda y Escocia. Alemania anunció entonces que si Gran Bretaña no aceptaba verse representada por una sola asociaciónl, solicitaría la incorporación de sus veintiséis Estados como veintiséis asociaciones separadas. Austria, por su parte, pidió el reconocimiento oficial de sus doce asociaciones regionales. Los ingleses argumentaron que, a diferencia de lo que sucedía en Austria o en Alemania, la FA no era una entidad superior con poder sobre organizaciones regionales inferiores, sino una organización equivalente a las tres otras asociaciones británicas. El razonamiento carecía de consistencia. La afirmación de la total independencia de las diferentes asociaciones británicas tendía a confirmar el carácter anormal y privilegiado de la situación. Ese año, la propuesta inglesa no obtuvo los dos tercios necesarios a su aprobación. La pulseada se reiteró al año siguiente con el mismo resultado. Woolfall impuso finalmente sus opciones en 1910 sin pasar por el voto del congreso.

Los británicos exigieron del Continente una unidad legislativa que ellos fueron los últimos en alcanzar

La exigencia de uniformidad en materia de leyes de juego agregada por Woolfall en Berna respondía a la misma lógica torcida del «haz lo que yo digo pero no lo que yo hago». Las declaraciones de los dirigentes británicos durante el congreso de la FIFA reunido en Copenhague el 1.º de junio de 1913 parecieron, por una vez, sinceras. En realidad, pusieron al desnudo la trampa que duraba desde 1906.

Como lo señalan las actas, De Laveley tomó la iniciativa de solicitar, por enésima vez, la creación de un congreso internacional de árbitros con el objetivo, justamente, de uniformizar la interpretación de las leyes del juego en el Continente. Los ingleses se opusieron, como siempre, argumentando que era una pérdida de tiempo y de dinero. Pero esta vez admitieron que, en Inglaterra, «aunque se formó una unión arbitral, las condiciones no habían mejorado en los últimos veinticinco años» (p. 8) y el escocés Henry Mc Lauchlan agregó que «pese una larga experiencia, su país no había logrado uniformizar jamás la interpretación de las leyes del juego». (p. 9)

Es que también en este aspecto, la situación británica era estructuralmente arcaica. En todo el Reino, los fútboles primitivos, regionales, locales o universitarios disponían de tercos defensores que actuaban como legisladores libres apoyándose en las fuerzas poderosas de la costumbre y el orgullo local. Las prácticas antiguas frenaban la aplicación de las reformas proclamadas desde arriba por la IFAB, que solo se aplicaban plenamente en los campeonatos profesionales y en el BHC.

Cada reforma, cada novedad chocaba con la resistencia de quienes defendían una identidad legislativa propia. Los equipos londinenses, en particular aquellos que se reivindicaban del amateurismo aristocrático, cultivaban la nostalgia de los tiempos pioneros, oponiéndose a la acción de los árbitros y rechazando ciertas reglas fundamentales como las del tiro penal. Y en el seno mismo de la IFAB, los dirigentes escoceses no perdían la oportunidad de reclamar el retorno a ciertas reglas del rugby, proponiendo cada año cambios en las líneas de la cancha, en las reglas del *offside*, y sobre todo, mucha tolerancia en materia de juego brusco.

En el resto del mundo en cambio, en Uruguay, Austria, Italia, Hungría, Brasil, y en todos aquellos países en los cuales el fútbol se desarrolló con base en el fútbol infantil y juvenil, se priorizó el desarrollo de la habilidad técnica en el juego por sobre la fuerza física y las astucias legales. Los dirigentes y los futbolistas aprendían las últimas versiones de las leyes con avidez y mente virgen, como lo había explicado Espir refiriéndose a Francia, incorporándolas inmediatamente en el juego como incentivo para un nuevo desarrollo técnico.

La verdad: De 1906 a 1914, la presidencia inglesa de la FIFA aleccionó a las asociaciones continentales europeas teorizando la idea de que no era posible crear una Copa Internacional hasta tanto no se demostrara el monopolio absoluto de cada una de ellas sobre su fútbol nacional y la total uniformidad en la aplicación de las reglas de juego a nivel del Continente. Las asociaciones de la FIFA resolvieron rápidamente estos dos aspectos. Los británicos, en cambio, mantuvieron su sistema de «un país, cuatro asociaciones», y pese a la acción de la IFAB, perpetuaron una situación caótica en materia de reglas de juego. A esto se agregó el cisma de la FA que duró de 1907 a 1914, y que se resolvió muy superficialmente.

10. Fútbol en pañales

La mentira: En 1905-1906, el fútbol continental no había superado un nivel embrionario, muy alejado del requerido para crear un torneo internacional y muy por debajo del británico.

La cita mentirosa y su significado

> Puede concluirse que en ese momento, **en la mayoría de los países europeos salvo en las naciones británicas en donde la experiencia de más de cuarenta años le había valido una organización seria, el fútbol estaba aún en un estado menor.**
> (pp. 18-19)

Con este argumento, llegamos al término de las pretensiones explicativas de Rimet sobre el fracaso de la Copa de 1906: un fútbol continental en un «estado menor», «poco serio» en comparación con las asociaciones británicas que tenían «más de cuarenta años de experiencia». Digamos de entrada que, así formulado, el argumento es flojo. Rimet se refiere al «estado menor» de la «mayoría» de las asociaciones continentales. Pero como se sabe, el impulso deportivo no lo da la «mayoría» sino la minoría avanzada. El BHC fue creado por Inglaterra y Escocia, y la Copa América por Argentina y Uruguay. Corresponde por lo tanto preguntarse qué asociaciones —¿cuántas?— componían la minoría avanzada en el Continente y qué capacidad organizativa demostraban.

En los primeros capítulos de esta crítica vimos cómo a través de la falsificación del proyecto de 1905, Rimet había empezado a exagerar el atraso del fútbol continental negando la experiencia —que los británicos no tenían— de años de campeonatos internacionales interclubes de cierta complejidad. La organización de estos torneos era mucho más difícil que la del muy modesto BHC, que funcionaba en realidad como una serie de seis matches internacionales distanciados.

Dicho esto, la crítica de la tesis del subdesarrollo del fútbol continental supone la resolución de dos problemas.

Primero, se precisa establecer la diferencia exacta en materia de desarrollo entre las asociaciones británicas y las viejas asociaciones de fútbol del Continente, diferencia que, como se recuerda, había sido relativizada por Guérin en sus crónicas en *La Presse*.

Segundo, se trata de medir lo más objetivamente posible el nivel de desarrollo de un fútbol y estimar de manera realista sus posibles perspectivas. «Estado menor» u «organización poco seria» son conceptos muy elásticos y relativos. Los ingleses los utilizaron hasta 1934 para sustentar la tesis absurda del atraso crónico. Dar objetividad a estos calificativos supone: uno, determinar *los jalones claves por los que pasó un proceso avanzado de desarrollo* —el del fútbol británico en este caso, que no siempre fue «mayor»— *situándolos debidamente en una cronología*; dos, comparar el esquema temporal obtenido *con el que empieza a aparecer en el desarrollo del «fútbol menor» considerado (en casos de pujanza similar)*; tres, *proyectar en el tiempo el surgimiento de los jalones futuros de dicho «fútbol menor»*.

Resolvamos el primer problema, que es el más simple.

Rimet toma el año 1863 como punto de partida del fútbol británico. Es una leyenda. En 1863 nació la sumamente modesta Football Association londinense, no el fútbol asociación. Dicha FA, reunida en los salones de la *Freemason's Tavern*, reglamentó la práctica de un juego que llamaremos «fútbol-mano» y que muy poco tenía que ver con el «fútbol-pie» que conocemos hoy. En dicho «fútbol» no había travesaño ni golero, los goles se marcaban a cualquier altura, y los jugadores podían captar la pelota con las manos en cualquier parte de la cancha, beneficiando entonces de un tiro «de penalidad» como en el rugby. La verdadera fecha de nacimiento del «fútbol-pie» se sitúa en un período incierto, entre 1873 y 1878, o sea diez a quince años después de lo indicado por Rimet y apenas diez a quince años antes de creadas las primeras asociaciones continentales, en Dinamarca y en Holanda. Por otra parte, si consideramos al conjunto de «las naciones británicas» como lo hace el dirigente francés, tenemos que anotar que la asociación de Gales surgió en 1876 y la de Irlanda recién en 1880. En consecuencia de estos datos, la diferencia entre el nacimiento de todas «las organizaciones serias» y el de las más viejas asociaciones continentales se reduce a tan solo nueve años.

Es posible determinar el nivel de desarrollo de un fútbol nacional motivado

Vayamos ahora al punto central: la determinación objetiva del nivel de un fútbol nacional. No existe un aparato que lo mida, pero existen parámetros históricos que permiten establecer cierta «ley» de desarrollo, aplicable a los países *de pujanza futbolística* —y Holanda, Bélgica o Suiza lo eran—, lo que significa que, en circunstancias de motivación semejantes a las del caso inglés, es posible comparar cronologías y obtener un resultado fiable.

La FA *Cup*, primer campeonato nacional inglés, nació en 1871, al mismo tiempo que el «travesaño» de cuerda. Su sistema de competición era de tipo «copa» —el sistema de competición más simple, con todos los partidos eliminatorios y fechas fáciles de programar—. La unificación legislativa y organizativa del fútbol de Inglaterra se produjo en 1878 cuando se agruparon bajo la misma entidad y las mismas leyes del juego, el fútbol minoritario de Londres y el fútbol popular de Sheffield. Quedaron constituidas entonces los dos condiciones del despegue: una organización «nacional» de clubes de la «nación inglesa» y un campeonato nacional de clubes, la *Cup* de la Football Association. Entretanto, en 1873, surgió la Scottish FA que en 1874 creó la Scottish FA *Cup* según el modelo inglés.

Esta fecha —1874— es un punto cronológico importante porque marca el momento en que dos asociaciones «nacionales», vecinas por la geografía, se hallaron en posición de encarar una actividad deportiva organizada en temporadas anuales, y en el futuro, de relacionarse internacionalmente.

Los avances de esas dos asociaciones nacionales no dieron lugar inmediatamente a la creación de un Campeonato Internacional. El BHC surgió en 1884, *una década más tarde,* en un contexto a la vez favorable —unidad política de Gran Bretaña, idioma común, red ferroviaria desarrollada— y desfavorable —dispersión de los clubes, multiplicación de las ligas, conflictos entre amateuristas y profesionalistas, disparidad legislativa—. Hubo que esperar diez años —durante los cuales las dos copas nacionales se consolidaron— antes de que se creara un Campeonato Internacional rudimentario, descentralizado, organizado como una sucesión de encuentros a lo largo de dos meses. Ese tiempo de maduración, diez años, es una referencia: define el lapso aproximadamente necesario para producir, a partir de dos fútboles nacionales consolidados, un Campeonato Internacional básico. Fue ese lapso de diez años que los dirigentes continentales informados transpusieron a su propio caso.

Intuitivamente, como dos personas que siguen estudios semejantes en países diferentes, se dijeron: cumplimos el plazo necesario de preparación; durante una década, acumulamos experiencia en la organización de campeonatos nacionales; ¿qué nos impide encarar ahora una propuesta internacional modesta? Así, comparando sus jalones con los del fútbol británico, supieron con bastante exactitud en qué punto de desarrollo se encontraban y qué tipo de proyectos podían encarar en lo inmediato.

Los fútboles de Dinamarca y Holanda cumplían los requisitos necesarios para ser considerados «mayores»

Medida en tiempo, desde su creación hasta 1906, la experiencia acumulada por la federación de Dinamarca era de 17 años. El torneo nacional danés, inicialmente denominado *«Football tournament»*, comenzó en 1889 entre siete clubes de Copenhague, con un sistema más sofisticado que el de la *Cup* inglesa: los equipos jugaban todos contra todos una sola vez, cumpliendo un total de veinte partidos. El reglamento tenía una particularidad: no admitía empates. En caso de igualdad, se disputaba primero un alargue y después un segundo encuentro. El campeonato funcionó así, sin mayores cambios, hasta 1903, año en que fue rebautizado «Campeonato de fútbol de Copenhague».

La experiencia de los Países Bajos fue todavía más concluyente. Un verdadero campeonato plenamente nacional, designado como tal, se jugó anualmente desde 1897. En 1893, se creó una primera competición con dos grupos regionales —Este y Oeste— y a partir de la temporada 1898-1899, el título empezó a disputarse entre clubes de todos los rincones del país: de Róterdam (el Concordia por ejemplo, que fue el primer campeón); de Ámsterdam (el RAP, segundo campeón); de Haarlem (el HFC, tercer campeón); de La Haya (el VV, vicecampeón en 1898-1899 y 1899-1900); de Arnhem (el Vitesse); o de Breda (el Velocitas).

Así, con 15 y 12 años de buena experiencia organizativa, y 7 y 9 años de competencia nacional de tipo «campeonato», los daneses y holandeses habían adquirido un nivel equivalente al que tenían los británicos cuando crearon el bhc. Y la organización del bhc —serie de encuentros internacionales espaciados— no era más complicada que las eliminatorias de la Copa de 1905.

Suiza y Bélgica también poseían asociaciones importantes con gran capacidad organizativa

Aunque posteriores, las asociaciones suiza y belga contaban en 1906 con torneos nacionales más fuertes que los de las asociaciones decanas.

El campeonato suizo se creó en 1897, patrocinado por el periódico *La Suisse sportive*. Se lo consideró «nacional» desde la primera edición. Participaron entonces más de diez equipos divididos en dos grupos regionales. La competición se rigió primero por el sistema de copa: todos los partidos eran eliminatorios. Había cuadros de Zurich, de Lausana, de Ginebra, de Yverdon y de Vevey. En la segunda edición se pasó a tres grupos: Este, Centro y Oeste, y se incorporaron clubes de Neuchâtel y Basilea. En 1905 participaron quince cuadros. El grupo Este se dividió en Este 1 y Este 2. Compitieron entonces clubes provenientes de ocho ciudades: St Gall, Basilea, Berna, Ginebra, La Chaux-de-Fonds, Winterthour, Zurich y Lausana, quedando así representada la totalidad de la meseta suiza.

El torneo nacional belga siguió un rumbo parecido. Se inició en 1895, bajo la denominación de «Campeonato de los equipos primeros». Los cuadros jugaban todos contra todos y la temporada duraba seis meses. En la primera edición participaron siete equipos provenientes de las ciudades de Amberes, Brujas, Lieja y Bruselas, disputándose un total de 72 partidos. Los datos relativos a la temporada 1905-1906 demuestran la importancia y la consolidación del campeonato: duró del 1.º de octubre de 1905 al 1.º de abril de 1906, siete meses; jugaron 10 equipos; se organizaron 162 encuentros según el sistema todos contra todos dos veces; participaron clubes de Amberes, Brujas, Molenbeek, Bruselas y Verviers. La poderosa Union Saint-Gilloise ganó el campeonato de Bélgica después de jugar 18 encuentros. Paralelamente, se llevó a cabo un torneo de segunda división con 22 equipos separados en cuatro grupos, durante el cual cada conjunto jugó diez partidos preliminares, y los cinco primeros, una fase final de cuatro encuentros denominada división 1.

De este breve repaso surge una primera conclusión: en 1905-1906, las asociaciones de Dinamarca, Holanda, Suiza y Bélgica cumplían prácticamente el requisito de los diez años de experiencia y de estabilidad que la historia marcaba como condición previa al Campeonato Internacional. Se objetará a este razonamiento que las primeras ediciones de los campeonatos organizados en estos países fueron numéricamente limitadas. Pero las copas británicas tampoco empezaron viento en popa. De los escasos 50 clubes que componían la FA de Londres en 1871, solo 15 aceptaron participar en la primera edición de la *Cup* disputada entre el 11 de noviembre y el 16 de marzo de 1872. Para la segunda edición, la convocatoria se mantuvo baja. En 1874 se alcanzó la cifra de 28 equipos y recién en 1884, año del inicio del BHC, se llegó al número redondo de 100 inscriptos.

La USFSA francesa, olímpica y experta en campeonatos tentaculares, estaba pronta para la Copa Internacional

Importa ver ahora el caso de Francia que, por su posición geográfica, completaba el collar de fútboles vecinos que iba de Dinamarca a Suiza, pasando por Holanda y Bélgica.

El desarrollo de los campeonatos franceses fue muy particular. Hasta 1898, el fútbol galo funcionó desconectadamente, como una suma de precarios campeonatos regionales. Se jugaban en París y sus suburbios dos competiciones diferentes, permeables entre sí: el campeonato de la USFSA, supuestamente amateur, nacido en 1894; y el campeonato profesional de la FSAPF (Federación de Sociedades Atléticas Profesionales de Francia) creado en 1897.

Por el lado de la USFSA, el campeonato inicial creado en París en 1894, funcionaba con sistema de copa entre seis equipos de la capital y duraba apenas tres semanas. En 1896, el formato cambió: la «primera serie de París» contó entonces con la participación de nueve equipos, que jugaron todos contra todos una vez, y se organizaron dos divisiones más: la «segunda» con diez clubes y la «tercera» con nueve cuadros entre los cuales se hallaba el Red Star de los hermanos Rimet. Se movilizaron entonces 25 conjuntos capitalinos y se instauró un sistema de ascenso-descenso.

1900 marcó el comienzo del campeonato propiamente nacional con tres series regionales (París, Norte y Alta Normandía), una semifinal entre equipos extracapitalinos (Le Havre y Tourcoing), y una final entre el Club Français (vencedor de la serie capitalina) y Le Havre, ganada por los portuarios. En 1901 se pasó a seis campeonatos regionales y en 1903 a nueve: Baja Normandía, Bretaña, Champaña, Litoral, Normandía, París, Picardía, Norte y Sudeste. Después de las vueltas preliminares se jugaron tres fases: cuartos de final, semifinales y final.

En 1905, la vuelta final congregó a 13 vencedores de 13 campeonatos regionales, destacándose entonces el ingreso de la Lorena, Burdeos, Lyon y la Costa Azul. Al mismo tiempo, los campeonatos regionales se fueron complicando con la creación de divisiones o series. En 1906, participaron 12 equipos en la «primera serie» del campeonato de París y 22 en la segunda. Esta se dividió en dos grupos: Este y Oeste. Se contaron entonces 15 campeonatos regionales y la ronda final se desarrolló en cinco fases, entre el 12 de marzo y el 29 de abril de 1906. El complicado programa implicaba permanentes viajes por todo el hexágono.

En cuanto al campeonato profesional, fue considerado por la prensa como la competición suprema. Cazal recuerda que allí jugó Gaston Barreau —seleccionador del equipo de Francia de 1919 a 1955—. Los jugadores solían recibir un magro caché que oscilaba entre 100 y 200 francos por equipo. Repartido entre 11 jugadores daba apenas 10 a 18 francos por cabeza, lo equivalente a dos o tres jornales de un minero.

Ilustrando el desarrollo del fútbol francés, un plano de París publicado en las páginas 24 y 25 del libro *Cien años de fútbol en Francia* muestra la ubicación de las diferentes canchas oficiales entre 1892 y 1908: 25 *fields* de importancia, pertenecientes a 25 clubes, en un perímetro estrecho de 15 kilómetros por 15. Una situación parecida a la que vivirían poco después capitales como Budapest y Montevideo.

La verdad: En 1905, cuatro asociaciones continentales tenían 10 o más años de experiencia y campeonatos nacionales consolidados. Holanda, Bélgica, Dinamarca y Suiza estaban en condiciones de organizar una Copa Internacional modesta, como la programada en 1905. Lo que permite llegar a este resultado es una comparación precisa con la historia del desarrollo del fútbol en Gran Bretaña. La USFSA, con menos trayectoria local, administraba un campeonato tentacular y tenía además la experiencia, no despreciable, de haber organizado los gigantescos juegos atléticos en la olimpiada de 1900.

11. Tantos obstáculos

La mentira: Ocho años después, en 1914, insuperables obstáculos ajenos a la voluntad de la FIFA seguían imposibilitando la organización del torneo internacional.

La cita mentirosa y su significado

> Desde el Congreso de 1906 y durante largos años, ya no se habló más del campeonato en las actas de la federación La idea seguía haciendo su camino en los espíritus, **pero su realización, con los pobres medios de que se disponía en aquel entonces, parecía impedida por tantos obstáculos que nadie se animaba a tomar la iniciativa de proponer una empresa tan temeraria.**
> (p. 19)

El libro de Rimet pasa prácticamente sin transición del fracaso de la Copa Internacional —en 1906— al congreso de Cristiania —en 1914—. No hace ningún comentario directo, positivo o negativo, sobre los ocho años de la «era Woolfall», ni propone el menor balance. Nada sobre logros eventuales de una tutela anunciada como benéfica salvo el hecho de que durante esos «largos años» las cosas parecieron empeorar, sumándose a la vieja impotencia dos nuevas taras: la pusilanimidad y el tabú.

Aparece entonces una falla fundamental en la lógica del relato de Rimet porque si el estado de la FIFA seguía siendo tan lamentable después de ocho años de tutela inglesa, eso significa entonces, necesariamente, que dicha tutela no había servido para nada.

Rimet intenta dos explicaciones que no resuelven el asunto: la de los pocos medios y la de los «tantos obstáculos». No hacen sino patentar una resignación cuando lo que se precisa es aclararla.

La explicación de los «pocos medios», como ya lo señalamos, invierte el orden de los factores: la FIFA no podía salir de su indigencia si no organizaba un campeonato que le aportara ingresos. En cuanto al argumento de «la empresa tan temeraria» y de los obstáculos infinitos, conlleva el ocultamiento del hecho futbolístico fundamental de aquél período: el torneo olímpico de fútbol de 1912. En esa ocasión, la joven asociación sueca, creada en 1904, organizó sola, exitosamente, un doble campeonato —principal y consuelo— entre 11 equipos de asociaciones europeas de la FIFA. Duró una semana, se jugó en una sola ciudad, sumó 17 partidos en total, alcanzó una buena convocatoria de público —25 mil personas el día de la final— y contó con un muy eficiente cuerpo arbitral internacional.

Se impone entonces una hipótesis: si desde afuera de la FIFA, una sola asociación sin experiencia pudo organizar un Campeonato Internacional, y desde adentro de la FIFA, una misión de menor dificultad se revelaba prácticamente impensable, los «tantos obstáculos» que menciona Rimet no pueden haber sido otra cosa que un hecho interno, producido desde dentro mismo de la federación.

En 1914, las teorizaciones inglesas destinadas a frenar el desarrollo de la FIFA habían perdido todo crédito

Retomemos el hilo de los hechos.

En 1906, Woolfall liquidó definitivamente el proyecto de Copa Internacional. Empleó dos argumentos: que las asociaciones no eran nacionales y que no se jugaba al fútbol con las mismas reglas en todas partes. Los formidables progresos realizados por las asociaciones continentales entre esa fecha y 1914 invalidaron por completo su teoría.

En lo relativo a la aplicación de las reglas de juego, la multiplicación de los partidos internacionales, el surgimiento de árbitros continentales reconocidos, y sobre todo, la exitosa actuación de un cuerpo arbitral internacional durante el torneo olímpico de fútbol de 1912 constituyeron pruebas contundentes de madurez. Actuaron en Estocolmo dos árbitros centrales suecos, dos holandeses, un húngaro, un austríaco, un escocés y un inglés, quedando definitivamente demostrada una unidad suficiente en la interpretación de las reglas a nivel de toda Europa.

En cuanto a la unidad organizativa nacional, la consolidación de gran cantidad de asociaciones alcanzó un punto tal que puede decirse, sin provocación alguna, que el único problema que quedaba por resolver era el cisma inglés. Las objeciones enunciadas por Clegg en 1905 habían sido totalmente superadas. En 1907, Suecia se hizo representar por Wall, y al año siguiente, al término de su proceso de unificación, por el delegado Kornerup. La afiliación de Italia se concretó en 1907, año en que Hirschman fue su portavoz. En cuanto al caso francés, más estratégico, se resolvió definitivamente en 1910. En 1906, la denuncia de las supuestas insuficiencias de la USFSA permitió a la FA amedrentar al Continente. En 1908, la Unión francesa renunció. En 1909, Francia envió a los delegados Charles Simon y H. Brame del Comité Francés Interfederal (CFI). Al año siguiente, la FIFA reconoció al CFI como asociación nacional francesa. Simon afirmó entonces:

> A diferencia de la USFSA que es una asociación de clubes, el CFI agrupa federaciones», y contrariamente a la política de la USFSA, que condujo en el pasado a la exclusión de cantidad de clubes que la integraban, el CFI se define como una organización abierta a todas las asociaciones.

Quería decir abierta al proceso de profesionalización, lo que se evidenció en agosto de 1910, cuando clubes disidentes de la USFSA fundaron la Liga de Fútbol Asociación, y bajo el liderazgo de Rimet entraron en el CFI para crear su propio campeonato abiertamente profesional.

11. Tantos obstáculos

En el Continente, los campeonatos nacionales alcanzaron un desarrollo y una solidez fuera de dudas

Algunos datos bastan para demostrar la total consolidación de los viejos campeonatos nacionales en el Continente y los considerables avances de los campeonatos más recientes.

La temporada 1913-1914 del campeonato belga duraba ahora ocho meses. Competían 12 equipos que disputaban un total de 132 encuentros. Los conjuntos de esta primera división provenían de todo el país: de Amberes, Bruselas, Verviers, Uccle, Gante y Sclessin. El torneo seguía el sistema moderno de competición todos contra todos a dos vueltas.

En Suiza, la decimosexta edición del campeonato movilizó a 23 equipos divididos en tres grupos —Oeste, Centro y Este—. Luego de la fase preliminar se disputaron dos rondas finales: una por el título, todos contra todos; y otra de descenso entre los tres últimos y el campeón de la segunda división. Paralelamente se jugó la llamada «*Anglo Cup*», organizada según el modelo inglés, cuya final tuvo lugar en Zurich.

En Francia, en 1913, después de la absorción de la USFSA por el CFI, el «*Trophée de France*» pasó a ser la fase final del gran campeonato nacional. Lo disputaron los cuatro campeones de los cuatro torneos que organizaban separadamente las cuatro asociaciones existentes: la USFSA, la Liga de Futbol Asociación (LFA) de Rimet, la FGSPF y la Federación Ciclista Atlética de Francia, que contaba con una importante sección fútbol. El vencedor recibió el título de campeón de Francia. Algunos de los torneos preliminares fueron tentaculares. El de la USFSA partió de una fase preliminar con 29 campeonatos correspondientes a las 29 ligas regionales. Los 29 equipos clasificados disputaron una fase final a siete vueltas —3 previas, octavos, cuartos, semifinales y final— que duró cuatro meses.

También se había desarrollado y consolidado notablemente el muy complejo campeonato de Italia. En 1913-1914, cumplía su decimoséptima edición. El torneo se dividió entonces en dos fases: la fase provincial y la fase principal. Cada una de ellas dispuso de tres grupos regionales, interviniendo un total de medio centenar de equipos. En Hungría se jugó la decimotercera edición del campeonato nacional, con 10 clubes participantes, todos provenientes de la capital y altamente profesionalizados.

A la par de estas competiciones consolidadas, surgieron otras. En un pequeño país como Luxemburgo, el torneo nacional llegó en 1914 a su quinta edición. Lo jugaban 11 conjuntos provenientes de todo el territorio. El campeonato de Austria nació un año después, en 1911. Siguiendo el modelo húngaro, se afianzó como un enfrentamiento entre 10 cuadros de la capital, Viena.

La presidencia Woolfall impidió que la FIFA hiciera sus experiencias y se desarrollara materialmente

Al asumir la presidencia de la FIFA, la promesa de los dirigentes ingleses pareció ser que aportarían su experiencia y contribuirían a acelerar el desarrollo de la federación ayudándola a vencer las dificultades que pudiera encontrar en la realización de sus proyectos. A decir verdad, dicha promesa nunca fue explícitamente declarada ante el congreso, y en la práctica, la actitud de Londres contra el proyecto de Copa Internacional aprobado en 1905 tendió más bien a demostrar lo contrario. El esperado «aporte inglés» no fue debidamente auditado, de modo que con el tiempo se reveló mucho más como una ilusión continental que como una verdadera intención de los dirigentes ingleses.

La tutela inglesa mostró su verdadera cara desde el congreso de 1908 organizado en Viena. Los húngaros propusieron entonces un plan muy pertinente acorde con la idea de resolver los problemas apuntados por Woolfall dos años antes. El proyecto consistía en la designación, por cada asociación, de un comité de árbitros encargado de traducir las leyes del juego en el idioma del país y controlar los arbitrajes; un proyecto en suma constructivo e inocente, de evidente buena fe. Su rechazo tajante por la presidencia reveló una clara voluntad de bloquear. A partir de ese momento, un conflicto agudo se instaló en torno al tema legislativo.

Situaciones similares volvieron a plantearse en los congresos siguientes, pero como el bloqueo inglés se perpetuaba, ciertos delegados continentales radicalizaron sus mociones. En 1911, en Dresde, los alemanes propusieron cambiar el artículo 23 de los estatutos a efectos de que las leyes del juego pudieran ser modificadas por la FIFA o por un comité designado por el congreso. Se trataba de poner fin a la disposición 34 denominada «reglamento del juego» según la cual «toda asociación afiliada jugará al fútbol asociación conforme a los reglamentos instituidos por el comité internacional de Gran Bretaña (IFAB)». Lógicamente, la propuesta alemana, que cuestionaba el monopolio histórico de los británicos, fue secamente desechada por Woolfall.

A partir de 1912, los alemanes iniciaron lo que puede interpretarse como una ofensiva destinada a poner fin a la tutela inglesa y a recuperar la capacidad de iniciativa propia de la FIFA. Como ya lo hemos visto, en el congreso de Estocolmo organizado al margen del torneo olímpico, Hofman y Hefner denunciaron abiertamente la política de afiliaciones paralelas organizadas por la FA inglesa y emitieron la grave acusación de que la asociación de Londres violaba el artículo 1 de la Constitución.

Los ingleses lo tomaron mal. No negaron los hechos y consintieron la inmediata afiliación de los argentinos, luego de lo cual, prosiguieron con mayor ahínco y con un fondo vengativo renovado su política de impedimento, vetando dos proyectos de los países centrales: el de «organizar un congreso internacional de árbitros que solo puede ser convocado por la FIFA y al que cada asociación debe enviar dos representantes», y una nueva moción que llamaba a modificar el artículo 34 «para que las leyes del fútbol solo puedan ser cambiadas por la FIFA o por un comité designado por el congreso».

El secretario de la FA expresó entonces que «la FIFA era demasiado joven y que se reconocía universalmente que el inventor de un juego conservaba el derecho exclusivo de modificar sus leyes como sucedía con el cricket, legislado por el Marylebone FC, el béisbol controlado por América, y el golf regulado por el St. Andrews Club».

La ofensiva alemana culminó el 31 de mayo de 1913, en el congreso de Copenhague. Hefner solicitó entonces «en nombre del congreso, que la FIFA se convierta en el único gobierno del fútbol internacional» y resumió la situación de la federación desde la llegada de los ingleses a la presidencia en estos términos: «Solo en teoría las asociaciones de la FIFA tienen iguales derechos y obligaciones. En la realidad, cada vez que las asociaciones continentales han hecho esfuerzos *para desarrollar la federación, Inglaterra les opuso un muro que impidió cualquier progreso.*» Cuestionando abiertamente el poder inglés, el delegado alemán expresó un sentimiento general creciente al afirmar que «el Continente progresa cada vez más rápido y ha llegado la hora de que declare sus propias posiciones y *realice sus deseos*».

Los británicos se mostraron nuevamente ofendidos. En nombre de su grupo, Walker rechazó la crítica insinuada según la cual «Inglaterra habría frenado el desarrollo del fútbol mundial», calificando la moción alemana de «desagradecida e imprudente». Y el representante escocés, Mc Lauchlan declaró sin tapujo que «las asociaciones británicas no entregarán nunca el control del juego a la federación». Al día siguiente, reafirmando su mala fe, Woolfall vetó la propuesta de De Laveley de «llamar a un congreso internacional de *referees* con el objetivo de uniformizar las leyes del juego».

La conclusión de este repaso es que, en 1914, ocho años después, la FIFA seguía presa de la trampa de 1906. Los delegados continentales persistían en requerir la bendición inglesa para sus mociones en favor de la reclamada unificación de las reglas de juego y del desarrollo de una experiencia legislativa propia, como buscando cumplir a toda costa con las absurdas exigencias de la tutela, en vano. La obstaculización inglesa mantenía al Continente en la «antesala» de sus deseos constitucionales más elementales, en pos de una validación que no llegaba, que no podía llegar, trancado por la reprobación sistemática de Woolfall.

Aparecen entonces, en las actas mismas, claramente registrados, esos «tantos obstáculos» a que se refiere Rimet y que se manifestaron cada vez que los continentales se activaron. Fueron efectivamente plurales y a la vez siempre el mismo: el «no» inglés, el sistemático veto. La FIFA permaneció así detenida en la casilla de los requisitos previos, sin poder acceder a la meta de la Copa durante largos años.

Los ingleses estimaron que la Copa Internacional proyectada por la FIFA amenazaba mortalmente al BHC

El proyecto de Copa o Campeonato Internacional preparado por Guérin y Mühlinghaus en 1905 tenía cuatro características fundamentales: lo organizaba la FIFA; estaba abierto a todas las categorías de jugadores; integraba al BHC en el grupo 1 «Islas Británicas»; e instauraba un régimen financiero que abría la vía al desarrollo material de la federación.

En 1907, después del desistimiento de Roma, el Comité Olímpico Británico (COB) heredó —en cierto modo por casualidad— la organización de los Juegos Olímpicos de 1908. En consecuencia, la FA se hizo cargo de la conducción del torneo de fútbol correspondiente. Pero en vez de aprovechar la oportunidad para organizar una copa equivalente a la que había proyectado Guérin, afianzó su rechazo: no solicitó a la FIFA para organizarla; estableció un reglamento que reservaba la participación a los futbolistas calificados como amateurs puros; no integró al BHC, presentando, en lugar de los cuatro equipos de las cuatro asociaciones del Reino, a una extraña selección seudoamateur y seudobritánica, con unos cuantos profesionales y sin jugadores escoceses; y finalmente, se plegó —como no podía ser de otra manera— al sistema financiero olímpico, que contrariamente a lo establecido por Guérin en 1905, no podía aportar medios materiales a los organizadores. La FA rebajó tanto la prueba e hizo tan poco esfuerzo de propaganda, que el público londinense prácticamente no asistió. Al mismo tiempo, demostró una vez más que no tenía intenciones de compartir experiencias.

Los tres capítulos precedentes de esta crítica fueron dedicados a refutar tanto las explicaciones de Rimet como el punto de vista inglés sobre el «fracaso» de la Copa de Guérin. El estudio de los boletines oficiales nos permitió entender que el abstencionismo había sido alimentado por el rechazo de Inglaterra y la propaganda activa de De Laveley. El chantaje inglés —o la Copa o nosotros— terminó aislando los esfuerzos de «la directiva internacional». Ganó el boicot. Pero la puesta en evidencia de esta lucha concluida a principios de noviembre, aunque ayuda a situar el origen del obstáculo allí donde se sabe, no es suficiente para determinar la causa fundamental, necesariamente poderosa, que originó un movimiento tan negativo como severo y durable.

Es un hecho que, en materia de historial, la propuesta de los continentales de instaurar un Campeonato Internacional abierto a la participación de Inglaterra, Escocia, Irlanda y Gales, convenía a los futbolistas británicos y a sus hinchadas. La superioridad técnica, táctica y física les aseguraba una conquista fácil de sucesivos títulos oficiales durante cierto tiempo que, de haberse concretado, seguiría pesando hasta hoy en el palmarés continental. Pero para los dirigentes de las FA inglesa y escocesa, accionistas de asociaciones de fútbol que funcionaban como compañías limitadas, los criterios principales eran otros.

El BHC era más que un buen negocio, la gallina de los huevos de oro. Los clásicos entre Escocia e Inglaterra batían récords de asistencia: 51 mil espectadores en 1895; 63 mil en 1900; y siguiendo una previsible curva ascendente, 103 mil en 1906 y 121 mil en 1908. Las recaudaciones astronómicas llenaban las cajas, y agregadas a los altos porcentajes cosechados en ocasión de las *Cups*, aseguraban la prosperidad de los aparatos y el enriquecimiento de la camarilla permanente que los dirigía. Este sistema económico eficiente y simple escapaba a todo control externo y amparaba holgadamente las carreras de individuos como Wall, Clegg, Kinnaird y Woolfall.

En ese contexto, la propuesta de una Copa Internacional «de la FIFA», de carácter abierto, con incorporación del BHC y un reglamento económico que terminaría inevitablemente bajo control de la federación internacional, constituía, sin lugar a dudas, objetivamente, una grave amenaza. Amenaza para el prestigio de los internacionales británicos que pasaban a ser simples rondas preliminares; amenaza en el plano económico porque, a la corta o a la larga, el control financiero del campeonato interbritánico caería en manos de un organismo central, dependiente de la FIFA; y amenaza finalmente en cuanto al control del fútbol internacional, porque si la FIFA se dotaba de un torneo de importancia creciente y financieramente jugoso, se abriría para ella la perspectiva de un rápido enriquecimiento y la posibilidad de erigirse entonces como máximo poder planetario.

La verdad: En 1912, la flamante asociación sueca demostró la capacidad del fútbol continental al organizar el doble campeonato olímpico de fútbol, principal y consuelo. De 1906 a 1913, la presidencia inglesa se dedicó a censurar las iniciativas continentales tendientes a desarrollar la experiencia de la FIFA y su unidad en la aplicación de las reglas de juego. De 1906 a 1913, la FIFA se limitó a sobrevivir, paralizada por la censura inglesa. El tema de la Copa Internacional no pudo aflorar, quedando los delegados continentales trancados al nivel de propuestas marginales que, aunque apuntaban a cumplir con los requisitos impuestos por los ingleses, se veían sistemáticamente vetadas. La tenaz oposición de la FA al desarrollo de la FIFA fue causada por el temor a perder el control sobre la próspera economía del BHC.

12. Mirlo olímpico

La mentira: En el Congreso de Cristiania (Oslo) de 1914, Hirschman propuso reconocer el torneo olímpico de fútbol como campeonato del mundo, mostrándose dispuesto a dejar su conducción y su reglamentación en manos de los dirigentes olímpicos.

La cita mentirosa y su significado

> Finalmente, fue en esas circunstancias que asistí por primera vez a una discusión oficial sobre el Campeonato Internacional. En Cristiania se volvió a hablar efectivamente del torneo, pero como se verá, de manera indirecta. **Hirschman, perseverando en su deseo de dar cuerpo a esa idea latente, propuso a la federación internacional, en nombre de la asociación neerlandesa, reconocer al torneo olímpico como un campeonato del mundo. A falta de tordos, dice un proverbio francés, buenos son los mirlos.**
> (pp. 20-21)

Las tensiones, que en el seno de la FIFA fueron creciendo entre 1908 y 1913, adquirieron una nueva forma en 1914, en el congreso de Cristiania (Oslo), motivadas por las decisiones adoptadas por el congreso olímpico de París pocos días antes, en todo punto favorables a las federaciones internacionales. Después de años de silencio, el tema del torneo internacional volvió a la superficie.

Comprender lo sucedido durante aquél congreso presenta un interés histórico mayor, ya que en la propuesta de Holanda se hallaban las bases de la estrategia de los Mundiales olímpicos, que fue la que aplicaron finalmente las asociaciones más activas, con el apoyo de la FIFA, durante la década del veinte. El estudio de lo que pasó en el congreso aclara también ciertas discusiones que se llevan a cabo hoy en día sobre los orígenes del Campeonato del Mundo, en las cuales la referencia a la «resolución de Cristiania» es constante aunque siempre equivocada.

El congreso de Cristiania marcó el cruce de dos épocas: por un lado, se perdió la idea de una Copa Internacional a la Guérin; por otro, se insinuó la perspectiva de organizar el torneo internacional de la FIFA en el marco olímpico con vistas a los Juegos de 1916 programados en Berlín.

Refiriéndose a la propuesta de Hirschman, Rimet se expresa de manera tan compacta, concentrando tantas falsedades, ocultamientos e insinuaciones en pocas frases cortas, que se impone, antes de pasar a la crítica, dejar claro el significado de las insinuaciones que desliza en tal o cual formulación. La expresión «esas circunstancias» alude al estancamiento tanto de la FIFA como del fútbol continental en general. «Perseverando en su deseo de dar cuerpo a esa idea latente» significa que Hirschman actuó por impulso personal, cediendo a su impaciencia, y que nada en el contexto justificaba su iniciativa. «Reconocer el torneo olímpico como campeonato del mundo» es, supuestamente, un resumen adecuado de la propuesta holandesa. «De manera indirecta», quiere decir que no se trataba del torneo internacional tal cual había sido proyectado en 1905 siguiendo el principio establecido en el artículo 9 de la Constitución de 1904, sino de una criticable cesión de los poderes deportivos a Coubertin y al Comité Olímpico Internacional.

En cuanto a la imagen del «mirlo», adelanta la idea de que los torneos olímpicos estaban desde siempre y para siempre reservados a los amateurs —como lo proclamaba la propaganda inglesa—, que los mejores jugadores del mundo («los profesionales») no podían inscribirse, y que por consiguiente, no eran campeonatos de valor.

Hirschman propuso organizar un verdadero torneo internacional de la FIFA en el marco olímpico

La FIFA reunió en Oslo su 11.er congreso los días 27 y 28 de junio de 1914. Asistieron representantes de 17 países, 31 delegados en total. Fue el primer congreso verdaderamente mundial con presencia de delegados de Argentina y de los Estados Unidos, el último antes de la guerra que se desencadenó un mes después. La FIFA agrupaba entonces a 24 países y era, en el plano cuantitativo, la primera federación internacional del mundo.

Como lo señala en su relato, Rimet vivió en Cristiania su primera experiencia en el seno de la FIFA. Actuó entonces como delegado de Francia en su calidad de vicepresidente del CFI.

Bajo el título «Propuestas de la Asociación Holandesa de Fútbol», las actas del congreso registran que, en la sesión del día 27, Hirschman presentó dos mociones. La moción a) preconizaba «la elaboración de un libro anual de la FIFA que debía estar listo antes de cada congreso y contener las direcciones de las asociaciones afiliadas, el programa de los partidos internacionales oficiales, estadísticas, una historia de la federación y una rúbrica destinada a la exposición de nuevas ideas»; y la moción b), tema de este capítulo, solicitando:

> Que el torneo de fútbol de los Juegos Olímpicos sea considerado como un Campeonato Internacional en el sentido del artículo 22, y que esté por lo tanto bajo control de la Federación.

Las actas notifican también que, después de leer su moción, Hirschman explicó que la FIFA buscaba controlar el fútbol internacional y que los Juegos Olímpicos eran parte del mismo. Aclaró que la propuesta había sido enviada a las asociaciones antes de que se diera a conocer «la decisión adoptada en la materia por el congreso olímpico reunido en París» (del 13 al 23 de junio) y afirmó que la intención de proponer una cooperación armoniosa al Comité Olímpico Internacional existía desde antes.

Las diferencias entre la moción b) consignada en las actas y la versión que da Rimet son cuatro: Hirschman no empleó la expresión «campeonato del mundo» sino Campeonato Internacional; utilizó el verbo «considerar» en vez de «reconocer»; hizo referencia al artículo 22; planteó la exigencia del control del torneo por la FIFA.

Sobre el primer punto —«Campeonato Internacional» o «campeonato del mundo»— solo corresponde señalar que el holandés empleó al pie de la letra la terminología utilizada en los estatutos. En cuanto al uso del verbo «considerar», a diferencia del verbo «reconocer», no presuponía una posición pasiva por parte de la FIFA.

El tercer punto, la referencia al artículo 22 (exartículo 9), constituye la diferencia fundamental. Corresponde recordar aquí los términos exactos de dicha disposición. Decía en su versión inglesa: «*The federation claims the sole right of conducting an international championship*»; en su versión francesa: «*La FIFA proclame avoir seule le droit d'organiser les championnats internationaux*»; y en español: «La FIFA proclama su derecho exclusivo a organizar los campeonatos internacionales». El artículo quería decir, por un lado, que el poder deportivo (reglamentario) que ejercería la FIFA no debía ser compartido con los dirigentes olímpicos o con dirigentes de otras organizaciones; por otro, que siguiendo la significación original de la medida, no debía aceptarse como «torneo internacional» un torneo olímpico propuesto y conducido por una asociación miembro sin supervisión de la FIFA, como había ocurrido en 1908 y 1912.

Finalmente, la mención al control del torneo era una manera de insistir sobre la obligación de cumplir con los deberes de la federación. Se hacía eco del fundamental artículo 2: «El objetivo de la Federación es desarrollar *y controlar el fútbol asociación internacional así como asegurar la aplicación de sus estatutos y reglas*».

Más vale tarde que nunca: después de ocho años al servicio de una política que negaba a la FIFA su misión, Hirschman, apoyándose en la ola de protestas de sus amigos alemanes y sobre todo, en la reforma del sistema olímpico, parecía nuevamente dispuesto a actuar. Su moción equivalía, en definitiva, a solicitar la disposición de la FIFA con vistas a *ejercer de manera exclusiva las tareas de conducción y reglamentación del torneo olímpico*. Era, por lo tanto, una correcta aplicación de los textos y un retorno a la línea fundamental de Guérin bajo otra forma.

La pregunta que se nos plantea entonces es la siguiente: ¿era verdaderamente posible hacer lo que proponía Hirschman, es decir ejercer la libre conducción del torneo olímpico en todos los aspectos, incluyendo una libre definición de los criterios de admisión de modo a organizar un campeonato abierto a todos los futbolistas y dejar de lado el tema del amateurismo? La respuesta es sí. El artículo 22 no impedía que el torneo internacional se organizara en el marco olímpico siempre y cuando la FIFA ejerciera los poderes deportivos y reglamentarios sin ninguna restricción. Por otra parte, las decisiones del congreso olímpico de 1914 habían vuelto la perspectiva de una reglamentación libremente establecida por las federaciones internacionales, más que posible, prácticamente obligatoria.

En 1914, los poderes deportivos olímpicos, incluyendo los criterios de admisión, pasaron a manos de las federaciones internacionales

En una breve intervención realizada en el seno de la comisión de organización de los Juegos Olímpicos reunida los días 19 y 21 de junio de 1894 para preparar el congreso fundador y presentar sus votos, Pierre de Coubertin dejó claramente establecido lo que sería la línea política inamovible de todo su mandato —hasta 1925—, y que por la resistencia de la FIFA se mantuvo hasta el congreso olímpico de Berlín de 1930. Las actas de la mencionada comisión registraron el siguiente propósito:

> Los países extranjeros no están dispuestos a aceptar las reglas propuestas por el congreso. El congreso no debe legislar. Debe limitarse a organizar.

Esta posición no expresaba otra cosa que la decisión tomada de conjunto por los tres comisarios fundadores: Coubertin (para Europa), Charles Herbert (para Inglaterra y sus colonias) y William Sloane (para el Continente americano). El reglamento de la primera gran asamblea internacional, reproducido en la invitación enviada a cientos de sociedades deportivas del mundo entero, la oficializó muy explícitamente en los siguientes términos:

> Las uniones y sociedades que participarán en el congreso *no se verán atadas por las resoluciones adoptadas*. El congreso tiene por objetivo *emitir puntos de vista* sobre los diferentes asuntos que se le someterán y *preparar, pero no establecer, una legislación internacional*.

Estos principios fueron retomados en los reglamentos de cada congreso hasta el Congreso Técnico de Praga de 1925, de modo que las autoridades deportivas que tuvieron a su cargo la organización de las pruebas olímpicas durante el período de 1896 a 1925 pudieron fijar libremente tanto sus criterios técnicos (reglamentos propiamente deportivos) como los criterios de admisión de los atletas (pruebas abiertas a todos o exclusión de ciertas categorías). La famosa regla general según la cual «los Juegos están reservados a los amateurs», que muchos historiadores siguen considerando erróneamente como una prescripción absoluta inherente al nacimiento de los Juegos, era la parte esencial de esos «puntos de vista» sin valor de ley internacional evocados por Coubertin. Y eso quedó muy claro en 1925, cuando los delegados que proponían el voto de un «código del amateurismo» con carácter obligatorio aprobaron primero una disposición otorgando al congreso la nueva prerrogativa de emitir leyes internacionales a ese respecto.

A partir de 1900, se instauró un sistema de poderes en el cual el congreso olímpico se limitó a fijar el programa deportivo obligatorio, incorporando a tal disciplina y desechando a tal otra. El COI se reservó pocas prerrogativas: la de establecer los llamados a congreso; la de definir el tipo de congreso —técnico o pedagógico—; la de fijar la sede de la olimpiada. Luego de determinado el lugar, el Comité Ejecutivo del COI se reunía con el Comité Ejecutivo del Comité Nacional organizador para aplicar el programa definido por el congreso y elaborar el calendario definitivo. El resto de los poderes quedaba en manos de las sociedades propiamente deportivas. Su ejercicio incluía el establecimiento de los reglamentos propiamente dichos, único contrato entre los organizadores y los atletas. Se componían de dos partes: los criterios de admisión (abiertos o restrictivos) y las reglas técnicas. En consecuencia, los torneos presentaron características de acceso que les eran propias y que variaban de una olimpiada a otra: abiertos, sin definición del amateur; abiertos, con definición del amateur; falsamente amateurs, con definiciones inaplicables; amateurs, con definiciones más o menos drásticas; clasistas, con definiciones que excluían ciertas categorías sociales o ciertas profesiones.

Hasta 1904, todo funcionó bien. Las sociedades deportivas griegas, francesas y estadounidenses aceptaron, de un modo u otro, la inscripción de todas las categorías de deportistas y definieron reglamentos técnicos claros. Pero en 1908, en Londres, las cosas empezaron a complicarse. Ciertas asociaciones inglesas establecieron reglamentos técnicos abstrusos, multiplicaron artificialmente pruebas en las cuales estaban seguras de ganar, y restringieron el acceso a tal o cual disciplina estableciendo reglamentos amateuristas calculados en función de las conveniencias locales. En 1912, los suecos acentuaron este tipo de maniobras, y aunque algunas pruebas permanecieron abiertas, la impresión general fue que los Juegos estaban exclusivamente reservados a los atletas de las clases altas. Las disposiciones reglamentarias inglesas y suecas no tenían ninguna altura moral. Como lo ilustra la cantidad anormal de medallas ganadas por los países organizadores, el objetivo era obtener con los papeles lo que no se lograba conquistar deportivamente en el estadio.

La consecuencia fue una triple exasperación.

Primero, contra los criterios de admisión calculados ya sea para eliminar a los profesionales invitados (reglamento amateur), ya sea para autorizar la libre participación de los profesionales locales (reglamento abierto). Segundo, contra el hecho de que los criterios de admisión de una misma disciplina cambiaban arbitrariamente de una edición olímpica a otra. Tercero, y sobre todo, porque si el congreso olímpico, que era de naturaleza mundial, no se arrogaba el poder de dictar leyes internacionales, menos podían arrogárselo sociedades que representaban como mucho la filosofía de una sola disciplina de un solo país.

A partir de 1911, los dirigentes franceses empezaron a protestar, y en 1913, la inmensa mayoría de las federaciones internacionales confluyeron para reclamarle a Coubertin el pleno ejercicio de todos los poderes deportivos olímpicos, incluyendo los criterios de admisión de los deportistas.

Dice el informe de la olimpiada de 1912 —redactada por un ideólogo del amateurismo integral, Erik Bergvall— que la FIFA contribuyó a establecer la drástica definición del amateur presentada en esa oportunidad en el reglamento del torneo de fútbol. Esto no corresponde a la realidad. La federación internacional discutió por primera vez el tema del amateurismo en su congreso de París, en 1924, y principalmente con el objetivo de *oficializar la presencia masiva de futbolistas profesionales*. Lo que puede suponerse eso sí, es que Woolfall negoció por su cuenta la rebaja amateurista del torneo de Estocolmo sin el acuerdo del congreso y sin solicitar el punto de vista de las asociaciones, y que estas, como lo hicieron siempre durante «la dominación inglesa», terminaron sometiéndose.

Como lo resume Pierre Cazal, la política de Woolfall en el Continente se caracterizó por la voluntad permanente de imponer «el amateurismo integral». Así, en 1908 en Londres, la FA dispuso, por voluntad propia, reglas que excluían a los no amateurs y a los profesionales del mundo entero. El solo hecho de haber recibido una sola vez un pequeño premio en dinero o el pago de una comida bastaba para ser considerado como un futbolista rechazable. En 1912, los suecos fueron mucho más lejos, prohibiendo el acceso a las canchas de los jugadores que hubieran ejercido alguna vez como empleados, profesores o monitores en cualquier rama de cualquier disciplina deportiva.

La reforma de los poderes olímpicos chocó frontalmente con la política de rebaja que la FA imponía a la FIFA desde 1908

El sexto congreso olímpico se abrió en La Sorbona de París el 15 de junio de 1914. El alto dirigente Frantz-Reichel, mano derecha de Coubertin, lo explicó así:

> Hasta ahora, el programa de los Juegos Olímpicos y la reglamentación de las pruebas dependían únicamente del COI y del comité especial y local que, cada cuatro años, se constituía en el país encargado de organizar la nueva edición. Mañana 15 de junio en París, se consagrará de una vez por todas, en el programa olímpico, al menos eso espero, la intervención de las federaciones competentes de cada deporte en la reglamentación, control y juicio de las manifestaciones atléticas definidas. El barón Pierre de Coubertin dio ese objetivo al congreso de 1914 culminando de esta manera la obra cuya iniciativa le pertenece. *Francia ya se ha pronunciado para que los reglamentos en vigor sean únicamente los establecidos por las federaciones internacionales de cada deporte.*

La transferencia de los poderes deportivos y criterios de admisión fue unánimemente adoptada el 16 de junio sobre la base de una proposición británica. Como lo resume muy bien el boletín del Centro de Estudios Olímpicos publicado en 2008: «La admisión de los deportistas [anteriormente a cargo de sociedades nacionales] pasó entonces a manos de las federaciones internacionales».

Pero no solo eso. Como lo expresa Reichel, se trataba de lograr una transferencia total de los poderes, en el plano de la reglamentación, control y juicio de las competiciones. Los tres aspectos concernían tanto la calificación de los atletas como la organización técnica de las pruebas. En materia de calificación, las federaciones adquirirían el poder de definir qué atletas podían participar, si los torneos serían abiertos o reservados, de nombrar un tribunal de reclamos y de juzgar los eventuales litigios calificativos (nacionalidad y estatuto). En materia de organización técnica, las federaciones obtenían el poder de establecer las reglas internacionales de juego, designar el cuerpo arbitral y pronunciarse en caso de litigio deportivo.

Fue considerando estas nuevas condiciones —y no obedeciendo a su impaciencia personal— que Hirschman promovió la idea de asumir plenamente el torneo olímpico de fútbol como se disponían a hacerlo en sus respectivos sectores todas las demás federaciones internacionales.

La verdad: En el congreso de Cristiania de 1914, Hirschman propuso la estrategia de organizar el Campeonato Internacional de la FIFA y por la FIFA en el marco de los Juegos Olímpicos. Su propuesta se entendía como aplicación de los artículos 2 y 22 de los estatutos, libre de cualquier intromisión externa. En aquella época, contrariamente a lo que decía la propaganda inglesa, el movimiento olímpico se negaba a legislar, limitándose a expresar puntos de vista, incluso sobre el tema del amateurismo. Once días antes del congreso de Cristiania, a pedido de la mayoría de las federaciones internacionales, el congreso olímpico reunido en París votó unánimemente la transferencia completa de los poderes reglamentarios a las federaciones. Fue para aprovechar ese contexto que el secretario holandés presentó su moción.

13. Organización inacabada

La mentira: En 1914, la FIFA seguía siendo una federación «inacabada». Por ese motivo, poner al orden del día la organización de un Campeonato Internacional constituía un error de apreciación.

La cita mentirosa y su significado

> Ese campeonato del mundo, cabía preguntarse si la federación internacional y sus asociaciones afiliadas estarían un día en condiciones de llevarlo a cabo. **Los recursos seguían siendo módicos y la organización inacabada. El fiasco de 1906 no se había olvidado.**
> (p. 21)

En el capítulo anterior pudimos constatar que, cuarenta años después de haber asistido al congreso de Cristiania, Rimet siguió denigrando la moción holandesa, estimando que había sido un lamentable error y que el secretario general se había vuelto entonces doblemente culpable: de claudicación ante el poder olímpico y de impaciencia personal. Y esto no podía ser de otra manera, agrega ahora, por el peso de dos poderosas circunstancias negativas: la «organización inacabada» y el trauma persistente desde 1906.

Señalemos desde ya que el argumento del trauma nos parece insostenible. Entre 1905, después del segundo congreso, y 1914, la FIFA pasó de 8 a 20 asociaciones afiliadas, llenándose de delegados nuevos que desconocían por completo los hechos sucedidos durante la «era Guérin». Los dirigentes continentales que quedaban de aquél tiempo eran solo tres: Hirschman, De Laveley y Hefner. Todos habían contribuido activamente a la liquidación de la Copa Internacional.

En cuanto al argumento de la «organización inacabada», se presenta como una regla según la cual, si la FIFA no alcanzaba cierto grado de consolidación, no era posible encarar «el campeonato del mundo» —el «torneo internacional», diría Hirschman—. El enunciado es una perpetuación de las posiciones teorizadas por Clegg y por Woolfall en 1905 y 1906, con una agravante: los ingleses aludían solamente a las «bases» —asociaciones nacionales inestables— mientras que Rimet se refiere aquí a la federación internacional como tal.

No hay duda de que en 1914 la FIFA era una organización precaria. Carecía de local, de prensa, de empleados, y sobre todo, de actuación en el plano deportivo. En este último aspecto, el término «inacabada» se revela particularmente inadecuado en la medida en que la política impuesta por la presidencia inglesa truncaba indefinidamente el proceso de desarrollo de la FIFA de tal modo que esta ni apuntaba ni tendía a «acabarse».

¿Qué puede querer decir entonces la expresión «organización inacabada»? O que la FIFA no tenía consistencia material, y en tal caso, siguió siendo «inacabada» hasta 1950 más o menos; o que no era capaz de organizar eventos deportivos, y entonces dejó de ser «inacabada» en 1924.

El enunciado de Rimet tiene dos caras. Por un lado, fija una supuesta «ley histórica»: sin organización internacional «acabada», no hay campeonato internacional posible. Por otro, establece una conclusión: todo campeonato anterior al acabamiento de la FIFA es falso. Esta segunda significación sentó las bases de una «historia oficial» acorde con el presuntuoso artículo 9 de la Constitución. En cuanto a la primera, plantea múltiples problemas: teoriza una relación estática entre organización y acción; determina el valor de un campeonato en función del desarrollo del aparato y no de los hechos de la cancha; y sobre todo, sustituye la historia real por un postulado que no se verifica en ninguna parte.

El BHC británico nació y se desarrolló sin conducción organizada

El BHC fue el primer campeonato disputado entre seleccionados representativos de asociaciones de fútbol. Puede admitirse por lo tanto como primer Campeonato Internacional de la historia.

El primer partido disputado en su marco tuvo lugar el 26 de enero de 1884 entre Escocia e Irlanda en el Ulster Cricket Ground de Belfast. Asistieron dos mil espectadores, arbitró el inglés Thomas Hindle y los escoceses ganaron 5 a 0. El 15 de marzo, el equipo de Escocia derrotó a Inglaterra 1 a 0 en Glasgow y el 29 a Gales 4 a 1, adjudicándose el primer título con el máximo puntaje. La edición duró dos meses, del 26 de enero al 29 de marzo, y se aplicó un formato de competición que habría de mantenerse durante un siglo: todos contra todos una sola vez, sede cambiante, arbitraje neutral, título adjudicado al equipo con más puntos.

Lo interesante para nuestro estudio es que en 1884, en Gran Bretaña, no existía ningún tipo de organización internacional, «acabada» o no. Es cierto que por ese entonces se creó la International Board (IFAB). Pero esta entidad se ocupaba solo de administrar las leyes del juego —*Laws of the game, LoG*— y su fundación efectiva fue posterior al inicio del BHC.

Los delegados de las cuatro asociaciones del Reino se reunieron por primera vez el 6 de diciembre de 1882. En esa ocasión no se buscó constituir un organismo ni adoptar decisiones comunes. «El primer *meeting* de la IFAB» —así lo califican las actas— tuvo lugar en el Football Asst. Room London el miércoles 2 de junio de 1906 después de que se disputaran tres ediciones del BHC. Se definieron entonces el nombre del organismo y sus reglas fundacionales: la composición del Consejo con dos miembros de cada una de las asociaciones; un encuentro anual; la necesidad de unanimidad en caso de modificación de las leyes del juego; el acatamiento de los cambios adoptados por las asociaciones miembro; la prohibición de cualquier modificación unilateral de las leyes del juego. Todo giró en torno a la actividad legislativa. No se hizo referencia alguna al campeonato.

Ciento veinte años después, las misiones de la IFAB permanecen incambiadas. Los estatutos aprobados el 13 de enero del 2014 establecen en el punto 2 que «la IFAB es el organismo de decisión universal de las leyes del juego del fútbol asociación» y que sus objetivos son «salvaguardar, compilar y enmendar las leyes del juego aplicables al mundo del fútbol organizado por la FIFA, lo que incluye la verificación de que dichas leyes se aplican de modo uniforme en todo el mundo y la supervisión a fin de cerciorarse que el fútbol organizado se practica de modo coherente». Se agrega que «de acuerdo con los estatutos de la FIFA, la IFAB puede establecer o cambiar las leyes del juego y cada miembro de la FIFA debe jugar al fútbol asociación en conformidad con las leyes del juego que emanan de la IFAB».

Los torneos internacionales de 1908 y 1912, fueron organizados por asociaciones nacionales

La clave de la mentira de la «organización inacabada» es que borra todos los eventos futbolísticos importantes sucedidos entre 1906 y 1914, y en particular, los dos acontecimientos mayores: los torneos olímpicos de 1908 y 1912. La omisión no tiene otra finalidad que ocultar *la facilidad con la cual el Campeonato Internacional apareció fuera la FIFA, gracias a la acción organizativa aislada de una sola asociación.*

Desde el punto de vista de una verdadera historia de la federación, carece de sentido eliminar dichos eventos por el solo hecho de que no respondían a las presunciones estatutarias. Los torneos fueron organizados por asociaciones afiliadas, con participación exclusiva de equipos de asociaciones afiliadas. Y aunque desde un punto de vista oficial no se los reconozca como campeonatos internacionales, el solo hecho de que las asociaciones afiliadas fueron autorizadas a participar los valida plenamente.

Para las asociaciones continentales, los aportes del torneo olímpico de 1908, organizado en Londres por la FA, fueron limitados. La asociación inglesa se arrogó los poderes absolutos, negó toda participación organizativa a las demás asociaciones, incluyendo a las tres otras asociaciones británicas, y dispuso un arbitraje exclusivamente inglés. Pese a ello, los seleccionados continentales presentes aprovecharon la oportunidad para vivir una experiencia internacional valiosa y avanzar en el objetivo de acercarse al nivel técnico y táctico de los inventores del juego. Holanda y Dinamarca contrataron entrenadores ingleses —Edgar Chadwick y Charlie Williams— y Francia, entusiasta, llevó dos equipos, A y B.

La participación fue escasa —5 naciones europeas— pero la lección muy clara: una sola asociación bastaba para organizar una Copa Internacional. Tratándose de la experimentada FA, no puede dudarse que podía haberla organizado antes, fuera del marco olímpico, en 1906 por ejemplo, si hubiera propuesto servir en vez de dominar.

El campeonato de 1912, aunque más drásticamente amateurista y discriminatorio que el de Londres, constituyó un aporte decisivo al demostrar definitivamente la capacidad de los continentales en materia de organización y arbitraje. Por su dimensión geográfica —jugaron 11 equipos— fue una verdadera Copa de Europa. Austria alineó un seleccionado ambicioso con los mejores jugadores de Viena y Praga. Dinamarca —que volvió a disputar la final contra Inglaterra— envió un equipo que reunía a la elite de los jugadores no amateurs de Copenhague, y según los comentaristas, jugó mejor fútbol que los locales. Otro aspecto primordial: el cuerpo arbitral internacional funcionó a la perfección. Los jueces continentales dirigieron 15 de los 17 partidos disputados, quedando demostrado que no había disparidad legislativa.

La experiencia de Estocolmo, liderada por una asociación de apenas ocho años de existencia, suscitó una la ambición deportiva de los delegados de la FIFA. Unos cuantos eran figuras de la cancha, entrenadores, exjugadores, árbitros, como Meisl (Austria), Fulda (Rusia), Kornerup (Suecia) y Vittorio Pozzo (Italia). No esperaban otra cosa que competiciones de valor, y de manera mucho más exitosa y clara, el torneo de Estocolmo les demostraba el hecho de que, para crear una Copa Internacional, aunque fuera doble y complicada, bastaba con un poco de buena voluntad y la seriedad de una sola asociación nacional.

El torneo sudamericano nació antes de que se creara la Confederación Sudamericana

El caso sudamericano ratifica los ejemplos anteriores.

La Copa América tuvo como antecedente el torneo de fútbol celebrado en el marco de los «Juegos deportivos del Centenario de la Revolución de mayo», del 29 de mayo al 12 de junio de 1910 en Buenos Aires. Lo disputaron los seleccionados de Argentina, Uruguay y Chile. Por entonces, no existía confederación sudamericana ni otro tipo de organismo o de coordinación internacional. Las invitaciones reflejaron simplemente las relaciones de amistad que existían entre las tres asociaciones. Los rioplatenses estaban en contacto permanente desde el primer partido disputado entre Uruguay y Argentina en 1901. Habían creado juntos tres torneos anuales: la Copa Lipton en 1905, la Copa Newton en 1908, y el Premio de Honor argentino en 1910. Antes del campeonato sudamericano, la selección de Uruguay y de Argentina se enfrentaron oficialmente quince veces. En cuanto a los chilenos, efectuaron un viaje agotador desde Santiago y debutaron internacionalmente el 27 de mayo de 1910 jugando un encuentro amistoso contra los locales.

La mencionada Copa Centenario fue modesta por la cantidad de participantes. Su importancia radicó en que representó a una extensa superficie —el Cono Sur— y en la importancia de los obstáculos geográficos que debieron sortear los invitados para llegar hasta la capital argentina. A lo largo de dos semanas, se jugaron tres matches oficiales y una serie de encuentros amistosos. 11 mil espectadores asistieron a la final entre Argentina y Uruguay desde las tribunas de la cancha de Gimnasia y Esgrima de Buenos Aires (GEBA).

Ese primer campeonato sudamericano condujo a la intensificación de la competición regional. En 1911, se creó el Premio de Honor uruguayo. En 1913, se batió el récord de encuentros entre Argentina y Uruguay: once partidos en seis meses entre el 27 abril y el 26 de octubre. Entre el 2 y el 17 de julio de 1916 se desarrolló el entonces denominado oficialmente

«Campeonato sudamericano». Convocado por el gobierno argentino en el ámbito de los festejos del centenario de la independencia del país, se puso en juego la copa «Centenario de la independencia Argentina». Además de Chile, se enfrentaron por primera vez en una competición común los tres países que habrían de convertirse con el tiempo en las potencias indiscutidas del fútbol de América: Argentina, Brasil y Uruguay. Tampoco obró ninguna organización internacional.

El proyecto destinado a crear la Confederación Sudamericana de Fútbol fue presentado por el presidente de la delegación uruguaya, Héctor Gómez, en la sesión solemne del 9 de julio de 1916, después de disputados tres de los seis partidos del campeonato. La creación del organismo se concretó recién el 17 de diciembre del mismo año, en reuniones que se llevaron a cabo en Montevideo. Se concluye pues que la Copa no fue engendrada por una organización sino que, a la inversa, la organización fue engendrada por la Copa.

La FIFA renació en 1923 y se convirtió en «organización acabada» después de la «era Rimet»

Para cerrar este repaso histórico, se vuelve necesario incursionar más adelante y analizar, aunque sea rápidamente, lo que sucedió con la FIFA y los campeonatos internacionales posteriores a la Primera Guerra Mundial.

Si la FIFA era una organización inacabada en 1914, en 1919-1920 era una estructura al borde de la desaparición. La consumían las divisiones internas y una parte importante de las asociaciones dirigentes se aprestaba a hacer secesión. Recién en 1923 pudo reunir su congreso, y en 1924, por primera vez en su historia, asumió las tareas de conducción de un torneo internacional. El torneo olímpico de París fue objetivamente un Mundial pero la FIFA no fue capaz de liderarlo. Ejerció el poder supremo, designó la comisión arbitral internacional y controló los reglamentos a través del Tribunal de reclamos, pero en cuanto a la calificación mundialista propiamente dicha, dejó la tarea en manos de la asociación francesa presidida por Rimet. Esta designó el evento como «Torneo Mundial de Fútbol» —*Tournoi Mondial de Football*—, entendiéndolo y vanguardizándolo.

El mismo esquema volvió a darse en 1928. La FIFA era entonces más fuerte y avizoraba la perspectiva de crear su propio Mundial. Pero además de carecer de recursos materiales como en 1914 y 1924, se hallaba consumida por el conflicto con la disidencia de Europa Central que reclamaba una Copa de Europa y por luchas externas contra la nueva dirección olímpica que pretendía resucitar la «momia del amateurismo». El torneo de Ámsterdam fue más mundial que el de Colombes. La FIFA lo condujo, se encargó del reglamento y de los árbitros, pero nuevamente se mostró incapaz de aponer la calificación mundialista adecuada, dejando esta vez el deber de liderazgo conceptual en manos de las asociaciones sudamericanas finalistas.

Según las concepciones de Rimet, la FIFA llegó a ser una federación acabada en 1929-1930, cuando «organizó» el Mundial en Montevideo. Sin embargo, poco antes del inicio de la prueba, seguía careciendo de local, de empleados, de prensa, y lo más grave, como se verá en los capítulos correspondientes, no se mostró capaz de asumir su deber dirigente. En 1924 y 1928 la FIFA fue incapaz de calificar pero por lo menos «condujo». En 1930, la FIFA calificó el torneo como Campeonato del Mundo, pero falló totalmente en el cumplimiento elemental de su misión conductora.

La verdad: La historia del fútbol demuestra que, en los tiempos pioneros, los torneos internacionales fueron creados a iniciativa de asociaciones nacionales, antes de que existieran organismos internacionales. El BHC, los torneos olímpicos de fútbol y la Copa América se pusieron en marcha apoyándose en la coordinación circunstancial de los participantes. El torneo olímpico de Estocolmo puso fin a las teorías inglesas demostrando por un lado, que una asociación nacional joven podía organizar un Campeonato Internacional muy superior al que habían propuesto los ingleses en 1908, y por otro, que el cuerpo internacional de árbitros continentales podía funcionar muy bien.

14. Confusa discusión

La mentira: En 1914, en Cristiania, la discusión fue particularmente confusa y culminó con la aprobación de la moción suiza, gemela de la holandesa.

La cita mentirosa y su significado

> **Después de una larga y confusa discusión, la asociación suiza sometió a la aprobación del congreso el texto siguiente:** «La federación internacional reconocerá el torneo olímpico de fútbol como un campeonato del mundo amateur si se organiza conforme a sus reglamentos».
> (p. 21)

A veces Rimet falsifica diciendo, otras veces lo hace callando. Para su relato del congreso de Cristiania, combina las dos formas. Diciendo, cuando adultera la moción de Hirschman; callando, cuando nos describe el debate de Cristiania como «largo y confuso», sin proponernos la menor información sobre su contenido.

¿Qué es lo que articula todo esto? La voluntad de demostrar que la moción holandesa y la contramoción suiza fueron fundamentalmente idénticas, con un mismo denominador común sellando la claudicación: «reconocer el torneo olímpico como campeonato del mundo». En cuanto a las diferencias que subsisten en las versiones que da Rimet entre la moción de Hirschman y la de los suizos, el autor las desdeña soberbiamente, dando a entender que los suizos se limitaron a explicitar lo que los holandeses ya habían expresado de manera subrepticia. ¿Qué importancia podía tener la agregación del calificativo «amateur» si el torneo olímpico estaba de todos modos, desde siempre y para siempre, reservado a esa sola categoría? En cuanto a la expresión «si se organiza conforme a sus reglamentos», no hacía sino ratificar el abandono fundamental, ya planteado por Hirschman: el torneo sería conducido por otros.

La impresión que se desprende entonces es que, en Cristiania, más que largas y confusas, las discusiones fueron inútiles y sin ningún interés.

En Cristiania, la estrategia del torneo abierto dirigido por la FIFA se opuso a la estrategia del torneo amateur dominado por la FA

Una transcripción detallada de los debates que siguieron a la presentación de la moción b) figura en las páginas 4 y 5 de las actas del congreso.

El primero en reaccionar fue el delegado ruso, técnico de la selección de su país, Robert Fulda. Apoyó la propuesta holandesa explicando que se jugaban muchos partidos internacionales sin que se llegara a saber cuál era el equipo más fuerte. «La olimpiada es la mejor oportunidad», opinó, agregando que el congreso olímpico había demostrado «mucho respeto hacia las federaciones internacionales».

Wall replicó expresando la habitual censura oficial. Aunque reconoció la actitud positiva del congreso olímpico, advirtió que «las grandes declaraciones no significaban que el COI [iba] a ceder sus poderes a las federaciones. Puede que transfiera ciertas cuestiones de principio, pero en los hechos, las decisiones concretas van a quedar en su poder.» La declaración era bastante tóxica: en el congreso olímpico de París, la moción de transferir el poder a las federaciones había sido presentada por Inglaterra después de que federaciones como la FINA, dirigida por los ingleses, la reclamaran con fervor. Por otra parte, el COI no se había inmiscuido nunca negativamente en los asuntos del fútbol olímpico, ni en 1908 ni en 1912, y eso Wall, que formaba parte del Comité Olímpico Británico, lo sabía muy bien.

Las objeciones inglesas fueron apoyadas por el noruego Frölich-Hansen, que no aportó nuevos argumentos. Intervino luego el barón De Laveley que reaparecía en cada circunstancia decisiva. Aplicando conocidos métodos dilatorios, opinó que cabía esperar la publicación oficial de las actas de París y escribir entonces al COI solicitando confirmación sobre las condiciones del nuevo contexto. Pero en vez de frenar los ímpetus, la declaración del dirigente belga abrió la puerta a una contagiosa ofensiva de los partidarios de la acción deportiva.

El italiano Montú expresó que nada era más natural que el hecho de ceder la dirección del torneo de fútbol a la FIFA y que el COI no era competente en la materia. Manning (Estados Unidos) confirmó que el COI deseaba la cooperación técnica con las federaciones. Para Hefner (Alemania) era un hecho que el torneo olímpico ya estaba bajo control de la federación internacional y que la asociación nacional delegada no tenía otra alternativa que aplicar «las reglas y los deseos» que le dictaba la FIFA.

Todo parecía indicar que se impondría una mayoría favorable a la propuesta holandesa, cuando el representante suizo sacó de la galera su contramoción. El texto, publicado en las actas, dice así: «La Federación internacional reconocerá el torneo olímpico de fútbol como un campeonato del mundo *amateur*, siempre y cuando se lo dirija en conformidad con las reglas *y deseos de la federación*».

Como puede verificarse en la cita mentirosa, la transcripción que propone Rimet es incompleta. Falta la expresión «deseos de la federación» cuya importancia radica en lo siguiente: evidencia que la agregación del término «amateur» correspondía a un «deseo de la FIFA» y no a una prescripción olímpica impuesta desde afuera.

La moción suiza tuvo el mérito de reconocer la tendencia a la mundialidad de los torneos olímpicos pero estableció una situación doblemente trágica para la federación. En primer lugar, le negó la posibilidad de asumir el poder deportivo que el congreso olímpico le ofrecía en bandeja y que las demás federaciones internacionales se aprestaban a aceptar. En segundo lugar, al agregar el criterio de amateurismo como calificación del torneo, oficializó la rebaja del fútbol extrabritánico que había sido iniciada en 1908 con el reglamento del torneo olímpico elaborado entonces por la FA.

Rimet votó sin objeciones la moción que criticó severamente cuarenta años después

Si, volviendo a la realidad documental, se compara la verdadera versión presentada por Holanda y la moción anglo-suiza finalmente votada, salta a la vista una notable marcha atrás: se pasó de una buena propuesta a una propuesta mala. Los retrocesos fueron tres.

El primero fue, como lo acabamos de señalar, que la FIFA abandonó la idea de ejercer el poder deportivo que le ofrecía el congreso olímpico y que la moción holandesa aceptaba. Limitándose a «reconocer el torneo» y anulando la referencia al artículo 22, el congreso de Cristiania se negó a asumir sus responsabilidades dirigentes. El segundo retroceso fue el cambio en la calificación, de «Campeonato Internacional» a «Campeonato del Mundo». Era un ajuste lógico, consecuencia del retroceso anterior, necesario para escapar al marco fijado por el artículo 22. Significaba que el torneo olímpico así calificado no era el torneo internacional mencionado en los estatutos. El tercer retroceso fue la calificación del campeonato como «amateur». La FIFA podía, claro está, decretar la reserva de su campeonato a los amateurs como lo hacía el atletismo o como lo habían hecho la FA y la asociación sueca de fútbol en 1908 y 1912. Pero también podía reglamentar un campeonato abierto, como muchas otras disciplinas: vela, tenis o equitación, por ejemplo.

Dice Rimet que la moción suiza fue votada de mala gana, dando a entender que la mayoría de los delegados no eran amateuristas e incluyendo en dicha mayoría a la presidencia inglesa y a la delegación francesa. El empeoramiento que se constata entre la moción b) y la moción holandesa indica claramente lo contrario.

Un cálculo sencillo muestra que más de los dos tercios de los delegados, amateuristas sinceros o no, seguían dispuestos a someterse a la estrategia de la rebaja inglesa, y las escasas reacciones después de la presentación de la moción suiza confirman que el propio Hirschman aún no estaba dispuesto a oponerse abiertamente. En la hora de la decisión, Woolfall pudo contar con los silenciosos pero infalibles aliados de siempre: Argentina (representada por los descendientes de británicos Hugh Wilson y F. R. Guppy), Dinamarca, Escocia, Austria y Suecia. A estos votos se sumaron los de Bélgica, Suiza, Noruega, los Estados Unidos, y pese a todo lo que se dice en la «Creación de la Copa del Mundo» cuarenta años después, el de la delegación de Francia liderada por Rimet. Votando sin presentar la menor objeción, el dirigente francés traicionó la acción encarada desde 1911 por sus amigos del COF. La unanimidad del voto final se explica entonces fácilmente: Hirschman y Hefner no quisieron aislarse.

El amateurismo no era una prescripción olímpica sino una orden de la FA

Para ilustrar la supuesta resistencia de los delegados de la FIFA al «mirlo olímpico» de Hirschman, Rimet escribió:

> Los representantes de los Estados Unidos (Dr Manning) y la delegación sueca (M. A. Johanson) solicitaron sin éxito la supresión del término amateur, y la moción fue aprobada sin cambios. Estoy convencido de que había sido votada sin gran convicción. La mayoría de los delegados no concebía el campeonato del mundo bajo otras reglas que las que debían ser enunciadas dieciséis años más tarde, como una prueba abierta a todas las asociaciones nacionales, libre de las trabas del amateurismo.

Las actas confirman que Manning y Johanson solicitaron efectivamente «suprimir el término amateur», pero no porque se opusieran al amateurismo sino por el contrario, argumentando que «los Juegos Olímpicos están solo abiertos a los amateurs». No fue un acto liberal sino la manifestación del celo de plegarse a la propaganda tóxica del atletismo, muy en boga, que pretendía atribuir a un voto olímpico sin consecuencias, el valor de una ley internacional obligatoria. En realidad, lo que temían estos delegados era que la calificación de un Mundial como «amateur» engendrara la idea de crear un «monstruoso» Mundial de los profesionales.

También figura en las actas la respuesta que recibieron los suecos y los estadounidenses, y que Rimet no consigna: «*Se hizo notar* que la palabra "amateur" no podía ser suprimida *porque la* FIFA *controla también el fútbol profesional*». El carácter impersonal de la frase indica que provenía de la presidencia. Lo interesante es que Woolfall manejó un argumento propiamente futbolístico y de carácter interno, imponiendo como una evidencia un criterio de «definición del amateurismo» nunca discutido en el seno de la FIFA: que los jugadores amateurs no debían mezclarse con los profesionales. Era exactamente lo opuesto a la regla aplicada en Gran Bretaña. El BHC era un abierto con seleccionados mixtos y en los clubes profesionales de las ligas profesionales jugaban cantidad de futbolistas registrados como amateurs.

La verdad: En Cristiania, se opusieron frontalmente dos estrategias. La de Hirschman reanudaba con la Copa Internacional de los orígenes, preconizando la conducción por la FIFA del torneo olímpico y la posibilidad de establecer una reglamentación soberana y abierta.
La de la presidencia inglesa (moción suiza) se limitaba a mantener la situación instaurada por la FA desde 1908: un torneo olímpico rebajado al nivel «amateur», sin intervención de la federación internacional. La transcripción de los debates muestra que los oradores aludieron repetidas veces al nuevo contexto olímpico, ocultado por Rimet. Se desprende de las actas que el término «amateur», presente en la moción suiza, fue agregado por voluntad de la presidencia inglesa. Pese a lo que contó cuarenta años después, Rimet votó sin objetar en favor del amateurismo integral inglés.

15. Prueba facultativa

La mentira: Para la autoritaria dirección olímpica, el fútbol siempre fue una prueba aleatoria, susceptible de ser retirada del programa de los Juegos en cualquier momento y sin previo aviso.

La cita mentirosa y su significado

> Cabía preguntarse cómo la proposición suiza habría podido aplicarse. **El programa de los Juegos Olímpicos no prevé al fútbol sino como una prueba facultativa, que tiene lugar según la voluntad del Comité Olímpico Internacional, el cual no es unánime, ni mucho menos, en admitir su oportunidad** [1]. […]
> 1. Fue así que el fútbol no fue admitido en los Juegos de Los Ángeles en 1932.
> (p.22)

Con esta mentira, la «Creación de la Copa del Mundo» entra en una nueva fase que se caracteriza por la exposición de una sucesión de acusaciones descaradas contra el movimiento olímpico, que lindan con la difamación. El objetivo de Rimet es «fundamentar teóricamente» uno de los más grandes disparates de su libro: que la FIFA no tuvo nada que ver con los torneos olímpicos de la década del veinte. La nota 1 referida a la olimpiada de Los Ángeles muestra que los enunciados proferidos se proyectan hacia el futuro, abarcando los campeonatos de 1920, 1924 y 1928, y más allá, los torneos olímpicos de 1936 y 1952.

El centro de la cita mentirosa —en negrita— concentra en pocas palabras varios ataques que Rimet envuelve con afirmaciones de orden histórico que no corresponden a la realidad. El blanco es el COI, acusado de ejercer un poder absoluto, arbitrario y diabólicamente dirigido contra el fútbol. El término clave es «facultativo». Un programa de pruebas obligatorias había sido fijado desde el primer congreso olímpico en 1894. Durante las dos primeras décadas del siglo XX lo completaron las llamadas «pruebas facultativas», que eran pruebas o disciplinas programadas circunstancialmente, que podían ser retiradas del programa sin previo aviso y sin pasar por el congreso.

A partir de 1921 no hubo más pruebas olímpicas facultativas

En la primera época de los Juegos, la categoría «pruebas facultativas» tuvo su razón de ser: permitió exhibir un deporte nuevo, verificar si una disciplina había adquirido dimensión planetaria o introducir en el programa un deporte importante para la cultura del país organizador.

En el congreso olímpico de Lausana, organizado del 2 al 7 de junio de 1921, el asunto fue totalmente reconsiderado. Coubertin abrió los debates recordando que las decisiones que se adoptaran debían ser enviadas al COI bajo la forma de votos (simples puntos de vista). Como lo mencionan las actas en la página 1, recomendó «encarar la disminución del programa olímpico en razón de las dificultades pecuniarias que acarrea la organización de los Juegos». Del mismo modo, el general Balck, representante del COS, evocó «la necesidad de reducir el programa». El objetivo era evidentemente mejorar las finanzas de los Juegos, y en esa óptica, eliminar el fútbol, que era la prueba más rentable, no era una buena idea.

Coubertin señaló luego que el reglamento de las olimpiadas comprendía necesariamente ciertas categorías: «deportes atléticos, gímnicos, de combate, náuticos, ecuestres, combinados», y que «estas categorías, fijadas en 1894 en París, solo podían ser alteradas por *un congreso olímpico especial*. Ni el congreso actual ni el COI tienen el poder de modificarlas.»

Empezaron a discutirse entonces diferentes posibilidades con vistas a la reducción del programa. La prueba de florete por equipos se mantuvo al igual que las pruebas de tiro. Al día siguiente, se trató el tema de la gimnasia. Los suecos querían transformarla en disciplina de demostración. Otros dirigentes proponían conservar solo las pruebas individuales. Una comisión fue encargada de resolver el tema. Se pasó luego a los casos del yachting (mantenido), del remo (mantenido), del ciclismo sobre pista (mantenido), del lawn-tenis (mantenido), de la lucha con cuerda (eliminada). Y se llegó al fútbol. Dicen las actas del congreso que resultó «*mantenido* por unanimidad y sin discusión». «Mantenido», lo que sobreentiende que ya formaba parte del programa oficial.

Todas estas decisiones fueron adoptadas por voto del congreso. La totalidad de los 96 votos se pronunció en favor de la ratificación del fútbol, incluyendo, claro está, el tercio correspondiente al COI. Como, de acuerdo a lo que registraron las actas en el anexo «nómina de los delegados», asistieron al congreso «Rimet; 1 voto; FFFA; 15 rue du Faubourg de Montmartre, París» y «Seeldrayers; 2 votos; fútbol; 38, rue du Prince Royal; Bruselas», no puede caber duda de que el presidente de la FIFA, autor de las acusaciones que estamos analizando, estuvo allí, en aquél congreso, y que votó con sus colegas olímpicos el mantenimiento del fútbol como prueba oficial.

El 4 de junio se decidió suprimir las pruebas de lanzamiento de peso de 56 libras, 400 metros pecho, 300 metros libres damas, y se oficializaron las pruebas de natación, lucha y rugby. Ocurrió entonces que los dirigentes franceses Barde y Rousseau propusieron suprimir definitivamente toda programación de deportes facultativos. La moción fue aceptada por amplia mayoría —y puede suponerse que Rimet también la votó—, luego de lo cual se pasó «al estudio de cada deporte facultativo con el objetivo de decidir si uno o varios de estos deportes deben ser considerados como *deportes definitivos*». Resultaron así eliminados el hockey sobre césped, el tiro con arco y el golf.

Pueden sacarse desde ya ciertas conclusiones importantes que desmienten unas cuantas afirmaciones de Rimet. A partir de 1921, y por lo tanto desde la olimpiada de 1924, no hubo más deportes facultativos. En consecuencia, el fútbol no pudo seguir perteneciendo a una categoría que había dejado de existir. El mantenimiento del fútbol en el programa oficial se hizo sin discusión y por unanimidad, lo que no sucedió con otras pruebas. Por otra parte, las diferentes decisiones relacionadas con el programa pertenecieron al congreso, que se expresó de modo democrático y representativo: un tercio de votos para el COI, un tercio para los comités olímpicos nacionales, un tercio para las federaciones internacionales. En ningún momento, el COI impuso sus supuestos deseos.

En 1908, el fútbol olímpico se volvió oficial y definitivo

El fútbol se volvió «olímpico», es decir, campeonato entre selecciones nacionales en el marco de los Juegos, a partir de la edición de Londres de 1908. El informe oficial de dicha olimpiada señaló que el programa de «*pruebas obligatorias*» había sido aprobado en la conferencia de La Haya de 1907. Comprendía las competiciones de atletismo, tiro con arco, boxeo, ciclismo, esgrima, fútbol asociación —«en el estadio, en octubre de 1908»—, fútbol rugby, gimnasia, hockey, lacrosse, lawn-tenis, barco a motor, polo, tenis, remo, tiro, tiro a la paloma, patinaje, natación y waterpolo, tenis (*jeu de paume*), lucha y vela. Todas estas pruebas fueron declaradas oficiales y todas se realizaron como previsto salvo la de *jeu de paume*. El carácter oficial del torneo de fútbol quedó plenamente confirmado por la siguiente indicación: «Cierre de inscripciones: 1.º de septiembre de 1908. Premios: *medalla olímpica de oro al equipo vencedor*. Una copa —*Challenge Cup*— será presentada por la Football Association.»

En cuanto a la edición de 1912, hay que reconocer que el Comité Olímpico Sueco quiso impedir la programación del fútbol. La presión conjunta del COI y de las asociaciones europeas lo obligaron a cambiar de actitud. Las circunstancias fueron las siguientes. En octubre de 1909, el COS aceptó el programa oficial y creó comisiones especiales correspondientes a las diferentes disciplinas: atletismo, lucha con cuerda, ciclismo, esgrima, fútbol, gimnasia, tiro, equitación, lawn-tenis, pentatlón moderno, remo, natación, lucha y vela. Desaparecieron entonces el boxeo —prohibido por la ley sueca— y el rugby, poco seguido en 1908. En compensación, se añadieron las pruebas de equitación y lucha con cuerda. Poco tiempo después, los organizadores suecos empezaron a cuestionar la universalidad del fútbol y a argumentar que «un juego» no podía ser considerado como «un deporte». Algunas voces se elevaron contra estos razonamientos señalando que si se eliminaba el fútbol había que descartar también el waterpolo, «que es una especie de fútbol sobre agua».

En la reunión de junio de 1910, el Comité Ejecutivo del COI intentó convencer a los dirigentes suecos de la *obligatoriedad de ciertas pruebas*, sin obtener la fijación de un programa definitivo. En mayo de 1911, ante la obstinación del COS, el COI se vio obligado a transmitir por escrito sus deseos, advirtiendo que el fútbol debía contarse entre las pruebas oficiales y que debía mencionarse la decisión del congreso en favor de la propuesta británica de autorizar la presentación de cuatro equipos por país. El acuerdo definitivo se produjo en junio de 1911. Se nombró entonces un comité olímpico del fútbol compuesto por once personas, presidido por Kornerup y administrado por Anton Johanson.

El estatuto oficial del fútbol quedó consolidado en ocasión del congreso olímpico de 1914. El 16 de junio, los congresistas aprobaron la lista de 36 naciones invitadas a participar en los Juegos de Berlín en 1916. El 17 empezó la discusión sobre el programa con el objetivo de reducirlo. Ese día se aprobaron veintinueve pruebas atléticas y la lucha con cuerda. El 18 se agregaron seis pruebas de ciclismo, seis de esgrima y ocho categorías de boxeo. El 19 se oficializaron cinco categorías de lucha grecorromana y se rechazaron las pruebas de levantamiento de pesas y tiro con arco.

Se discutió luego la propuesta de Coubertin que, con el objetivo de poner fin a los cuestionamientos suecos, solicitó el punto de vista del congreso sobre el hecho de que «juegos como el tenis, béisbol, fútbol, cricket, etcétera, no se cuenten en el programa oficial de las olimpiadas». La moción fue sometida a voto de la siguiente forma: «¿Deben o no incluirse los juegos atléticos en el programa oficial de las olimpiadas?». Ganó el «sí» por amplia mayoría. Inglaterra planteó entonces que «el fútbol asociación figure entre las pruebas del programa oficial para los Juegos Olímpicos», *lo que fue aprobado por unanimidad.*

El fútbol fue una de las disciplinas más estables de toda la historia de los Juegos

La permanencia excepcional del fútbol como disciplina olímpica es el más contundente desmentido de las afirmaciones de Rimet. Este deporte se ausentó una sola vez, en 1932, y en circunstancias que ya aclararemos.

Ciertos especialistas serios como David Goldblatt destacan la existencia de un torneo de fútbol de demostración desde los Juegos de Atenas de 1896. La competición se habría jugado «entre los equipos de Dinamarca, Atenas y Esmirna —que era por entonces una colonia griega— pero los archivos se perdieron». El boletín oficial publicado por el COI en enero de 1895 decía que «la prueba no figura en el programa ya que pareció verosímil que este campeonato no lograría reunir más que pocas o ninguna inscripción. No es imposible sin embargo que el fútbol sea agregado ulteriormente en el programa en caso de que clubes ingleses o franceses manifiesten su intención de presentar equipos.»

La estabilidad de la participación del fútbol olímpico adquiere todo su relieve cuando se la compara con la situación de otras disciplinas mayores. Pese a su influencia en los círculos aristocráticos, la equitación faltó en 1896, 1904 y 1908. El levantamiento de pesas se ausentó en 1900, 1908 y 1912. Aunque muy bien defendido por el francés Frantz-Reichel, mano derecha de Coubertin, el rugby no fue programado en 1896, 1904 y 1912, y desapareció definitivamente después de 1924. El golf no figuró más en el programa a partir de 1908, y el tiro con arco, disciplina histórica, quedó afuera entre 1924 y 1972. En cuanto al tenis, prueba emblemática de los Juegos entre 1896 y 1924, rompió con la dirección olímpica en 1926 y dejó de participar de 1928 a 1984.

Sobre la «no admisión del fútbol» en 1932, Rimet miente por omisión. No se debió al hecho de que se lo rechazara como disciplina deportiva, ni a una decisión imputable solamente al COI. El fútbol no fue programado en 1932 porque el Congreso Olímpico y la FIFA mantuvieron divergencias que parecieron entonces insalvables en torno al tema del «estatuto del amateur». Sabiendo que el congreso olímpico de Berlín de 1930, incitado por los dirigentes británicos, iba a romper definitivamente con la «era de los votos» e imponer prescripciones internacionales inaceptables, la federación decidió *retirarse de los Juegos* y organizar su propio campeonato.

El conflicto entre la FIFA y el movimiento olímpico empezó en 1925 después de la renuncia de Coubertin. Bajo la presidencia del conde belga Henri de Baillet-Latour, el congreso olímpico, dominado por los aristócratas británicos y suecos aliados de los generales que dirigían el atletismo estadounidense, se arrogó por primera vez en la historia el derecho a establecer una ley internacional obligatoria sobre el amateurismo. La prioridad de la dirección de la FIFA fue entonces someter a su congreso artículos estatutarios destinados a contrarrestar las nuevas orientaciones olímpicas. En 1927, Rimet hizo votar en Helsinki la no participación del fútbol en los Juegos de Ámsterdam salvo aceptación por la dirección olímpica de las condiciones fijadas por la federación en su congreso de Roma. En noviembre, Baillet-Latour cedió, anulando las decisiones de Praga hasta nuevo aviso. En 1928, la FIFA condujo el torneo de Ámsterdam imponiendo al COI su reglamento profesionalista. Al mismo tiempo, decidió crear su propio campeonato. Siguiendo los lineamientos definidos en 1925 por el congreso olímpico de Praga —que aconsejó a las federaciones internacionales discrepantes *«programar sus campeonatos del mundo* en años en que no se organizan olimpiadas»— fijó como fecha 1930. En 1929, en Barcelona, el congreso de la FIFA oficializó la creación de su «Mundial propio» en Montevideo. El congreso olímpico de Berlín reunido a fines de mayo, poco antes del inicio del Mundial uruguayo, confirmó las orientaciones amateuristas decididas en 1925 en Praga. La responsabilidad de la ausencia del fútbol en 1932 fue por lo tanto compartida.

La dirección olímpica mantuvo los dictados de Berlín hasta fines de los años 70. Sin embargo, la FIFA volvió a dirigir los campeonatos olímpicos de fútbol en 1936, y los posteriores sin interrupción hasta hoy.

Contrariamente a lo que da a entender, como en 1924 y 1928, Rimet presidió los torneos olímpicos de 1936 y 1952. La página 269 del *Manual de los reglamentos deportivos (Fútbol)* de 1936 —que es parte del Informe oficial— señala los siguientes poderes deportivos: «Federación Internacional de Fútbol Asociación. Presidente: Rimet, París. Secretario general: Dr. Schricker. Oficina: Zurich, Bahnhofstrasse 77. Tel. 53 334. Adr. tel. FIFA» y «Deutscher Fussball-Bund. Presidente: F. Linnemann. Secretario: Dr. G. Xandry, Berlin NW40, Schlieffenufer 5. Tel. Flora 72 96. Adr. Tel. Bundesfussball». El artículo 1 de las «Disposiciones generales» estipula que «la organización técnica del torneo de fútbol se confía a la FIFA»; el punto 4 «Reglamento del torneo» que «los matches serán organizados por la FIFA que fijará el reparto de los equipos»; el punto 8 que «los árbitros deberán figurar en la lista de árbitros internacionales elaborada por la FIFA»; y el punto 9 que «el tribunal de reclamos se compone de miembros de diferentes nacionalidades designados por la FIFA. La cantidad de miembros es fijada por la FIFA». Disposiciones similares rigieron el torneo olímpico de Helsinki en 1952.

La verdad: El fútbol fue una prueba olímpica oficial desde 1908. En 1914, el congreso olímpico de París lo mantuvo por unanimidad. En 1921, el congreso olímpico de Lausana votó la supresión definitiva de los deportes facultativos y mantuvo la programación oficial del fútbol. Rimet votó estas dos medidas. En 1932, el conflicto entre Rimet y el congreso olímpico dominado por los británicos, llevó a que la FIFA se negara a participar en la olimpiada de Los Ángeles. En 1936 en Berlín, pese a que se mantuvo el Código del amateurismo como ley internacional, Rimet volvió a conducir el torneo olímpico de fútbol en su calidad de presidente de la FIFA.

16. Subordinación indigna

La mentira: La FIFA no imaginó siquiera la posibilidad de reglamentar los torneos olímpicos de fútbol de la década del veinte porque eso suponía el sometimiento a las prescripciones amateuristas, y por ende, una pérdida de dignidad.

La cita mentirosa y su significado

> En la práctica, el campeonato no habría podido ser reglamentado sino mediando, por parte de la federación internacional, una subordinación incompatible con su dignidad.
> (p. 22)

De haber existido, la precariedad en la programación del fútbol evocada por Rimet en la mentira precedente no habría significado, en fin de cuentas, un problema tan grave. Precario o no, un torneo es un torneo y el título que lo corona no pierde por ello su valor. Los ataques contra el movimiento olímpico contenidos en esta nueva mentira son de otra índole. Significan que las federaciones no podían reglamentar, y que por lo tanto, no podían dirigir; que si querían organizar, debían acatar reglamentos ajenos, contrarios a sus deseos y decisiones; y que por lo tanto, privadas de su cultura, de su soberanía deportiva y de su representatividad, perdían toda su libertad, toda su identidad deportiva.

El planteamiento de Rimet, nuevamente compacto, puede descomponerse en tres enunciados: que las federaciones no podían hacer valer sus propios criterios, y esto tiene que ver principalmente con los criterios de admisión de los atletas y la reserva de los torneos a los amateurs; que estas restricciones eran incompatibles con los valores de la FIFA; y que en esas condiciones, la FIFA no quiso ni pudo reglamentar dichas competiciones. Se tratará por lo tanto de verificar estos tres puntos.

La argumentación de Rimet plantea de entrada un problema básico que cualquier lector atento puede advertir. Supongamos que lo que dice el dirigente francés sea cierto, que la FIFA no reglamentó los torneos olímpicos de la década del veinte ni participó en la organización de dichos eventos. Todos sabemos que los seleccionados de las asociaciones afiliadas participaron, que los equipos nacionales que jugaron en 1924 y 1928 eran los equipos de las asociaciones afiliadas a la FIFA. Surge entonces la siguiente contradicción: admitiendo que la FIFA no se «subordinó indignamente» a la reglamentación olímpica, sus asociaciones sí lo hicieron. Y de esto resulta una situación totalmente incomprensible si se considera el caso personal de Rimet, que no se habría «subordinado» en su calidad de jefe de la FIFA pero sí en su calidad de presidente de la FFFA.

No pudo haber subordinación indigna antes de 1930 porque hasta esa fecha no hubo prescripciones olímpicas

No es posible desarrollar aquí, en pocas líneas y en todos sus aspectos, la complicada evolución de la reglamentación olímpica durante el período que nos interesa, es decir entre 1904 y 1930. Para una comprensión detallada del tema, invitamos al lector a consultar el libro *Los Juegos Olímpicos nunca fueron amateurs*, publicado en 2017, en el cual se demuestran documentalmente los hechos fundamentales que se resumen a continuación.

El movimiento olímpico nació en 1894. El congreso fundador de La Sorbona definió claramente sus propias prerrogativas que fueron las del movimiento olímpico en general: podía adoptar decisiones en materia de organización y programa de los Juegos, pero no leyes deportivas internacionales relacionadas con el tema del amateurismo y el profesionalismo. En este aspecto, debía limitarse a emitir «votos» (sugerencias), y en los aspectos técnicos, no tenía voz ninguna. Siguiendo esta línea abierta, el primer congreso aprobó una serie de «votos» que las «sociedades deportivas» podían seguir o no. Uno de ellos fue el famoso voto general según el cual los Juegos quedaban *reservados a los amateurs*, entendiéndose por «amateur» al deportista que no cobraba «premios en dinero».

Pero en la misma lista figuraban gran cantidad de votos que anulaban totalmente y de modo bien concreto la «reserva general»: la exoneración de amateurismo para las pruebas de vela, ciclismo y equitación; la autorización de subvenciones pagas por los fabricantes de bicicletas a los corredores; el respeto de las «tradiciones» (premios en dinero) del tiro a la paloma y de las bochas; la organización de concursos profesionales de esgrima; la aceptación del «reparto indirecto de las recaudaciones»; la diferencia entre lucro e indemnización; etcétera. Se produjo así, desde el comienzo, una gramática particular que admitía la cohabitación, en un mismo texto, de puntos de vista (votos) totalmente opuestos. El conjunto de disposiciones resultante era incoherente solo en apariencia. Su objetivo no era establecer leyes aplicables sino registrar todas las opiniones adoptadas en las diferentes etapas de la discusión.

El sistema reglamentario olímpico se estructuró en 1900, en ocasión de la 2.ª edición organizada en París. Bajo la rúbrica «reglas generales», se dispusieron los votos del congreso, sin valor de ley, y bajo la rúbrica «reglamentos», se publicaron los reglamentos efectivos que las diferentes sociedades deportivas francesas dispusieron para sus correspondientes campeonatos. La usfsa se hizo cargo de las disciplinas atléticas (atletismo) y de los llamados «juegos atléticos» entre los cuales se hallaba el fútbol. Dispuso para ello un reglamento global.

La particularidad de 1900 fue que las excepciones votadas en 1894 se generalizaron, y en casi todos los deportes se organizaron campeonatos explícitamente abiertos a los amateurs y a los profesionales. En atletismo, tenis, pelota vasca y natación, siguiendo lo votado en 1894 para la esgrima, se organizaron campeonatos separados, para profesionales y para amateurs, como cualquiera puede verificarlo en el Informe oficial.

Como en aquél momento no existían federaciones internacionales, los reglamentos quedaron a cargo de sociedades nacionales (uniones, asociaciones o clubes) que fijaron a la vez las disposiciones técnicas y los criterios de admisión. Dichas sociedades solían presentar sus propias «definiciones del amateur». Pero tanto en 1896 como en 1900, estas definiciones sirvieron exclusivamente para *diferenciar* categorías y atribuirles el debido campeonato, no para *excluir*.

La casualidad hizo que los Juegos de 1908 y 1912 cayeran en manos de países cuyos dirigentes se aferraban a una concepción clasista del deporte. Sucedió entonces que el sistema de «votos», en vez de conducir a la generalización de los campeonatos abiertos, abrió la puerta al abuso amateurista. Los reglamentos, cuyo objetivo principal era mantener a los obreros lejos de los clubes y de las fiestas reservadas a las clases altas, se multiplicaron. En vez de actuar con liberalismo, los muy aristocráticos comités olímpicos de Gran Bretaña y Suecia iniciaron una propaganda tendiente a hacer creer que el voto olímpico sobre el amateurismo era una ley obligatoria y que los reglamentos de las diferentes disciplinas debían acatarlo con esmero. Se pasó entonces de la «era de los votos» a la «era del abuso». No solo se transformó el «punto de vista» en «prescripción». Se hizo creer que los reglamentos emitidos por simples sociedades nacionales poseían cierta legitimidad mundial.

En 1914, como ya lo mencionamos al hablar de Cristiania, se produjo un cambio necesario: el poder deportivo y reglamentario, incluyendo los criterios de admisión, fue transferido a las federaciones internacionales. Pero como sobrevino la Gran Guerra, la reforma no se concretó hasta 1924. En esa ocasión, los reglamentos de cada disciplina fueron redactados libremente por las diferentes federaciones internacionales en función de sus propios deseos e intereses. El sistema de «votos» se mantuvo, lo que significa que, como resultado de lo dispuesto libremente por la dirección deportiva internacional de cada disciplina, se organizaron torneos abiertos o reservados, como durante el período anterior.

Al cierre de los Juegos de 1924, Coubertin denunció la ofensiva británica que apuntaba a resucitar «la momia del amateurismo», caduca según él «desde hace veinte años». Aprovechando su renuncia, una coalición de comités clasistas, liderada por Inglaterra, preparó la contrarreforma de 1925, que se produjo durante el Congreso Técnico de Praga en dos fases. La primera fue el voto del congreso atribuyéndose, contra los principios fijados en 1894, el derecho a legislar. La segunda fue la aprobación de un código del amateurismo que prohibió la inscripción de los deportistas profesionales o exprofesionales, y de los amateurs compensados o excompensados.

Entonces sí aparecieron prescripciones que engendraron cierto sentimiento de humillación. A la resistencia del tenis, del fútbol y del ciclismo, siguieron las protestas del Comité Olímpico Holandés. Baillet-Latour, triste sucesor de Coubertin, dio marcha atrás en noviembre de 1927, anulando provisoriamente el código decidido en Praga. Así, para los Juegos de 1928 en Ámsterdam, se volvió a la «era de los votos». El retorno del liberalismo fue patente. No solo en fútbol se alinearon masivamente profesionales. En atletismo, disciplina severamente amateur, triunfaron los reconocidos finlandeses Paavo Nurmi y Ville Rittola, cuyas jugosas giras por América del Norte eran famosas en el mundo entero.

Por lo tanto y resumiendo, entre 1904 y 1930 no pudo haber «subordinación indigna» a una reglamentación olímpica que, durante ese lapso, no tuvo valor de ley. A partir de 1924, las federaciones internacionales asumieron los poderes deportivos, y aunque Rimet lo niegue, la documentación es clara: la FIFA asumió los poderes deportivos del fútbol en 1924 y 1928. Las decisiones adoptadas en Praga en 1925 rigieron hasta 1927. No afectaron los Juegos de Ámsterdam. En 1930, el congreso olímpico de Berlín restableció las prescripciones, que se aplicaron por primera vez en 1932 y se mantuvieron hasta los años ochenta.

El retorno de la FIFA a la conducción del torneo olímpico de fútbol en 1936, siempre bajo la presidencia de Rimet, significó objetivamente la aceptación del código olímpico del amateurismo, y esta vez sí, el asentimiento a la mencionada «subordinación indigna».

En 1908 y 1912, la FIFA se subordinó a la prescripción amateurista que le impuso la tutela inglesa

No hay desacuerdo entre los historiadores sobre el hecho de que los torneos olímpicos de 1908 y 1912 fueron reglamentados por las asociaciones nacionales inglesa y sueca respectivamente, con total libertad y sin participación de la FIFA. Los reglamentos son muy claros. El de 1908 expresa en su artículo 1 que «la competición está bajo control y conducción de la directiva de la Football Association (Inglaterra) cuyas decisiones son *en toda materia relativa al torneo* definitivas e inapelables, y que elige también todos los referís y jueces de línea». El de 1912 retoma la misma fórmula, enunciando igualmente en su primer artículo que «la competición estará bajo control y dirección del subcomité para el fútbol designado por la Asociación Sueca de Fútbol, cuyas decisiones *en cualquier materia relacionada con la competición* son definitivas e inapelables. Dicho comité designará los árbitros y jueces de línea de todos los partidos».

Fueron por lo tanto esas dos asociaciones las que decidieron, en el marco de la «era de los votos», si el torneo olímpico de fútbol sería una prueba abierta —como lo fueron los campeonatos de vela, esgrima o tenis— o una prueba reservada —como el atletismo o la natación—. Y también sobre este punto, los reglamentos promulgados fueron inequívocos.

En 1908, los dirigentes de la FA inscribieron como artículo 4 del reglamento del fútbol el voto olímpico expresado en las reglas generales: «La competición está reservada a los amateurs». Nada los obligaba a hacerlo. En el artículo 5, anotaron:

> Las asociaciones y clubes participantes deben garantizar que los inscriptos son *amateurs de acuerdo con la siguiente definición*: Es un jugador amateur aquel que no recibe remuneración o dinero bajo ninguna forma más

allá del hotel y los gastos de viaje reembolsables, y que no está registrado como profesional (*An amateur player is one who* does not receive *remuneration or consideration of any sort above his necessary hotel and travelling expenses actually paid, or who* is not registered *as a professional*).

La disposición era abusiva ya que pretendía imponer una definición nacional como definición internacional. Corresponde recalcar que, contrariamente a lo que suele decirse, esta definición no excluía «solamente a los profesionales ingleses registrados». Impedía también el acceso a los jugadores profesionales escoceses así como a los del Continente —de Francia por ejemplo—, y excluía además a los amateurs que cobraban premios esporádicos, compensaciones circunstanciales, o que obtenían algún reembolso extra por un gasto de comida o de ropa. En otros términos, cerraba las puertas a los no amateurs y a los amateurs «impuros». Se observa por otra parte, que los verbos de la definición están conjugados en tiempo presente y no en pasado como en las definiciones amateuristas clásicas. Se prohibía el acceso a la prueba de los jugadores que *reciben* remuneración o *son* profesionales. Esta astucia, que solo los redactores ingleses podían advertir, aventajó a los locales que beneficiaron de una disposición de la FA según la cual un profesional inglés podía recalificarse circunstancialmente como amateur. Así, en 1908, el equipo «amateur» de Gran Bretaña alineó muy legalmente a cierta cantidad de profesionales.

En 1912, el comité sueco pronunció el mismo tipo de reserva, pero con una definición del amateur mucho más drástica:

> El jugador amateur es aquél que nunca: a) compitió por premios en dinero o por cualquier tipo de retribución financiera en cualquier deporte más allá de los reembolsos indispensables de hotel y viaje directamente relacionados con los partidos de fútbol; b) ejerció como empleado, asistente o profesor en cualquier rama del deporte como medio de ganar dinero; c) fue registrado como profesional; d) vendió, alquiló o expuso por dinero un premio ganado en una competición.

La radicalidad de esta nueva restricción la daban por un lado, el punto b) que excluía a quienes habían ejercido actividades de empleado en cualquier deporte, y por otro, los verbos conjugados en tiempo pasado que, siguiendo la fórmula consagrada de «aquél que nunca…», descartaban en principio la recalificación amateur del profesional así como cualquier otra forma de indulto. Sin embargo, a solicitud de Woolfall, no se condenó al supuesto amateur que jugaba en clubes y ligas profesionales con compañeros profesionales, como sucedía con los futbolistas accionarios (*football's gentlemen*) en Inglaterra.

Más allá de matices, ambos reglamentos cumplieron una función intimidatoria, y más fundamentalmente, *oficializaron la rebaja de la naturaleza de aquellos dos torneos* que no fueron ni serán nunca «supremos», que fueron y serán siempre, objetivamente, torneos de segunda división.

La conclusión es doble. En primer lugar, se constata que, en 1908 y 1912 las prescripciones amateuristas no emanaron de autoridades olímpicas sino del fútbol mismo, siendo emitidas por asociaciones que formaban parte de la FIFA, siguiendo la línea fijada por la FA tutelar. En segundo lugar, puede decirse, retomando la fórmula de Rimet, que las asociaciones de la FIFA que participaron en dichos campeonatos —doce en total— aceptaron de un modo u otro la «subordinación indigna».

Ahora puede entenderse mejor el significado de la moción suiza aprobada en Cristiania. No fue una «subordinación indigna» al COI o a las reglas amateuristas de los Juegos, como lo propagandeaban los suecos y los estadounidenses, sino la culminación oficial de la política de rebaja inglesa iniciada en 1908 en Londres.

En 1921, los votos de Rimet y Seeldrayers en Lausana anularon los aspectos retrógrados de la resolución de Cristiania

La FIFA no condujo ni reglamentó el torneo olímpico de fútbol de 1920 en Amberes (Bélgica), un poco por el hecho de que seguía vigente la resolución adoptada en Cristiania, mucho por razones ligadas a su crisis interna.

Como había sucedido en 1908 y 1912, el Comité especial nombrado por la asociación belga dispuso en su reglamento del fútbol la «reserva a los amateurs». Pero no le adjuntó definición. Desde 1914, solo valían las definiciones del amateur establecidas por las federaciones internacionales y la FIFA no dio la suya hasta… ¡el congreso de Lisboa de 1956! En consecuencia, el término «amateur» resultó hueco —ya lo era en Cristiania en 1914— y la reserva careció de sentido. El Comité belga, consciente del problema, anunció que se aceptarían los criterios de admisión de las diferentes asociaciones nacionales, lo que imposibilitaba cualquier reclamo y equivalía «casi» a consagrar un campeonato abierto.

El congreso olímpico reunido en Lausana en 1921 consolidó las reglas definidas por el Congreso de París en 1914 agregando tres nuevas disposiciones. El artículo 14 del reglamento «Organización deportiva y juicio de las pruebas» dispuso que «se formará para cada deporte, un tribunal de reclamos y un jurado de terreno» y que «su designación estará a cargo de las federaciones internacionales.» El artículo 15 «Reclamos» definió que estos «debían ser transmitidos al presidente del tribunal competente». Y el definitivo artículo 23, reclamado por las federaciones internacionales desde 1914, concluyó el tema indicando que «se aplicarán los reglamentos de las Federaciones Internacionales siguientes». Se adjuntaba una lista de 17 federaciones, de las cuales solo dos —atletismo y boxeo— se definían como amateurs, y entre las cuales se hallaba la FIFA.

Lo decisivo para el fútbol fue que, el 4 de junio de 1921, Seeldrayers y el flamante presidente Rimet, actuando en Lausana como delegados de la federación, votaron en favor de todas las disposiciones y aceptaron oficialmente la conducción y reglamentación de los torneos olímpicos de fútbol por la FIFA. Este voto puso fin a la resolución de Cristiania en dos aspectos: uno, la FIFA aceptó ejercer el poder olímpico en el sentido de la moción b) presentada por Hirschman y eliminada en 1914; dos, se aprestó por primera vez a sancionar un reglamento olímpico suyo, con la posibilidad de borrar el agregado amateurista de la vieja moción suiza. Los futuros «campeonatos del mundo» serían «de la FIFA» y no «rebajados».

Siguiendo lo definido por el congreso de la FIFA de Ginebra, Rimet reglamentó el torneo olímpico de 1924 como un abierto

La FIFA reunió su primer congreso de la posguerra el 20 de mayo de 1923 en Ginebra, un año antes del torneo olímpico programado en París. Sin que se plantearan objeciones, siguiendo las propuestas definidas en el orden del día y anulando lo dispuesto antes de la guerra, los congresistas aprobaron la estrategia de ejercer los poderes deportivos del torneo olímpico de fútbol. Decidieron que el torneo olímpico de 1924 se jugaría con sistema de copa (todos los partidos eliminatorios), establecieron los principios del calendario, designaron una comisión consultiva encargada de homologar las leyes del juego, dispusieron que la Comisión Técnica organizaría el campeonato y redactaría el reglamento final, y nombraron un Comité Ejecutivo cuya misión sería controlar los preparativos y designar el tribunal de reclamos. En cuanto a las admisiones, la nueva cúpula dirigente liderada por Rimet eludió el tema, significando que se proyectaba la realización de un campeonato totalmente abierto y que las asociaciones podrían seleccionar sus players con absoluta libertad.

En agosto de 1923, la directiva de la asociación francesa creó la comisión encargada de la organización técnica. Su composición quedó definitivamente establecida el 11 de enero de 1924 con las incorporaciones de Delaunay y del propio Rimet. El 1.º de febrero, la comisión aprobó la versión definitiva del reglamento del fútbol: quince artículos que incluían indicaciones relativas a las leyes del juego, uso de las canchas, desempate, fechas y modalidades de inscripción. El artículo 3 definía los criterios de admisión: «Cada nación puede mandar un solo equipo. [...] El plantel debe componerse como máximo de 22 jugadores.»

El carácter abierto del reglamento se desprende del hecho de que no se estableció reserva alguna ni se dio definición del amateur. *El tema fue sencillamente ignorado.* El texto rigió la actuación del tribunal de reclamos —todopoderoso en materia de protestas de cualquier tipo—. Integraron el máximo organismo los siguientes dirigentes de la FIFA: Rimet, en calidad de presidente; el Conde d'Oultremont (Bélgica), Maurice Fisher (Hungría), Giovanni Mauro (Italia) y Anton Johanson (Suecia), como miembros.

En 1928, la FIFA impuso sus estatutos profesionalistas como reglamento del torneo olímpico de fútbol

La situación reglamentaria del torneo de fútbol de 1928 fue más complicada pero implicó una participación mucho más directa del congreso de la FIFA. De 1925 a 1927, la dirección de la federación se fijó como objetivo contrarrestar las prescripciones del congreso olímpico técnico de Praga.

El camino seguido fue la guerrilla reglamentaria. En los sucesivos congresos —Praga 1925, Roma 1926, Helsinki 1927— la pareja dirigente —Rimet y el abogado Seeldrayers— se dedicó prioritariamente a presentar, siguiendo una calculada progresión, una batería de disposiciones estatutarias en oposición a las restricciones olímpicas. Se adoptaron tres reglas claves: que para los matches y campeonatos internacionales, las asociaciones podían componer equipos mixtos de profesionales y amateurs; que cada asociación nacional podía atribuir o no compensaciones de salario a sus players internacionales, en particular en caso de campeonato olímpico; que los futbolistas profesionales podían recalificarse como amateurs, sin condiciones, al año de efectuado el pedido ante su asociación. Estas medidas garantizaban la libre participación de todos los jugadores del mundo, incluyendo la de los profesionales británicos, estadounidenses —desde 1921, existía la American Soccer League profesional (ASL)— y de Europa Central —los campeonatos de Hungría, Checoslovaquia y Austria eran profesionales desde 1925—.

En 1927, la FIFA contó con un arsenal reglamentario suficiente. Aprobó entonces la siguiente moción-chantaje:

> El congreso, considerando que no es correcto discutir los derechos y poderes del presidente del COI, toma conocimiento de su carta y decide no participar en los Juegos Olímpicos de Ámsterdam a menos que los reglamentos

relativos a la definición del amateurismo aprobados por el congreso de la FIFA en Roma en 1926 sean adoptados por el COI.

En noviembre, Baillet-Latour anuló las restricciones de Praga.

Los contestatarios artículos aprobados por la FIFA aparecieron en los textos olímpicos oficiales como «reglamento del fútbol». Iban mucho más allá de lo aprobado por el congreso de Roma. El punto 7 disponía que un futbolista amateur podía ser empleado por su club; el punto 13a que un profesional podía ser registrado como amateur por su asociación nacional después de un año de formulado el pedido; el punto 4 que las asociaciones nacionales de fútbol eran libres de otorgar o no una compensación por pérdida de salario. Se agregaba que «para las asociaciones transoceánicas autorizadas a pagar compensaciones por pérdida de salario y que envían equipos a los Juegos de 1928 en Ámsterdam, los días de viaje ida y vuelta a Europa dan lugar a compensaciones». (pp. 343 y 345) Así, no solo se recuperó la libertad legislativa absoluta, como en 1924: se promovió abiertamente el profesionalismo internacional.

La verdad: De 1908 a 1912, la FIFA aceptó subordinarse a las prescripciones amateuristas dictadas en los reglamentos del fútbol por los dirigentes ingleses y suecos. En 1914, en Cristianía, la FIFA aceptó subordinarse a la prescripción amateurista impuesta por Woolfall contra la moción holandesa. En 1921 en Lausana, el voto de Rimet y Seeldrayers en favor de las disposiciones que transferían los plenos poderes deportivos olímpicos a las federaciones internacionales puso fin a la resolución de Cristianía. La FIFA se aprestó a ejercer la conducción de los torneos olímpicos y a reglamentarlos como abiertos. El congreso de Ginebra de 1923 confirmó la nueva estrategia. En 1924, la Comisión Técnica del fútbol reglamentó el torneo olímpico como un abierto. En 1928, la FIFA impuso sus reglas profesionalistas a la nueva dirección olímpica.

17. Una sola categoría

La mentira: Los comités olímpicos nacionales organizaban la depuración de los jugadores anotados en los seleccionados olímpicos de fútbol, eliminando a aquellos que no eran perfectos amateurs.

La cita mentirosa y su significado

> No pertenece al Comité Olímpico Internacional ni a la federación de fútbol, verificar la calidad de amateurismo de los equipos anotados en el torneo de los Juegos. No disponen de los medios para hacerlo. **Eso compete a las asociaciones nacionales, o más bien, a los comités olímpicos nacionales que se encargan de decidir cuáles son los equipos de fútbol que se ajustan a las prescripciones del Comité Olímpico Internacional, que los invita bajo esa condición. La importancia de dicho torneo se ve así singularmente disminuida: se reduce a una competición limitada a una sola categoría de jugadores. ¡Estamos lejos de un verdadero campeonato del mundo!**
> (pp. 22-23)

Llegamos ahora a la más grave acusación proferida por Rimet contra los Juegos Olímpicos. Se relaciona con supuestos actos de represión que habrían afectado directamente a los jugadores. Las palabras tienen su significado y estas expresan, con cierta sinuosidad pero sin ambigüedad, que para disputar el torneo de fútbol de los Juegos Olímpicos había que someterse de alguna manera al control de una especie de policía deportiva cuyo trabajo consistía en rechazar a los futbolistas no amateurs.

Varios aspectos de la exposición de Rimet llaman la atención.

Para empezar, resulta extraño que no figuren ejemplos concretos ni cifras que ilustren los estragos denunciados. Por otra parte, la frase «eso es competencia de las asociaciones nacionales *o más bien* de los comités olímpicos nacionales» presenta una vacilación sospechosa: el presidente de la asociación francesa no podía ignorar en qué condiciones exactas se producían los controles que denuncia y a los cuales debieron someterse necesariamente los jugadores de su propio equipo.

Si, como parece recordarlo Rimet, el trabajo policial fue ejercido por los comités olímpicos nacionales, las cosas tuvieron que suceder de la siguiente manera: en el momento de las inscripciones, las asociaciones nacionales presentaban la lista de los jugadores; el comité estudiaba cada caso, eliminando aquí a un golero titular, allá a un atacante o a un defensor. Se comprende entonces fácilmente el desorden que podían generar aquellos juicios: había que recurrir a nuevos jugadores, lo que implicaba nuevos trámites para obtener licencias, la elaboración de una nueva lista, y otra vez verificaciones del comité olímpico, etcétera.

Como las listas de los atletas se transmitían al último momento del plazo legal —veinte días antes del primer partido en 1924, una semana antes en 1928—, los verificadores disponían apenas de algunas horas para pronunciar sus exclusiones. ¿Qué pruebas serias podían presentar? ¿Artículos de diario, rumores, denuncias interesadas fomentadas por los adversarios? ¿Y cómo imaginar que exclusiones pronunciadas al tuntún no generaran vehementes reacciones, recursos jurídicos y boicots por parte de los equipos afectados, además de artículos de prensa gravemente perjudiciales para la imagen de las olimpiadas?

En cuando a la convocatoria del COI bajo condiciones, Rimet miente una vez más. No convocaba el COI sino el Comité olímpico nacional organizador y la invitación no ponía ninguna condición, como lo ilustra el modelo reproducido en el informe oficial de la olimpiada de 1928:

Habiendo designado el Comité Olímpico Internacional la ciudad de Ámsterdam como sede de la celebración de la 9.ª olimpiada, el comité organizador de los Juegos Olímpicos tiene el honor de invitarlo a participar en los concursos y fiestas que tendrán lugar en dicha ocasión.

Entre 1896 y 1928, un solo deportista fue excluido y no por el COI sino por los dirigentes del atletismo estadounidense

El tema de las exclusiones de los deportistas olímpicos se halla perfectamente documentado.

Durante la «era de los votos», entre 1896 y 1930, no pudo haber voluntad excluyente «general». Se conocen dos reclamos, ambos efectuados por los dirigentes de una sola disciplina, reglamentada como amateur, el atletismo. Uno solo terminó en exclusión.

La primera acusación fue dirigida contra el maratonista amerindio canadiense de origen mohawk, Tom longboat, en 1908.

El caso se encuentra registrado con lujo de detalles en el informe oficial de la olimpiada de Londres. Al iniciarse las pruebas, los dirigentes del atletismo estadounidense pidieron al Comité Olímpico Británico la exclusión de Longboat por supuestas violaciones al amateurismo en carreras disputadas en Canadá y en los Estados Unidos. En los sucesivos intercambios escritos que mantuvieron con las autoridades inglesas, los acusadores se mostraron incapaces de presentar pruebas, más allá de rumores difundidos por la prensa. El COB consideró que debía creer y respetar el punto de vista canadiense, y en aplicación de las disposiciones olímpicas que, en última instancia, atribuían el poder de definir la calificación del atleta a las autoridades de su país de origen, cerró el trámite sin pronunciar sanciones. Como por otra parte, Longboat fue eliminado, el problema quedó finalmente en la nada.

La segunda acusación fue depositada en 1913 contra el decatlonista estadounidense Jim Thorpe, doble medalla de oro en los Juegos de Estocolmo.

Este fabuloso atleta de origen mestizo —potawatomi, sauk-fox, irlandés y francés— había dominado las pruebas de pentatlón y decatlón aplastando a los favoritos suecos y pulverizando el récord del mundo. Al año siguiente, vencido el lapso reglamentario para presentar reclamos, Thorpe fue víctima de una denuncia formulada por sus propios compañeros de equipo, que lo acusaron de haber ganado unos dólares jugando al béisbol en las ligas inferiores cuando era estudiante. El campeón reconoció los hechos y pese a que el reglamento de las pruebas atléticas no prohibía ser profesional en otra disciplina, la federación estadounidense exigió ante el COI la anulación de los títulos conquistados por Thorpe. Coubertin cedió lamentablemente y el acusado tuvo que restituir sus medallas. Para honor del deporte, los beneficiarios de este juicio —el noruego Ferdinand Bie, segundo del pentatlón, y el sueco Hugo Wieslander, segundo del decatlón— se negaron a aceptar las recompensas que les propuso el tribunal.

Los puntos comunes a estos dos casos saltan a la vista: fueron a iniciativa de la federación de atletismo estadounidense, en contradicción con el reglamento de las pruebas y siempre contra atletas amerindios. Saque el lector la conclusión que crea conveniente.

El proceso de selección de los jugadores franceses para los Juegos de Amberes fue totalmente libre

Francia fue uno de los ocho países que jugó los tres torneos olímpicos de fútbol de la década del veinte. El proceso de selección de los jugadores que defendieron la camiseta azul se explica con lujo de detalles en la prensa oficial de la FFFA. El estudio de dicha documentación aclarará de modo suficiente y bien concreto el tema que nos ocupa. Rimet, presidente de la FFFA, supervisó aquellos tres procesos.

En abril de 1919, el Comité Francés Interfederal se convirtió en Federación Francesa de Fútbol Asociación (FFFA). El 1.º de octubre de ese mismo año empezó a salir la primera prensa oficial, *Le Football Association*. El 14 de febrero de 1920, el semanario presentó el primer plan de preparación de la selección francesa con vistas al torneo olímpico de fútbol a disputarse seis meses después en Amberes. El texto firmado por Achille Duchenne y titulado «Por las olimpiadas» explicaba la misión que se confiaba al Comité de Selección. Se creaba un subcomité compuesto por internacionales experimentados en materia de táctica y de técnicas de entrenamiento, se solicitaba el esfuerzo de las ligas regionales para la creación de centros de preparación en diferentes zonas y se fijaba el objetivo de asegurar la selección gradual de los mejores jugadores de toda Francia. Para ello, se programaban una serie de encuentros entre selecciones regionales que apuntaban a crear una selección provincial y que debían culminar con los partidos Norte contra Sur y Oriente contra Occidente. Como punto culminante se preveía un partido Francia «contra el resto» a la víspera de los Juegos.

El 27 de marzo, el exinternacional Gabriel Hanot presentó el proyecto definitivo a la directiva, definiéndose el inicio de las prácticas para el día 15 de abril. El 4 de abril se confirmó el establecimiento de centros regionales de selección y se fijaron una serie de partidos importantes: Este contra Sureste, Noroeste contra Oeste, Sureste contra Sur, los días 2, 9 y 16 de mayo respectivamente.

Una semana después, el programa inicial fue modificado, programándose un gran match de selección que tendría lugar el 16 de mayo en París en beneficio de Pierre Chayriguès, lesionado durante la final de los Juegos Interaliados disputada entre Francia y Checoslovaquia. Dos partidos marcaron el comienzo de un trabajo de gran envergadura: selección del Sur contra selección del Este y selección de Francia contra selección del Oeste.

El 26 de abril el Comité de Selección estableció una lista de jugadores seleccionables que efectuaban el servicio militar y solicitó a las autoridades su agrupamiento en el centro de Joinville. El 3 de mayo se compusieron los equipos que jugarían el 16. El 15, la carátula de *Le Football Association* impactó por su diseño: un gran mapa de Francia recortado en cuatro regiones y en el centro una zona negra con el anuncio de los partidos Francia vs Oeste y Este vs Sur. Un artículo firmado por F. Estève presentó la «Jornada olímpica» loando «una metodología de selección grandiosa, nunca vista» y reiterando «el objetivo de aumentar el vivero»: «¿Hallaremos o no nuevas estrellas capaces de hacer brillar nuestros colores?».

El 29 de mayo, el comité olímpico de la FFFA confirmó que el período de concentración se extendería del 15 al 28 de agosto y dio una lista de 42 jugadores que formaron la base para la selección definitiva. El 5 de junio, *Le Football Association* mencionó por única vez al Comité Olímpico Francés, no para denunciar supuestos perjuicios sino para destacar en la rúbrica «presupuesto olímpico» que «el Comité de Selección emite el voto de que el total de los créditos de la preparación olímpica se eleve a 25 mil francos, cifra que incluye *los 11 mil donados por el* COF».

El 12 de junio, *Le Football Association* señaló que muchos jugadores presentados aún no habían confirmado su participación y lanzó un llamado urgente para que dieran a conocer sus intenciones. El 28, el Comité de Selección fijó la nómina de futbolistas a centralizar en Joinville: Bonnardel, Clavel, Dewaquez, Leroux, Mégras, Nicolas y Timothée, y anunció que la designación de «los jugadores seleccionados para ir a Bélgica se transmitirá directamente a los interesados el 5 de julio». El 2 de agosto, el Comité de Selección compuesto por Duchenne (presidente), Barreau y Jandin dio la lista definitiva con los 22 titulares más 6 suplentes potenciales «que deben estar prontos en caso de necesidad».

La directiva indicó entonces que había tomado las medidas necesarias para la partida fijada el día 14 y que había concluido los trámites para la obtención de las licencias laborales de algunos players. Informó también que Batmale y Bonnardel, suspendidos por la FFFA por motivos disciplinarios, jugarían en Amberes, y que las sanciones se aplicarían después de los Juegos.

El 14, *Le Football Association* publicó en su portada las fotos de «los jugadores seleccionados que partieron esta noche para representar a Francia en Amberes». Eran los mismos 22 que figuraban en la lista del 5 de julio. El 29 de agosto, con esos mismos futbolistas, Francia venció a Italia 3 a 1 y dos días después fue eliminada por Checoslovaquia 4 a 1.

El proceso de selección de los jugadores franceses para los Juegos de París fue totalmente libre

En agosto de 1923, la FFFA se dotó de un nuevo semanario, *France Football*, que pertenecía en propio a Rimet. En el primer número del 24 de agosto se anunció «una nueva etapa» y se declaró «la satisfacción de ver el semanario nacer bajo el signo de los Juegos Olímpicos». El editorial contenía el siguiente llamado: «La temporada que va a comenzar constituirá para todas las naciones del globo una vasta preparación *a ese campeonato del mundo*». De la decisión de Cristiania sobrevivía, irreversible, el mundialismo.

El 12 octubre, el editorial del número 8 titulado «Preparación olímpica en la FFFA» relató el camino realizado hasta ese momento, iniciado en Lausana en junio de 1921. Poco después de designada la capital francesa como sede de la 8.ª olimpiada, la directiva federal nombró una comisión olímpica. Esta definió que «las temporadas 1921, 1922 y 1923 constituirían el período de prospección preolímpica» y que «se crearía en primer lugar un campeonato entre los seleccionados de las ligas regionales». Varios futbolistas descollaron en dichos encuentros, sobre todo en la final que opuso a las selecciones del Oeste y del Sureste. En la segunda temporada, los equipos pasaron a representar «grupos de ligas», alcanzando así el proceso un nivel superior. Al mismo tiempo, se agregaron pruebas similares en África entre las denominadas «ligas coloniales».

Al término de este trabajo «científico», el seguimiento continuó a través de la habitual supervisión ejercida por la Comisión de selección federal. Se crearon entonces cinco grupos territoriales: París, Norte, Sur, Oeste y Este; se determinaron diferentes medios de preparación —un entrenador inglés durante un mes en cada sector, películas educativas, conferencias—, y finalmente se constituyeron dos selecciones, A y B, «con el objetivo de enfrentar a la mayor cantidad de adversarios de razas y técnicas lo más variadas posibles». Francia B jugó contra Argelia dos veces y el proceso culminó con los encuentros preolímpicos ante un equipo profesional inglés y un seleccionado de «extranjeros de Francia».

Como en 1920, el trabajo de selección fue libre, encarado con el único criterio de extraer del vivero a la elite del fútbol francés. Del plantel de 31 jugadores que formaban los equipos A y B, 22 fueron finalmente elegidos. La inscripción ante el Comité Olímpico Francés tuvo lugar el 5 de marzo y fue supervisada personalmente por dos miembros de la directiva Federal: René Chevallier y Henri Jevain. El campeonato comenzó 20 días después. El 27 Francia venció a Letonia 7 a 0. El 1.º de junio cayó ante Uruguay 5 a 1.

En 1928, Francia seleccionó libremente a sus players pero en el marco de un proceso futbolísticamente desanimado

France Football dio igualmente cuenta de los preparativos de 1928. Esta vez la información tuvo un carácter más bien lacónico. El equipo francés andaba mal y nadie se hacía ilusiones. Los dos últimos años arrojaban un saldo catastrófico con sucesivas derrotas por goleada: 4 a 0 ante Portugal, 4 a 1 ante España, 6 a 0 ante Inglaterra y 13 a 1 ante Hungría. En este contexto desastroso, la información se limitó casi exclusivamente a este comunicado publicado por *France Football* el 25 de mayo:

> Sesión del lunes 21 de marzo de 1928. Presidente: Bard. Presentes: Bigue, Rigal, Delanghe y Barreau. Asiste a la reunión Cautron por la directiva Federal. Juegos Olímpicos. La comisión decide enviar los siguientes jugadores a Ámsterdam. Partida el 26 de mayo: Thépot, Henric, Wallet, Canthelou, Rolet, Chantrel, Dauphin, Domergue, Banide, Villaplane, Dewaquez, Monsallier, Brouzes, Gourdon, Bardot, Nicolas, Pavillard y Langiller. Barreau y Rigal acompañarán a los jugadores. El secretario de sesión. Delanghe.

El campeonato se inició seis días después, el 27. El 29, en su primer encuentro, la selección francesa compuesta nuevamente con total libertad, sin intervención alguna de supuestos censores olímpicos, fue derrotada por Italia 4 a 3, y así eliminada.

En 1924, la FIFA oficializó la presencia de profesionales en los equipos olímpicos

El resultado en cifras de los procesos que acabamos de describir fue que en los equipos olímpicos franceses de la década del veinte, bajo la presidencia de Rimet, los verdaderos amateurs en sus clubes fueron una ínfima minoría. Los especialistas franceses manejan los siguientes datos: en 1920, 20 profesionales en sus clubes sobre 22, solo 2 amateurs: Dubly y Petit; en 1924, 20 profesionales en sus clubes sobre 22, solo 2 amateurs: Bonnardel y Dubly; en 1928, 17 profesionales en sus clubes sobre 22, solo 5 amateurs: Thépot, Wallet, Chantrel, Dauphin y Languiller, «pero este último por poco tiempo —dice Pierre Cazal— ya que en 1929 lo contrató el Excelsior (Roubaix) de Prouvost».

Los profesionales franceses eran, en su mayoría, profesionales nómades. Cambiaban de club y de ciudad cada año o casi, evidentemente por dinero, y ese nomadismo visible en sus currículos delata su verdadera condición. Algunos eran sedentarios, y además de premios y salarios deportivos, solían obtener empleos ficticios o establecimientos comerciales que daban trabajo a la familia. La menor cantidad de profesionales seleccionados en la lista de los 22 que fueron a Ámsterdam se explica por la aplicación de exclusiones punitivas decididas por la directiva francesa contra ciertos jugadores que, a cambio de vestir la camiseta con el gallo, exigían compensaciones financieras. Una situación paradójica, contraria a las preconizaciones que daba Rimet en los congresos de la FIFA.

La presencia masiva de profesionales no fue una característica exclusivamente francesa ni mucho menos. Los players del seleccionado húngaro eran casi todos jugadores con contrato en equipos extranjeros, en Austria o en Italia, y prácticamente todos los jugadores suizos, italianos, checos y españoles se ganaban la vida pateando la pelota.

La FIFA no ignoraba esta situación. Muchos de sus máximos dirigentes, incluyendo aquellos que habían aceptado sin chistar durante años los dictados amateuristas de los ingleses, eran militantes precoces de la profesionalización en sus países respectivos. Así Rimet, desde 1910, había abierto el camino en Francia comprando masivamente jugadores para el Red Star.

El proceso de profesionalización del fútbol continental europeo fue abiertamente discutido en ocasión del congreso de la federación organizado al margen del campeonato olímpico de 1924. Después de un vasto debate y de muchas confesiones, Hirschman registró en las actas la siguiente conclusión:

> Todos los dirigentes conocen perfectamente la situación y estudiaron el problema desde hace tiempo sin necesidad de informe. No se votaron modificaciones de la situación sino simples principios. Después de muchas confesiones, todo el mundo sabe ahora que en el torneo olímpico, los equipos puramente amateurs van a alinear cantidad de profesionales.

La verdad: Durante la era de los votos, solo en atletismo se buscó la exclusión de competidores acusados de profesionalismo, y esto fue posible solo porque en esta disciplina, a diferencia de muchas otras, tanto en Londres en 1908 como en Estocolmo en 1912, los reglamentos específicos fueron amateuristas. Los registros detallados de la FFFA demuestran que la selección de los jugadores franceses para los campeonatos olímpicos de 1920, 1924 y 1928 fue totalmente libre. En estos tres torneos participaron masivamente futbolistas que vivían del fútbol. En 1924, el congreso de la FIFA reunido al margen del torneo olímpico oficializó el hecho registrando que, incluso en los equipos más «puramente» amateurs, había cantidad de profesionales.

18. Falta de acuerdo

La mentira: En 1919 en Bruselas, el conflicto en el seno de la FIFA entre el patriotismo rígido de los ingleses y la línea liberal de la mayoría de las asociaciones continentales condujo a una «falta de acuerdo».

La cita mentirosa y su significado

> En ese momento [en 1919 en Bruselas] una divergencia de puntos de vista en la manera de practicar el patriotismo estuvo a punto de comprometer el renacimiento de la Federación. Los encuentros internacionales retomaban entre países aliados, los equipos exenemigos quedaban excluidos, ¿qué actitud cabía adoptar con los países neutros? **Algunos delegados solicitaron la plena libertad de jugar contra cualquiera, pero varias asociaciones pidieron limitar las relaciones a los aliados y a los neutros que se negaran a jugar contra los vencidos. La asamblea se separó sin llegar a un acuerdo.** Al año siguiente una nueva conferencia tuvo lugar en Amberes en ocasión de los Juegos Olímpicos. Diecisiete países aliados y neutros habían enviado delegados. Entretanto, nuestros amigos ingleses, partidarios de la tesis más rigurosa, sabiendo que no lograrían imponerla, se habían ido de la FIFA. Su ausencia fue lamentada pero clarificó las cosas y fue por unanimidad que la conferencia se pronunció en favor de la tesis liberal.
> (pp. 24 y 25)

Rimet describe aquí el desarrollo de la crisis que padeció la FIFA al salir de la Guerra. La presenta como una oposición de puntos de vista de orden puramente político. Por un lado, «algunos delegados» defendían la libertad de jugar «contra cualquiera» —exenemigos y neutros que jugaran contra ellos—; por otro, «varias asociaciones» se oponían al establecimiento de relaciones con los exenemigos y preconizaban una interrupción de los contactos con los neutros que jugaran contra ellos. La falta de acuerdo habría paralizado la FIFA hasta fines de 1920.

Acompañando esta mecánica conflictual, solo algunas informaciones parecen claras. La primera es que los ingleses formaban parte del segundo grupo, como «partidarios de la tesis rigurosa». La segunda es que hubo dos reuniones, una en 1919 y otra a fines de 1920. En la primera se habría constatado la divergencia, manteniéndose entonces la FIFA en estado de división e inoperancia. En la segunda, organizada al margen del torneo olímpico, dos años después de terminada la Guerra y sin los ingleses, los bandos habrían desaparecido y se habría aclamado «la tesis liberal».

La ausencia de datos claros impide entender lo sucedido y conduce a dudar de la veracidad global del relato. No se sabe por ejemplo qué países formaron los diferentes bandos en los diferentes momentos, cuáles adhirieron en una primera fase a la «tesis rigurosa», cómo y porqué las cosas evolucionaron hasta un final positivo. No se sabe tampoco si la tesis liberal del final era la misma que la del principio, y menos aún —punto clave— cuál fue la posición adoptada por la FFFA presidida por Rimet en los diferentes momentos de la crisis.

Los historiadores franceses insinuaron la complicidad de Francia con la «intransigencia inglesa»

Comencemos por mencionar algunos hechos básicos.

A fines de 1918 falleció el presidente Woolfall. A principios de 1919 Hirschman intentó reactivar la FIFA. Las intenciones eran por un lado, convocar a congreso, y por otro, facilitar la participación de las asociaciones afiliadas en el torneo olímpico programado en Amberes en 1920, autorizando los encuentros contra selecciones no afiliadas. Simultáneamente, estallaron en el seno del Comité Ejecutivo agudos antagonismos derivados de la Guerra, entre los dos «neutros» —Hirschman y Kornerup— y el belga De Laveley que, como de costumbre, actuaba según las directivas que recibía de Londres. Los autores del libro *1904-2004 El siglo del fútbol* dedicaron media página a la crisis que se declaró entonces, aportando ciertas precisiones de interés.

Evocaron tres reuniones —la de Bruselas en 1919 y la de Amberes en agosto de 1920 mencionadas por Rimet, más una reunión en mayo de 1920—. Destacaron en primer lugar, la iniciativa «intransigente» de De Laveley que, en su calidad de miembro del Comité Ejecutivo, presentó la moción de modificar la lista de las asociaciones afiliadas presente en el artículo 1 de los estatutos, eliminando a Alemania, Austria y Hungría. La propuesta consistía, no en «dejar de establecer relaciones» con dichas asociaciones sino en excluirlas de modo definitivo de la federación. En segundo lugar, anotaron el hecho de que Hirschman y Kornerup, oponiéndose terminantemente a esta medida, organizaron un encuentro entre países neutros para reclamar el derecho «a jugar contra cualquiera».

El libro no va mucho más lejos y concluye el episodio retomando a grandes rasgos la versión de Rimet: «En una reunión entre aliados convocada en mayo de 1920 poco antes de los Juegos, la puesta en minoría en todos los planos de las asociaciones británicas a causa de su intransigencia llevó a que se fueran de la FIFA. En consecuencia, la asamblea del 27 de agosto decidió dejar libres a los neutros». Se entiende entonces que, para estos autores, la expresión «varias asociaciones» empleada por Rimet designaba a un conjunto compuesto por las cuatro «asociaciones británicas».

Otro libro que se refiere al tema es la *Histoire du football* de Paul Dietschy. Este especialista de los archivos de la FIFA abrió una pequeña brecha en el camino de la verdad. Destacó primero que «en aquellos tiempos la federación francesa estaba dirigida por el muy anglófilo secretario general Henri Delaunay y por un presidente muy sensible a las relaciones de fuerza diplomático-deportivas». Apoyándose en un informe publicado el 9 de septiembre de 1920 en *La Vie sportive*, órgano oficial de la Unión Real Belga de Sociedades de Fútbol Asociación (URBSFA), indicó en una nota que «según los colegas belgas, Rimet había manifestado su intención de adoptar pura y simplemente el punto de vista de Inglaterra». (p. 131) La investigación se detiene ahí, sin que se sepa si finalmente Rimet adoptó o no dicho punto de vista.

Inglaterra dirigió la ofensiva destinada a liquidar la FIFA

Las reuniones que mantuvo la FIFA en 1919 y 1920 no fueron consideradas como congresos y no dieron lugar a actas. Pese a ello, es posible reconstituir los hechos en base a dos fuentes fundamentales: la correspondencia oficial enviada por el Comité Ejecutivo —Hirschman y Kornerup— a las asociaciones (archivos de la FIFA); y los artículos publicados por Hirschman, Delaunay, Rimet y Frantz-Reichel en la prensa deportiva de la época.

Estos documentos confirman que a principios de 1919 las asociaciones aliadas reclamaron la convocatoria de un congreso «sin los vencidos» con el objetivo declarado de pronunciar su exclusión definitiva. Tanto los artículos de Reichel como los correos del Comité Ejecutivo coinciden en afirmar que Kornerup y Hirschman, los dos «representantes de los países neutros» en la dirección de la FIFA, se opusieron a esta iniciativa con el argumento de que los estatutos no permitían llamar a un «congreso parcial». Otro hecho establecido por las mismas fuentes es que el 1.º de septiembre de 1919, después de una reunión de su comité consultivo, la FA inglesa adoptó la decisión unilateral de romper relaciones con los países neutros que aceptaran jugar partidos contra los exenemigos.

La carta de Hirschman del 14 de julio de 1920 ratifica que en noviembre de 1919, De Laveley propuso modificar el artículo 1 de los estatutos retirando de la lista de países afiliados a Alemania, Hungría y Austria. El belga justificó estas exclusiones invocando «el trastorno derivado de la Guerra Mundial provocada por las potencias de Europa Central». Los otros miembros del Comité se opusieron a la idea de convocar un congreso para aprobar las exclusiones pero aceptaron organizar un voto de las asociaciones, cuyo pronunciamiento por correspondencia debía llegar a la secretaría antes del 1.º de febrero de 1920. Por esa misma época, una asamblea de asociaciones de países neutros reclamó el derecho a elegir libremente contra quien jugar. Los países neutros no eran pocos ni menores en el plano futbolístico: Suiza, España, Italia, Luxemburgo, Holanda y los países nórdicos, Suecia, Noruega y Dinamarca. Con los exenemigos totalizaban una docena de entidades, la mitad de la FIFA.

En diciembre de 1919, Rimet votó el acuerdo para la liquidación de la FIFA

En diciembre de 1919 —se ignora el día exacto— tuvo lugar en Bruselas una reunión clave a la que asistieron seis asociaciones aliadas: Francia, Bélgica, Luxemburgo, Inglaterra, Escocia y Gales. Dan cuenta de lo ocurrido diversos informes coincidentes redactados por Rimet, Delaunay y Reichel. El encuentro corresponde a la reunión de Bruselas mencionada por Rimet, y que, según él, no había dado lugar a acuerdo.

Los franceses abrieron las discusiones presentando un proyecto conciliador al que otorgaron valor de «voto», rechazando la idea de adoptar una decisión firme. El texto solicitaba que las asociaciones cesaran toda relación con los países exenemigos; proponía el mantenimiento de los firmantes dentro de la FIFA; daba libertad a los países neutros rechazando eventuales exclusiones; pero prohibía jugar contra clubes y selecciones de aquellos países neutros que aceptaran relacionarse con los exenemigos. El voto concluía indicando que las disposiciones cesarían progresivamente a medida que los vencidos ingresaran en la Sociedad de Naciones.

Dos textos, uno de Delaunay, otro de Rimet, confirman que los ingleses no adhirieron a la posición francesa y mantuvieron la actitud intransigente de excluir de la FIFA a los países que jugaran contra los países centrales. Ambas versiones destacan la intervención determinante del dirigente belga Rudolph Seeldrayers.

El editorial de Delaunay, «El fin de la crisis», publicado en septiembre de 1920 en la página 362 de *Le football association*, indica que «el dirigente belga solicitó la aprobación de la posición inglesa» y que esto produjo *la adopción unánime de un acuerdo* que fue presentado como un «voto» y «firmado por los seis países participantes: Inglaterra, Bélgica, Francia, Luxemburgo, Escocia y Gales». Estos seis países corresponden a las «varias asociaciones» del relato de Rimet.

El acuerdo de diciembre de 1919 figura en dos crónicas periodísticas que revisten una importancia histórica mayor: «La situación internacional en vísperas del congreso de Amberes», publicada por Delaunay el 14 de agosto de 1920 en *Le Football Association*, y el editorial redactado por Rimet para la misma prensa el 22 de enero de 1921. El texto propuesto por Inglaterra preconizaba en su artículo 1 «la ruptura total» con los vencidos y con los neutros que se relacionaran con ellos. El artículo 2 disponía que las asociaciones firmantes renunciaban a la FIFA. El artículo 3 proponía la creación de una nueva federación internacional denominada «Federación de Asociaciones Nacionales de Fútbol de 1920» y llamaba a las asociaciones que estuvieran de acuerdo con el voto 1 a formar el nuevo organismo.

A fines de febrero de 1920, Hirschman recibió los resultados del voto relativos a la propuesta de De Laveley. Como lo señala en su carta del 14 de julio, dos países votaron a favor, seis en contra. El 1.º de marzo, De Laveley y Hefner renunciaron a sus cargos en el Comité Ejecutivo. La dirección de la FIFA quedó entonces reducida a dos personas: Kornerup y Hirschman. El 3 de mayo, considerando que el voto de diciembre adoptado en Bruselas había adquirido valor de decisión efectiva, los ingleses se fueron de la FIFA. En la carta del 14 de julio, Hirschman fustigó la intransigencia inglesa que, según él, buscaba subordinar el deporte a la política. En la misma carta, el Comité Ejecutivo solicitó el voto de las asociaciones en vista a la organización de un congreso en 1922. La renuncia de las asociaciones británicas se oficializó el 3 de agosto.

La perspectiva del torneo de fútbol de Amberes, que prometía alcanzar la dimensión de un verdadero campeonato de Europa, obró en favor de una solución. Una reunión entre neutros y aliados promovida por Francia y Bélgica tuvo lugar al margen de los Juegos. Duró una semana entera, del 27 de agosto al 4 de septiembre.

Según lo reseñado en diferentes artículos, Rimet explicó en su discurso «que le era imposible moralmente romper con el voto pro inglés firmado nueve meses antes». En medio de intensas negociaciones, los delegados de los países nórdicos propusieron rehabilitar el primer proyecto francés emitido al inicio de la reunión de diciembre de 1919 antes de la propuesta inglesa. Leo Tisseau, por los países escandinavos, y Johannes Forchammer, por Dinamarca, argumentaron en favor de esta salida. La resucitada moción francesa fue aprobada por los representantes de las catorce asociaciones presentes. Ya no se trataba de un mero voto sino de una decisión efectiva, con efecto inmediato.

Existen dos versiones del texto suicida

Se conocen dos versiones del voto de diciembre de 1919. Rimet escribe:

> 1. Las federaciones de todos los países aliados renuncian a la FIFA. 2. Se comprometen a no jugar jamás contra los países centrales Alemania, Austria, Hungría y Bulgaria. 3. Se comprometen a no jugar jamás contra los equipos de las naciones neutras que no aceptaron el voto 2 o que no cumplieron el contrato enunciado. La aplicación de estos votos no comprendía ningún límite de tiempo».

Delaunay brinda una versión más exhaustiva y fiable. El artículo 1 disponía que «las asociaciones de fútbol de Bélgica, Inglaterra, Francia, Luxemburgo, Escocia y Gales no pueden mantener relación alguna con las asociaciones de Austria, Alemania y Hungría ni con las asociaciones de aquellos países que se relacionan con ellas». El artículo 2 proclamaba que «las asociaciones indicadas más arriba renuncian a la FIFA», y el 3 que «se formará una nueva federación de asociaciones nacionales de fútbol denominada Federación de Asociaciones Nacionales de Fútbol de 1920». Finalmente, según esta versión, el cuarto voto adelantaba la siguiente medida práctica: «Se aprobarán provisoriamente los estatutos y reglamentos de la FIFA que se revelen aplicables a la nueva federación».

El nefasto acuerdo no obtuvo nuevos apoyos: como lo señaló Hirschman, no tenía sentido «perpetuar la enemistad deportiva en momentos en que las relaciones diplomáticas entre vencedores y vencidos se están restableciendo». Por otra parte, no era difícil darse cuenta que la posición liquidacionista conducía a corto plazo a la exclusión de la mitad de las asociaciones afiliadas. La creación de una nueva federación habría instaurado un cisma irreparable a nivel planetario y enterrado la perspcetiva del campeonato mundial. Instrumentalizando la cuestión política, los líderes de la FA fomentaron lo que buscaban desde 1904: la desaparición de la federación internacional. Los franceses, presididos por Rimet, adhirieron ciegamente a esta perspectiva durante nueve meses.

La verdad: La crisis que conoció la FIFA en la inmediata posguerra fue desencadenada por el belga De Laveley que, actuando como agente de la FA, propuso la exclusión definitiva de las asociaciones de los países exenemigos. A fines de 1919, Francia e Inglaterra sellaron un acuerdo con valor de «voto», consagrando un cisma mundial y apuntando a la liquidación de la FIFA. Se anunció entonces la ruptura con los países neutros que jugaran contra los exenemigos y la creación de una nueva federación. El acuerdo se mantuvo durante 9 meses. En marzo de 1920, las asociaciones británicas se fueron de la FIFA. Al margen del torneo de Amberes, Rimet reafirmó su fidelidad a la moción inglesa. Luego de largas tratativas, los países nórdicos resucitaron el primer voto francés de 1919, liberal y conciliador, resolviéndose así la crisis.

19. Idea abandonada

La mentira: Después de la guerra, la idea de considerar el torneo olímpico como campeonato del mundo fue totalmente abandonada tanto por la FIFA como por el ámbito futbolístico.

La cita mentirosa y su significado

> La idea de aceptar el torneo olímpico como campeonato del mundo de fútbol había sido abandonada, pero no la de un campeonato del mundo organizado por la FIFA y ampliamente abierto a todas las asociaciones nacionales.
> (p. 25)

La Gran Guerra estalló un mes después del congreso de Cristiania. Durante cuatro años, el fútbol internacional europeo se limitó a encuentros entre selecciones de países neutros. La FIFA dejó de existir, salvo la rutina administrativa —balances, breves informes anuales y afiliaciones provisorias— ejecutada puntualmente por Hirschman desde su oficina de Ámsterdam.

Rimet afirma, refiriéndose a la resolución de Cristiania, que «los eventos trágicos de 1914, que siguieron de cerca el cierre del congreso, hicieron que se la olvidara completamente». No es tan seguro. La guerra creó sin lugar a dudas un corte en la actividad deportiva, pero los archivos permanecieron intactos. Las actas de Cristiania fueron enviadas a las asociaciones en 1919 y validadas por el congreso en 1923. El hilo de la memoria se volvió a formar, y hasta hoy, en los resúmenes que narran la creación del Campeonato del Mundo o que se refieren a las cuatro estrellas en la camiseta de Uruguay, se alude de un modo u otro a la moción suiza.

Prescindiendo de la FIFA, dos eventos reactivaron rápidamente y a un alto nivel las actividades del fútbol internacional: los Juegos Interaliados de 1919, organizados por el mando militar estadounidense y la Juventud Cristiana de Jóvenes —que fueron en cierto sentido los primeros mundiales del fútbol— y la 7.ª olimpiada de Amberes de 1920 —verdadero campeonato de Europa—. Siguieron los grandes torneos olímpicos de 1924 y 1928, en un clima que ya no era el de la posguerra sino el de los «Años locos».

Rimet afirma que, al salir de la Guerra, «la FIFA» optó por el Mundial propio. Esto no se confirma. La idea del Mundial propio fue estudiada por la FIFA —Comité Ejecutivo y congreso— recién en 1928, después de asegurada la conducción del torneo olímpico de Ámsterdam. Afirma también que la FIFA «abandonó» la idea del Mundial olímpico, punto que no se registra en ningún documento. La realidad es que a lo largo de la década del veinte, la FIFA funcionó como una coordinación de asociaciones y sobrevivió apoyándose en la atractividad de los prestigiosos Juegos. La FFFA de Rimet pasó a jugar entonces el rol que ocupaba la FA antes de la Guerra. Para nuestro análisis, corresponde por lo tanto ampliar el tema de la expectativa mundialista considerando los puntos de vista adoptados por las asociaciones más activas, en particular por la asociación líder —la francesa—, así como la apuesta deportiva encarada por las asociaciones futbolísticamente ganadoras, la opinión entusiasta y los futbolistas en general.

La opinión futbolística europea vio en el torneo olímpico de fútbol de Amberes la respuesta a su expectativa mundialista

Como ya se ha demostrado, la FIFA nació al mundialismo en 1912. La protesta de los delegados alemanes forzó las afiliaciones de Argentina, Chile, Canadá y Estados Unidos. La terminología mundialista empleada en la decisión de Cristiania tenía un doble carácter: desde el punto de vista administrativo, reflejaba la flamante mundialidad de la federación, y potencialmente, la de un torneo convocado por ella; y en el plano más vasto de la cultura deportiva, expresaba la expectativa de la opinión futbolística suiza, que en aquella época era una de las más avanzadas de Europa.

El 7 de abril de 1919, el CFI se convirtió en Federación Francesa de Fútbol Asociación. Jules Rimet fue designado presidente. Tres meses después, en el marco de los Juegos Interaliados, la mundialidad del fútbol se realizó por primera vez en la cancha. Operando como continuidad de la mundialidad de la guerra, el campeonato reunió a seleccionados de América y Europa. La FIFA no participó como tal en la organización del evento, pero los equipos que jugaron fueron los verdaderos seleccionados de sus asociaciones afiliadas. Checoslovaquia y Francia se arrogaron cierta pretensión planetaria al superar a dos grandes representantes de América: Estados Unidos y Canadá.

En Pershing, los resultados de los equipos norteamericanos fueron malos. Los canadienses resistieron bien a los checos perdiendo apenas 3 a 2, pero cayeron 5 a 4 ante los Estados Unidos y 5 a 2 ante Bélgica. Los estadounidenses sufrieron dos goleadas, 8 a 2 ante Checoslovaquia y 7 a 0 ante Bélgica. Ningún equipo europeo fue inferior a los americanos, evidenciándose entonces la superioridad del Viejo Continente.

La mundialidad nacida en las trincheras y realizada en las canchas de París contagió al público europeo y creó expectativas de igual nivel en ocasión del torneo olímpico de Amberes. Pero la intercontinentalidad efectiva se limitó entonces a la presencia de un equipo del protectorado británico de Egipto. Pese a ello, al término del torneo, los belgas fueron reconocidos por cierta opinión como «campeones del mundo». Múltiples artículos en la prensa confirman el reconocimiento del torneo olímpico como Mundial, reflejo de una opinión que moldeaban periodistas respetados por su pasado de futbolistas y por su presente activo en el seno de las asociaciones. También se verifica entonces el abandono de cualquier mención al tema del amateurismo en el marco de una fuerte explosión de los oficios pagos ligados al arte popular. En este último aspecto, los organizadores estadounidenses y franceses de los Juegos Interaliados habían marcado un viraje definitivo, condenando explícitamente en su reglamento «el asunto del amateur-profesional». Desde ese evento, el fútbol continental no quiso dar marcha atrás y los cronistas pudieron constatar positivamente que los equipos anotados en Amberes presentaron a los mismos profesionales que habían jugado en Pershing.

En su *Integral del equipo de Francia*, Pierre Cazal confirmó que «después de su victoria final contra los checos en 1920, los belgas fueron considerados campeones del mundo». Esta afirmación se apoya en múltiples archivos que el historiador francés nos confió y de los cuales extraemos una muestra.

El 15 de junio de 1920, en el diario *Sporting*, el ilustre Gabriel Hanot, exfutbolista, eminente cronista y futuro director técnico nacional, explicó que «existe un solo criterio de valor de los fútboles nacionales, *un solo campeonato mundial*, el torneo de fútbol asociación de las olimpiadas». El 10 de julio de ese mismo año, Achille Duchenne, miembro eminente de la directiva francesa, criticó el sistema de copa empleado en Amberes, opinando en una columna publicada en el semanario *Le Football Association* «que resulta fácil imaginar a qué punto se vuelve desastroso para un torneo, que *es el único campeonato del mundo de fútbol existente*, presentar tal carácter de irregularidad». El 5 de marzo de 1921, otra vez en *Le Football Association*, Victor Denis, refiriéndose al próximo partido Francia vs Bélgica, comentó: «*Son los campeones del mundo*. No les quitemos ese título que enarbolan con orgullo… Esperemos más bien que este domingo, los nuestros recobren el ímpetu que les valió la victoria el año pasado. ¡Qué gloria sería vencer a *los campeones del mundo*!»

Citemos para terminar el titular del 9 de septiembre del prestigioso y referencial semanario *Le Miroir des sports*: «Los belgas campeones del mundo de fútbol». Hanot, voz de la vanguardia francesa, expresó entonces la satisfacción de todos los futbolistas, cuya sana aspiración era universalizar su deporte.

El torneo de 1920 sufre hoy cierta devaluación. Los belgas, nacionalmente divididos, no se atreven a reivindicarlo como Campeonato Mundial, y en la *Historia oficial de la Copa del mundo de la* FIFA», después de una exaltación mundialista sin fundamento de los torneos olímpicos de 1908 y 1912, se presenta una versión muy cuestionable de la final de 1920, casi favorable a los visitantes: «En la final ganada 2 a 0 por Bélgica ante Checoslovaquia, el partido fue controvertido. Descontentos con el arbitraje [inglés] y las intimidaciones del público, los checoslovacos abandonaron la cancha poco antes del término del primer tiempo.»

Los informes de la prensa francesa, la más objetiva de la época, desmienten la idea de una final discutible. Hanot escribió en *Le Miroir des sports*: «Los belgas, cuyo equipo jugó con un ardor notable y un gran deseo de vencer, merecieron la victoria. Los checos habían derrotado a Francia el año pasado en la final de los Juegos Interaliados. Esta vez, sin embargo, demostraron un pésimo espíritu deportivo abandonando la cancha en razón de la actitud parcial de los espectadores.»

L'Auto del 3 de septiembre señaló que «desde las primeras decisiones del árbitro, los checos dieron señas de nerviosismo y parecieron querer abandonar. Janda los incitó a continuar. Luego del segundo gol, el back izquierdo checo golpeó violentamente al atacante belga Coppée. El árbitro lo expulsó. El equipo checo abandonó entonces la cancha.» Finalmente, *La Presse* resumió los hechos de la siguiente manera: «Los checos no supieron controlar sus nervios. Un jugador belga recibió un golpe en el bajo vientre y el árbitro expulsó al jugador incriminado. Los checos lo tomaron mal y se armó una trifulca general.»

En 1923, el congreso de la FIFA reunido en Ginebra decidió conducir el torneo olímpico

Rimet fue designado oficialmente presidente de la FIFA el 1.º de marzo de 1921 luego de un voto de las asociaciones efectuado por correspondencia. El 25 de mayo, el congreso olímpico confirmó las sedes de las dos olimpiadas siguientes: París en 1924 y Ámsterdam en 1928. A fines de junio, Rimet fue designado vicepresidente del Comité Ejecutivo del cof. Durante dos años, su actividad principal fue la de un dirigente olímpico de primera plana.

El 20 de mayo de 1923 se abrió en Ginebra el 12.º congreso de la fifa. El Comité Ejecutivo propuso entonces asumir la organización del torneo olímpico de París. La discusión sobre la conducción del torneo olímpico ocupó las sesiones del día 27 de mayo. Se debatieron tres asuntos fundamentales: el sistema del torneo (*System of Conducting*), el calendario (*Days for Olympic Football Games*) y la cuestión del poder legislativo (*Consultative committee. Laws of the Game*). Se definió también el sistema organizativo a adoptar, anunciándose la designación de una Comisión Técnica francesa por la fffa, de un Tribunal de reclamos compuesto por miembros de la fifa y de un comité encargado de seleccionar un cuerpo arbitral internacional.

El tema del sistema de competición dio lugar a múltiples propuestas. Con el objetivo de asegurar un mínimo de dos partidos a su selección, ciertos delegados solicitaron la instauración de un torneo consuelo o un sistema de grupos preliminares. La dirección de la fifa respondió negativamente, imponiendo un solo torneo principal con sistema de «copa» y todos los partidos eliminatorios. En materia de calendario, con mucha mala fe, algunas asociaciones trataron de imponer sus fechas sin considerar el período inapelable establecido por el cof y anunciado al mundo entero en la invitación. Finalmente, el congreso se limitó a definir principios: el torneo duraría 16 días como máximo, se asegurarían dos días de descanso entre cada vuelta y la Comisión Técnica se encargaría de componer el programa definitivo. En cuanto a las leyes del juego, la renuncia de las asociaciones británicas generó una ruptura entre la fifa y la ifab, de modo que el fútbol internacional se quedó sin autoridad legislativa. Para colmar el vacío, el congreso decidió crear un comité consultivo cuya misión consistió en fijar un texto común con las leyes del juego, unificar su interpretación y encarar las modificaciones que se estimaran pertinentes.

Lo definido en Ginebra fue aplicado al pie de la letra por la Comisión Técnica y el Tribunal de reclamos, dos organismos controlados personalmente por Rimet. El torneo olímpico duró 16 días. Se creó un cuerpo arbitral internacional con jueces de nueve países. La FIFA asumió plenamente su rol de conducción. Rimet supervisó los sorteos, aprobó el reglamento, dirigió el torneo y presidió el tribunal.

Quedó entonces claro para todos que, lejos de abandonar la idea de aceptar el torneo olímpico como torneo internacional de fútbol, la FIFA había decidido, por primera vez, con la audacia que le faltó en Cristianía, asumirla totalmente. Ya no se limitó a «reconocer»: se propuso organizar, reglamentar y controlar bajo la batuta de su flamante jefe.

Rimet calificó oficialmente el torneo olímpico de 1924 como «*Tournoi Mondial de Football*»

En agosto de 1923, Rimet creó el nuevo semanario de la FFFA, *France Football*. A diferencia de la prensa anterior, *France Football* era totalmente independiente y exclusivamente oficial: no había apoyo exterior de ningún tipo, ni en lo financiero ni en la producción de contenidos, y sus páginas vehiculaban solo informaciones aprobadas por la directiva, provenientes de la directiva federal o de las ligas regionales, privilegiándose la publicación de actas y decisiones autorizadas.

Rimet era el dueño, Delaunay su secretario de redacción asalariado. Se vendía por abono obligatorio a los cuatro mil clubes de Francia metropolitana, Córcega y África del Norte. Llegaba así a decenas de miles de jugadores y dirigentes, completándose el jugoso negocio con miles de suscripciones individuales.

El tema que nos ocupa ahora empezó a ser tratado en el editorial del primer número publicado el 24 de agosto de 1923. Bajo el título «Palabras de apertura», la directiva francesa comunicó su convocatoria «a todas las naciones del Globo en vistas a dicho *Campeonato del mundo*». Se refería evidentemente al torneo de los Juegos Olímpicos. El 25 de abril, en la misma prensa, encabezando la publicación del programa de la primera vuelta del torneo, apareció por primera vez la calificación que habría de ser utilizada oficialmente: «Torneo Mundial de Fútbol». El artículo, que narra el sorteo que tuvo lugar en la capital francesa bajo el control de Rimet y en presencia de numerosos delegados europeos, empieza así: «Entramos en el período activo de la organización del famoso torneo que dentro de un mes reunirá en París a 23 naciones por *el título de campeón del mundo*».

La calificación «*Tournoi Mondial de Football*» reapareció durante el campeonato, en las magníficas portadas de los números 41 y 42 de *France Football*, encabezando los programas oficiales de las rondas semifinales y finales, los días 30 de mayo y 6 de junio de 1924. Fue ampliamente difundida en el territorio francés, incluyendo la zona de influencia de las ligas africanas (Túnez, Argelia y Marruecos), y ante la prensa mundial que siguió masivamente los partidos.

En 1924, la opinión futbolística se constituyó como opinión mundial irreversiblemente mundialista

Desde 1920, en la continuidad de la mundialidad de los Juegos Interaliados, la opinión futbolística europea afirmó la mundialidad del torneo olímpico. Adhirió entonces plenamente a la idea de un Campeonato del Mundo disputado en el marco de los Juegos Olímpicos. La intercontinentalidad realizada en Amberes fue escasa. Sin despreciar la participación de los jugadores egipcios que eran verdaderamente africanos y dignos representantes de los grandes clubes de El Cairo, es un hecho que en aquella época el ideal olímpico mundialista privilegiaba el encuentro entre Europa y América.

En 1924, Egipto se volvió a presentar, esta vez como país independiente. Hubo también un exponente de Asia —Turquía— y equipos emblemáticos de América —Estados Unidos, superpotencia atlética, y Uruguay, campeón sudamericano—. El carácter mundial del torneo se volvió flagrante. Apenas confirmadas las inscripciones de Uruguay, Estados Unidos, Turquía y Egipto, el tema de la universalidad del campeonato se propagó como un argumento ideológico esencial, impulsado desde la federación francesa, con el objetivo manifiesto de demostrar que el fútbol era más que el atletismo.

L'Auto, principal cotidiano deportivo francés —280 mil ejemplares diarios—, anunció el torneo de París calificándolo de «primer campeonato del mundo con los 500 mejores futbolistas del planeta». Lucien Gamblin, excapitán histórico del Red Star, íntimo amigo y portavoz de Rimet, miembro del Comité de Selección de la federación francesa, presentó un extenso informe de ocho páginas en el lujoso mensuario *Très Sport*. Bajo el título «El fútbol es el deporte universal» argumentó: «Vamos a asistir a un verdadero campeonato del mundo […] el primero jamás organizado, con 23 naciones que representan a Europa, Asia, América y África».

La victoria de los artistas uruguayos confirmó la realidad mundial de manera espectacular. La opinión reclamaba un Mundial: Rimet lo oficializó en los papeles; sus amigos lo anunciaron en la prensa; Uruguay, los Estados Unidos, Egipto y Turquía lo realizaron en la cancha. Y el fútbol fue efectivamente más que los Mundiales del atletismo: en cantidad de público, en recaudaciones, en impacto mediático, en el liberalismo reglamentario. Pasó a ser entonces la primera disciplina olímpica, la más mundial.

El 12 de junio, el consejero especial de la FFFA, Gabriel Hanot, firmó en *Le Miroir des Sports* un texto famoso por su fino análisis técnico y su comparación entre el juego uruguayo (flexibles purasangres) y el de los profesionales ingleses (cuadrados percherones). Todos los historiadores europeos del fútbol conocen su emblemático título aunque lo presentan sistemáticamente cortado: «Fue realmente el mejor de los 22 equipos que ganó el formidable Campeonato *del Mundo de balompié*».

La misma concepción mundialista, libre de las restricciones amateuristas, fue difundida por la prensa de los finalistas suizos, que con mucho *fair-play* saludó el «interesantísimo campeonato del mundo» aun después de la derrota ante Uruguay. El *Basler Nachrichten* tituló en su portada: «Olimpiadas 1924. Final del torneo de fútbol. Uruguay campeón del mundo. Suiza campeón de Europa»; el *Corriere del Ticino*: «Para América el campeonato mundial de fútbol»; y el prestigioso y riguroso *Journal de Genève*: «Uruguay ganó este lunes el Campeonato del Mundo de fútbol marcando un gol contra Suiza en el primer tiempo y dos en el segundo».

Haciéndose eco de estos anuncios, toda América del Sur festejó a sus campeones mundiales. Algo incrédulo, el pueblo uruguayo terminó convenciéndose de que «sus muchachos» eran ahora «campeones de América y del Mundo». Retomando las calificaciones formalizadas por el presidente de la FIFA, la asociación uruguaya compuso el siguiente título en la tapa de su informe oficial: «Uruguay, Campeón de Fútbol Mundial. La olimpiada de París de 1924». El documento, inmediatamente enviado a la oficina de Ámsterdam, ocupa hoy un lugar especial en los archivos de la federación.

La verdad: En 1914, en Cristiania, la FIFA reconoció su propia dimensión mundial y por ende, la dimensión mundial que podría adquirir un campeonato organizado por ella. El torneo de fútbol de los Juegos Interaliados marcó el inicio de la mundialidad del fútbol en las canchas. Se enfrentaron entonces por primera vez los mejores equipos de Europa y de América del Norte. El carácter intercontinental y totalmente abierto de este campeonato marcó los espíritus de los dirigentes y de los comentaristas: se abandonó el tema del amateurismo y se generó una expectativa realista en favor del Mundial olímpico. En 1920, los belgas fueron reconocidos por la opinión europea como campeones del mundo. Rimet jugó un rol central en el reconocimiento oficial del torneo de París de 1924 como «Torneo Mundial de Fútbol». La calificación fue oficializada por la FFFA y ampliamente difundida por *France Football*. El mundialismo que ya era irreversible, se volvió entonces definitivo y planetario, al incorporarse la opinión americana. Triunfó entonces plenamente la idea del torneo olímpico como Campeonato Mundial.

20. Mundial todo pago

La mentira: Durante los primeros años de la década del veinte, los más audaces dirigentes de la FIFA (Rimet) se vieron impedidos en su voluntad de organizar el «Mundial todo pago» de la federación. Chocaron contra la «objeción financiera» que, con tenacidad, le planteaban sus «administradores».

La cita mentirosa y su significado

> Ella [la idea de un campeonato del mundo organizado por la FIFA] volvía a plantearse con frecuencia en nuestros intercambios en el Comité, **pero chocaba siempre con hesitaciones y objeciones. La objeción financiera era particularmente difícil de vencer porque nosotros nos negábamos a imitar el régimen de los Juegos Olímpicos en el cual los invitados debían soportar los gastos de viaje y de estadía, y las recaudaciones eran beneficio exclusivo del comité nacional organizador.**
>
> (p. 25)

¿Cómo contar la historia de la FIFA de la década del veinte si se borran los hechos claves del fútbol internacional que la fundaron, la ocuparon íntegramente y la enaltecieron, tranformándola en una organización verdaderamente deportiva? Tal fue el problema a que se enfrentó Rimet en la hora de relatar los primeros años de su mandato como presidente.

La decisión del dirigente francés de privar a la FIFA y privarse a sí mismo de los méritos compartidos con las organizaciones olímpicas en ocasión de las grandes realizaciones de 1924 y 1928, abrió en su relato un vacío de siete años —un nuevo estancamiento, falso esta vez—, que había que justificar de alguna forma a los ojos del lector. Surgió entonces el tema de la «objeción financiera» cuyo argumento se apoya en tres enunciados.

El primero es que, para su Campeonato del Mundo, la FIFA se imponía el régimen económico del «Mundial todo pago» según el cual la asociación organizadora debía garantizar *el reembolso total* de los gastos de viaje y estadía de los equipos invitados. El segundo es que para asegurar este esquema, se manejaba un concepto de equilibrio presupuestal en el cual se cotejaban por un lado, las recaudaciones por venta de entradas —«beneficios suficientes»—, y por otro, la totalidad de los gastos. El tercero es que los «administradores» estimaban que las recaudaciones no alcanzarían y que el principio del «Mundial todo pago» no podría cumplirse, en consecuencia de lo cual, correspondía esperar que el fútbol alcanzara un mayor desarrollo y atrajera más público. Completa estos enunciados la idea de un conflicto latente entre los «audaces» —Rimet— y los «conservadores».

Estos «administradores» aparecen claramente definidos más adelante, en la página 29:

> Pero, como buenos administradores, mis colegas del Comité Ejecutivo se negaban a encarar esa vía si no la despejábamos previamente de todos los obstáculos, entre los cuales el más serio seguía siendo el riesgo de un fracaso financiero.

Eran «los colegas del Comité Ejecutivo», el resto de los miembros, y en particular Hirschman que, operando siempre como secretario tesorero, controlaba la actividad —o mejor dicho, la inactividad— financiera de la FIFA. Demasiado apurado en el episodio de Cristianía, el holandés aparece ahora prudente en exceso.

La supuesta «objeción financiera» se apoya en un cálculo presupuestal que no es el de los eventos de envergadura mundial

Iniciando el análisis de los múltiples aspectos que comporta el tema correspondiente a este capítulo, conviene cuestionar brevemente uno de los fundamentos del razonamiento de Rimet: la consideración de las recaudaciones por venta de entradas como única fuente de ingresos en caso de evento deportivo de envergadura mundial. No se ajusta a lo que nos enseña la historia.

De 1921 a 1924, Rimet ejerció funciones de primer plano en diferentes comisiones olímpicas, técnicas y financieras, encargadas de preparar las infraestructuras de los estadios de París, y como vicepresidente del COF. Manejó entonces toda la información relacionada con las subvenciones estatales que permitieron el financiamiento de los Juegos. Todos los datos sobre el tema figuran en los capítulos «Búsqueda de medios financieros» y «La subvención del Estado» del informe oficial olímpico redactado por el Comité Olímpico Francés.

Un día después de la atribución de los Juegos a la capital francesa, una delegación de dirigentes olímpicos fue recibida por Aristide Briand, Presidente del Consejo de Estado. Se definió entonces que el gobierno otorgaría una ayuda de 20 millones de francos. Ésta se sumaba a la subvención de la municipalidad de París que, en intercambios anteriores, se había comprometido a entregar un estadio renovado y la suma de 10 millones de francos.

Lo sucedido en 1924 no era ni excepcional ni novedoso: era la regla. Desde el primer congreso fundador de los Juegos, Coubertin había planteado en la Comisión «organización», la necesidad absoluta de obtener el apoyo económico de «las autoridades», y en los votos aprobados por el congreso de 1894, figuró con el número XIV la siguiente disposición:

> Que, como los Juegos Olímpicos no pueden realizarse exitosamente sin el apoyo de los gobiernos, el Comité Internacional efectúe todas las gestiones

necesarias ante los poderes públicos con el objetivo de obtener su contribución oficial».

Sobre esta base se organizaron todas las olimpiadas, desde la primera en Atenas hasta la última disputada en Río de Janeiro en 2016. Lo mismo ocurrió con los Campeonatos del Mundo de la década del treinta organizados en Europa, en Roma y en París.

En cuanto al Mundial de 1930 realizado en Montevideo, que Rimet presentará más adelante como la más perfecta ilustración de «su» sistema, no habría podido organizarse, ni siquiera imaginarse, sin el considerable financiamiento aportado por el Estado oriental. Buero reprodujo en su libro *Negociaciones internacionales*, la carta del 5 de marzo de 1929 que le hizo llegar el dirigente del Club Nacional de Football, Usera Bermúdez, con la presentación del proyecto de candidatura de Montevideo y el siguiente argumento: «Es posible contar con el apoyo de los poderes públicos para pagar *la casi totalidad de los gastos de las delegaciones* que concurran el 27 de abril». Poco después, el Ministerio de Relaciones Exteriores confirmó que «Uruguay ofrecía pagar el viaje, alojamiento y comida a veinte jugadores por país más el reembolso de los jornales durante el viaje y durante la estada en Montevideo, una propuesta máxima que hay que mantener en reserva». La contribución estatal se elevó a 300 mil pesos.

Las propuestas uruguayas [todos los gastos de los invitados a cargo de los organizadores, más compensaciones por pérdida de salario] no emanaban de supuestos principios que la FIFA pudo haber difundido o exigido previamente, como lo dará a entender Rimet en sus narraciones posteriores, sino de los dispositivos financieros practicados habitualmente por los dirigentes uruguayos en el marco internacional y establecidos en los reglamentos de las primeras ediciones de la Copa América. A ese respecto, dice el primer proyecto de candidatura de Uruguay «Pugnando porque Montevideo sea sede del campeonato mundial de 1930», aprobado en febrero de 1929:

…asegurando a las naciones que participarán en ese campeonato, por una fórmula parecida o aproximada a la establecida en los reglamentos de la Confederación Sudamericana, una compensación por los gastos que efectuarán, o asegurándoles su estada y alojamiento.

La FIFA no dispuso jamás el supuesto principio de «Mundial todo pago»

Veamos ahora el segundo pilar del razonamiento de Rimet: el «Mundial todo pago», que el autor presenta como un principio fundamental de la política económica de la federación.

La FIFA encaró por primera vez debates sobre la manera de reglamentar financieramente su Campeonato del Mundo a fines de 1928, en el marco de la segunda Comisión Bonnet creada para presentar propuestas en vistas a la Copa Internacional abierta decidida en el congreso de Ámsterdam. Sobre las alternativas que manejó entonces dicha comisión, compuesta exclusivamente por dirigentes europeos, hablaremos en el momento oportuno. Digamos por ahora que ninguno de los dos proyectos económicos presentados —el francés y el italiano— se plegaron al supuesto principio del «Mundial todo pago». Tampoco el Comité Ejecutivo propuso entonces un esquema semejante al evocado por Rimet ni condicionó los trabajos de la comisión al respeto de un mecanismo fundamental de ese tipo. ¿Acaso algún viejo principio figuraba en los estatutos o en los textos constitucionales, supeditando implícitamente eventuales decisiones finales?

Resulta relativamente fácil responder a esta pregunta. Los textos elaborados por la FIFA en materia financiera desde su fundación hasta la época de la supuesta «objeción financiera» son pocos y son breves, entre otras razones porque el tema del desarrollo material de la federación desapareció por completo durante toda la «era Woolfall».

La Constitución de 1904 sentó las bases en lo organizativo y definió los objetivos deportivos, pero el tema económico se trató de manera anexa y sin relación con la organización del campeonato, limitándose al artículo 6. Este fijaba simplemente que «en caso de desistimiento de match internacional, la notificación debe ser efectuada por carta recomendada antes de los diez días precedentes al partido so pena de una indemnización equivalente a los gastos de preparación ocasionados y esto independientemente de la multa de 50 francos que se pagará a la FIFA». Nada más.

En los años siguientes, los estatutos se densificaron sin que se agregara nada sobre el sistema de financiamiento de un eventual torneo. En la rúbrica «Finanzas», los textos apuntaron solamente a recordar, con los debidos ajustes, el monto de la suscripción anual. La gran reforma estatutaria de 1926 cambió poco: el artículo 27 fijó la cotización anual a 25 dólares y el artículo 28 estableció que en caso de encuentro entre dos selecciones, la asociación local debería a la FIFA 0,75 % de las recaudaciones, después de deducidos los impuestos, con un mínimo de 5 dólares.

Entre 1904 y 1928, un solo documento trató el tema del financiamiento del torneo internacional: el proyecto de Copa Internacional elaborado por el congreso en 1905. Sus disposiciones, ya comentadas en el capítulo «Documento de época», no se presentaron como principios generales sino como reglas prácticas concretas, establecidas específicamente para el campeonato encarado. Tampoco mencionaron un reembolso completo de los gastos. Decía el punto 3:

> Los gastos de viaje de los jugadores quedan a cargo de su federación respectiva salvo acuerdos especiales. Los gastos de organización quedan a cargo de la federación del país donde se disputa el campeonato. Los beneficios netos de las semifinales y final se reparten del modo siguiente: 5 % para la FIFA, 10 % para la federación organizadora, 85 % entre las cuatro federaciones semifinalistas.

El sistema de reparto facilitaba la participación de los equipos en la fase final, pero tanto en los grupos preliminares como en la última ronda, «los gastos de viaje de los jugadores» quedaban a cargo de sus respectivas asociaciones. Se sobreentiende que la expresión «gastos de viaje» comprende aquí la totalidad de los gastos: transporte, alojamiento y comida.

La FIFA no fue tan solidaria con sus asociaciones como lo da a entender Rimet

Con el tema del «Mundial todo pago», Rimet insinúa uno de los *leitmotiv* subyacentes de la «Creación de la Copa del Mundo»: la FIFA es mejor que el movimiento olímpico, más moderna, más popular, más democrática, más solidaria. Es esta tesis de una FIFA que reparte *versus* un movimiento olímpico aprovechador, muy anclada entre los historiadores del fútbol, la que se percibe en esta frase: «Nosotros nos negábamos a imitar el régimen de los Juegos Olímpicos en los cuales los "invitados" soportan los gastos de viaje y estadía, mientras que las recaudaciones *son beneficio del comité nacional organizador*». La realidad no fue así: ni el comité olímpico se llenó los bolsillos con la plata de los deportistas ni la FIFA, en su política económica real, consideró verdaderamente las dificultades de las asociaciones. Vayamos por partes.

Desde la primera edición de 1896, las olimpiadas atrajeron delegaciones del mundo entero que asumieron la totalidad de sus gastos de viaje, comida, transporte y alojamiento. Durante décadas, los Juegos no generaron ganancias, alcanzándose en el mejor de los casos un equilibrio presupuestal. El dispositivo financiero olímpico nunca fue cuestionado por nadie salvo los reclamos ocultos que presentaron algunos participantes como los tenistas —que exigieron bonos hasta 1924— o los jugadores de pelota vasca —que en 1900 pusieron como condición a su participación, la organización de encuentros paralelos con garantía de caché—.

Sin duda, este régimen favoreció a aquellos países más poderosos que podían financiar el traslado de delegaciones importantes. Sin embargo, no es difícil entender que era el único posible y que se fundaba en un principio de apoyo mutuo entre las diferentes disciplinas. Las cifras de participación bastan para demostrar la imposibilidad de subvencionar los gastos de las delegaciones: 1 225 atletas en 1900 (cifras oficiales actuales); 2 035 en 1908; 2 547 en 1912; 2 669 en 1920; 3 092 en 1924 de los cuales 2 774 extranjeros; 3 014 en 1928.

En cuanto al tema de la solidaridad, hay que partir del hecho de que muchas disciplinas indispensables a la supervivencia de la idea olímpica —gimnasia, remo, esgrima, vela o equitación— funcionaban a pérdida. En 1924, solo cuatro deportes produjeron beneficios: fútbol, atletismo, ciclismo y tenis. Las ganancias que generaron sirvieron para compensar los déficits acumulados por los demás sectores.

En su calidad de primer conductor del fútbol olímpico, el único cuestionamiento que planteó Rimet contra el sistema giró, no en torno al reparto de las recaudaciones —lo que habría evidenciado el egoísmo del fútbol— sino en torno a la reivindicación en materia de pago de compensaciones a los futbolistas participantes que, dicho sea de paso, la FFFA nunca aplicó. Se entiende fácilmente que esto no modificaba en nada la economía olímpica puesto que los que debían financiar la medida eran las asociaciones nacionales afiliadas a la FIFA, los patrones de los clubes de fútbol o los empleadores de los futbolistas amateurs.

Las compensaciones consistían en indemnizar al futbolista que, para cumplir con sus compromisos deportivos, faltaba a su trabajo y perdía salarios. El patrón le atribuía entonces vacaciones deportivas pagas o bien días de licencia sin sueldo que el club o algún otro organismo deportivo se encargaba de compensar financieramente.

El sistema no fue un invento de la FIFA. Desde el congreso olímpico fundador en 1894, se discutió la diferencia entre «lucro» y «justa indemnización», correspondiendo este último concepto a la compensación. También se trató el tema en el cuestionario que el COI envió a las asociaciones deportivas del mundo entero en 1909. Se plantearon entonces preguntas sobre los «límites del reembolso» y ciertas universidades estadounidenses llegaron a considerar que había que «asegurar *el mantenimiento del estatus social del deportista*» durante todo el período de su disponibilidad. En fútbol, las compensaciones se practicaron tempranamente de manera oficial en ciertos países. En Noruega, su introducción por las sociedades obreras a principios del siglo XX obligó a la asociación nacional afiliada a la FIFA —la *Norges Fotballforbund*, NFF— a aplicar el mismo régimen para no perder todos sus adherentes. La medida fue justificada por los delegados de este país con el argumento de que, en caso de partido entre un equipo del norte y otro del sur, se necesitaba una semana para efectuar la ida y vuelta de más de 2 500 kilómetros. Los ingleses, por su parte, utilizaron el sistema de las «licencias deportivas pagas», en todo punto semejante, inventado desde el siglo XIX por los clubes industriales.

Las actas del Congreso de la FIFA de 1924 registraron el hecho de que, después de largas discusiones, se sometió a escrutinio el principio según el cual podían pagarse «indemnizaciones por licencia», produciéndose entonces «una igualdad de votos 9 contra 9 que el presidente interpretó como un mantenimiento del *status quo*». El 26 de mayo de 1925, anticipando las disposiciones amateuristas que se aprestaba a votar el congreso olímpico de Praga, el congreso de la FIFA, reunido en la misma capital checa, autorizó el «excepcional reembolso por pérdida de sueldo», expresando su plena confianza en las asociaciones en cuanto a su aplicación. El congreso olímpico de Praga se opuso a este voto y decidió que estos atletas compensados por autorización de la FIFA no podrían anotarse en los Juegos. No desaprobó sin embargo el sistema de vacaciones deportivas extras practicado por los ingleses.

En 1926, la readmisión de las asociaciones británicas en el seno de la FIFA obligó a retomar el tema de las compensaciones desde cero. Ante el congreso reunido en Roma, Meisl (Austria) pidió que se definiera claramente sobre quién recaería el gravamen. Después de largos debates, se dispuso que «*las asociaciones tienen la libertad de pagar o no* la mencionada compensación de licencia». La respuesta fue pues que pagaban las asociaciones, no la FIFA. El texto, aprobado difícilmente por 12 votos contra 8, no imponía obligación, pero favorecía las reivindicaciones de los jugadores y complicaba la tarea de las asociaciones nacionales.

El reglamento establecido por la FIFA para los Juegos de 1928 puso altas exigencias. Las compensaciones podían alcanzar 90 % del salario habitual para los futbolistas casados y 75 % para los solteros. Las asociaciones de los países transoceánicos se vieron invitadas a pagar la elevada indemnización incluso durante el trayecto en barco ida y vuelta. Lo positivo de la medida fue la defensa de la profesionalización de los seleccionados; lo negativo que la carga pesó principalmente sobre los países alejados.

De este modo, júzguese positivamente o no la estrategia de combate imaginada por Rimet contra la ofensiva amateurista orquestada por los británicos a nivel del congreso olímpico, las compensaciones endurecían el reglamento financiero ligado a la participación olímpica, sin solicitar esfuerzos por parte del aparato de la FIFA. Además de los gastos habituales de viaje, alojamiento y comida, las asociaciones debían cargar con el eventual costo suplementario que significaba el asalariamiento de 22 players durante el largo lapso de su disponibilidad.

La verdad: La política económica de la FIFA durante los primeros años de la década del veinte fue inexistente. Se limitó a aceptar el régimen olímpico, a cargo de las asociaciones, y a cobrar un porcentaje ínfimo sobre las recaudaciones de los partidos internacionales. En 1928, Rimet complicó las cosas. Con el objetivo de ganar su pulseada contra Baillet-Latour, sin desarrollar una movilización deportiva de la FIFA susceptible de generar ingresos propios, hizo recaer el peso financiero de las compensaciones por pérdida de salario sobre las asociaciones. Estas vieron así hinchar la nota: además de los gastos olímpicos normales, tuvieron que considerar el pago de salarios a los jugadores seleccionados. En 1929, la Asociación Uruguaya de Fútbol presentó su candidatura a ser sede del Mundial de 1930. Acompañaba el proyecto, por primera vez, un reglamento financiero «todo pago» inspirado en los reglamentos de la Copa América.

21. Argumento decisivo

La mentira: La calidad del juego de los uruguayos reveló la solución contra la «objeción financiera»: organizar el Campeonato del Mundo en Sudamérica.

La cita mentirosa y su significado

> **Nos faltaba todavía, para convencer a los escépticos, una prueba tangible, un hecho irrefutable. Por una bondadosa malicia del destino, fue el torneo de fútbol de los Juegos Olímpicos que nos brindó el argumento decisivo.**
>
> Veinticuatro equipos se habían anotado y los dos finalistas eran Suiza y Uruguay. El encuentro fue sensacional. Al juego enérgico y rápido de los suizos, los uruguayos opusieron una ciencia profunda del juego y una gran habilidad, conquistando la admiración del público europeo. Su virtuosismo hizo de aquella prueba una sorpresa, una revelación, un partido histórico. El encuentro terminó con la victoria de la República Oriental.
>
> La nación uruguaya y las demás repúblicas latinas sentían un alegre orgullo por esa victoria obtenida sobre el viejo mundo, acogida por este con gran deportividad. La corriente de simpatía se intensificaba. **A partir de ese instante se me impuso el pensamiento de que eso podía favorecer la realización, en América del Sur, del gran proyecto soñado desde 1905.**
>
> (pp. 25 y 26)

El torneo olímpico de fútbol de París tuvo lugar del 25 de mayo al 9 de junio de 1924 bajo la conducción de la FIFA. Fue organizado por la Comisión Técnica de la FFFA, integrada al COF. Coherente con sus planteos anteriores, en el relato de este episodio, Rimet evita cuidadosamente el tema de la participación de la federación internacional. Esto no le impide utilizar el marco de la final y su presencia bien real en las tribunas, para iniciar la leyenda en la cual se presenta como inventor absoluto del «verdadero» Campeonato del Mundo de fútbol.

El «episodio de Colombes» —así denominaremos esta mentira— constituye la primera fase de la gran ficción autobiográfica de Rimet, la fase de la concepción del Mundial. Puede resumirse así: en 1924, en la tribuna del Estadio Olímpico de Colombes, un simple espectador llamado Jules Rimet tuvo la genial intuición de que se podía organizar el Mundial de la FIFA «en Sudamérica» (Uruguay).

Corresponde dejar claro desde ya que no hay un solo documento, declaración, crónica periodística, carta o acta de reunión que vaya en el sentido de ratificar la veracidad del episodio. Tampoco existen acciones que puedan ser interpretadas como una consecuencia de lo que Rimet llama «el argumento decisivo» salvo las que él mismo evocó en los inventos siguientes de su ficción autobiográfica. Más allá de esta ausencia de pruebas, la falsedad de la intuición de Rimet se evidencia en el análisis mismo del episodio, primero porque el proceso que habría originado dicha intuición es absolutamente ilógico, segundo porque la función que Rimet le atribuye como refutación de la «objeción financiera» es un total contrasentido.

Múltiples incongruencias delatan las dificultades de Rimet para armar el episodio

El «episodio de Colombes» se presenta como un razonamiento deductivo dividido en tres partes: problema, argumento, solución. El problema es «la objeción financiera» que oponen los «escépticos», también designados como «los administradores»; la solución es organizar el Mundial en

Sudamérica. Entre ambos polos se desarrollan los argumentos que no son otra cosa que una descripción un poco extraña del encuentro futbolístico entre Uruguay y Suiza, y de sus consecuencias sobre la opinión.

Rimet asistió a la final de Colombes. Pero no fue un simple espectador como lo da a entender en su relato, sino el representante supremo del poder deportivo supremo. A ese título, presenció el encuentro desde la tribuna de honor, en medio de las principales autoridades olímpicas y futbolísticas del mundo, como presenció la mayoría de los encuentros anteriores.

Rimet no se presenta solamente como un simple espectador sino también como un espectador ingenuo, poco enterado del curso del torneo. El organizador de los sorteos no podía ignorar que se habían anotado veintitrés equipos, no veinticuatro, y que finalmente solo jugaron veintidós. Rimet se dice sorprendido por «la revelación» uruguaya. Pero como él mismo lo enunció en su propio semanario *France Football* al inicio del torneo: «Desde el primer partido contra los yugoslavos, el conjunto rioplatense fue considerado como el futuro campeón del mundo». La predicción se reforzó una semana más tarde cuando Uruguay goleó al equipo francés 5 a 1, en un partido evidentemente presenciado por el presidente de la FFFA.

Rimet se refiere a la alegría de las «naciones latinas», designando con esta fórmula a las naciones sudamericanas por oposición a las naciones europeas. Pero confunde o finge confundir el torneo de Colombes con el de Ámsterdam (1928) al término del cual los equipos sudamericanos participantes —Chile, Argentina y Uruguay— festejaron efectivamente juntos la victoria de su continente. En 1924, en cambio, solo el equipo celeste representó a América del Sur, y en el congreso que tuvo lugar al margen del torneo, además de la delegación oriental, la única presencia sudamericana, muy discreta, fue la del delegado peruano Alfonso Benavides.

Rimet habla también de la «simpatía» generada por el fútbol de los artistas uruguayos y de la deportividad de los dirigentes europeos. Esto también debe ser corregido o relativizado. Es un hecho confirmado por los propios jugadores celestes que, desde el partido contra los Estados Unidos, el público francés compuso una verdadera hinchada de varios miles de espectadores que alentaron a Uruguay incluso durante el partido contra los locales, reclamando, como lo declaró Petrone, «juego académico». También manifestaron abiertamente su admiración ciertos futbolistas y técnicos amantes del juego, deseosos de ver progresar la técnica europea y felices de descubrir un sistema de juego más creativo que el de los ingleses. Pero también es un hecho documentado que inmediatamente después de la final ciertos dirigentes no menores de la FIFA intentaron desacreditar la victoria de los uruguayos.

Cuatro días después de la final, Buero hizo llegar un telegrama al Ministerio de Relaciones Exteriores de Uruguay recomendando «la suspensión de todo proyecto de gira por Europa de la selección oriental». En un correo adjunto, advirtió que «el ambiente futbolístico europeo empieza a mirar con desconfianza la actuación de nuestro equipo», llegando a considerar incluso las propuestas de gira que le hacían como «maniobras formuladas con el secreto propósito de crear un argumento decisivo (sic) para calificar como profesionales a los campeones mundiales cuyo triunfo indiscutido y resonante ha causado muchos escozores entre los equipos de las naciones vencidas». Concluyó que «la enorme superioridad técnica de nuestro equipo, comprobada en las últimas olimpiadas desde el partido inicial, *ha causado estupor y consternación en el ambiente deportivo europeo*».

Los ataques provenían principalmente de Gabriel Bonnet, delegado suizo ante la FIFA, portavoz de los finalistas derrotados y dirigente de uno de los clubes más profesionalizados de toda Europa, base del seleccionado rojo, el Servette FC. Carecían de fundamento legal ya que nada en el reglamento se oponía a que los profesionales y no amateurs suizos o uruguayos disputaran el torneo olímpico o realizaran giras. Sin embargo, Rimet no defendió a los campeones, y en 1927, cuando formó la comisión encargada de estudiar la realización del campeonato propio de la FIFA, nombró presidente a Bonnet y los delegados sudamericanos no fueron invitados.

La demostración de Rimet carece totalmente de lógica

Pasemos ahora al análisis de la estructura global del episodio.

Rimet afirma que la solución que permitía vencer la objeción financiera era organizar el Mundial en Sudamérica. Pero no se entiende de qué manera una argumentación que se apoya exclusivamente en descripciones futbolísticas y que no presenta la más mínima consideración contable puede responder satisfactoriamente al temor de un fracaso financiero. La inserción de temas como la calidad del fútbol uruguayo o el entusiasmo del público francés en medio de la demostración aparece forzada y evidencia la total desconexión entre el problema a resolver, de orden financiero, y la sucesión de elementos descriptivos susceptibles de constituir su resolución, que son de otro orden.

Por la importancia de las recaudaciones generadas, la asistencia de público y la resonancia mediática, el campeonato olímpico de París reveló sin lugar a dudas la rentabilidad del Campeonato Internacional de fútbol. Pero a una condición: que se organizara en una gran capital de Europa, en situación de sustento material y de prestigio semejantes a los que había propuesto la capital francesa. En múltiples artículos, *France Football* destacó hasta la obsesión las excelentes cifras de las recaudaciones, lo que evidencia, bajo un ángulo contable muy preciso, la inexistencia de «objeciones financieras». El editorial del número 42 del 6 de junio señaló por ejemplo:

> El domingo pasado, particularmente, se batieron todos los récords de recaudaciones dado que el total realizado en Colombes y en Pershing alcanzó la formidable cifra de 321 mil francos. En cuanto a los partidos de la semana que se disputan generalmente en el estadio Bergeyre, el promedio de las recaudaciones puede ser evaluado en 75 mil francos. Es esta la más bella demostración de la gran popularidad de nuestro deporte favorito.

El éxito de público fue indiscutible: casi 190 mil espectadores y una recaudación total de 1 millón 800 mil francos. La tabla recapitulativa y comparativa de ingresos y espectadores publicada en la página 819 de la parte IV del informe oficial de la olimpiada indica que el atletismo recaudó 1 590 420 francos y atrajo a 122 300 personas, mientras que el fútbol colectó 1 798 751 francos correspondientes a una asistencia de 201 324 espectadores. El fútbol representó prácticamente un tercio de los beneficios de la olimpiada y un tercio del público total. Salvó y financió el evento. De ahí la exaltación de los dirigentes de la asociación francesa que, viendo que el fútbol se había vuelto la primera disciplina olímpica, creyeron en la posibilidad de conquistar el derecho a entrar como fuerza principal en el seno del COI.

Pese al éxito financiero del torneo olímpico y al hecho de que, a excepción de los sueldos personales que embolsaba Rimet por su trabajo en diferentes comisiones y como vicepresidente del Comité Ejecutivo del COF, la FIFA no ganaba un franco, la cúpula dirigente de la federación no se propuso organizar su propio Mundial inmediatamente. Los Juegos siguientes debían disputarse en tierras de Hirschman y no era concebible desecharlos. Los resultados económicos del torneo olímpico alimentaron en cambio las ambiciones de las asociaciones de Europa Central que empezaron a manejar la idea de crear una Copa continental propia, fuera de los Juegos y rentable.

El contrasentido que significa responder a la objeción financiera con el campeonato en Sudamérica muestra la impostura del «episodio de Colombes»

Pensar el Mundial en Uruguay como «argumento decisivo» contra la «objeción financiera» solo podía tener sentido si, a diferencia de lo calculado por los «escépticos» en caso de Mundial en Europa, el balance presupuestal de una tal aventura resultaba claramente ventajoso. Se entiende fácilmente que no podía ser así.

Jugaron en París 22 equipos, y entre jueces, entrenadores, oficiales y jugadores, se totalizó medio millar de participantes no franceses. Los

17 equipos europeos invitados más Turquía (Asia) se desplazaron en tren siguiendo trayectos cortos de uno a dos días. Los egipcios tardaron cuatro días en llegar a la capital francesa. Solo dos delegaciones —Uruguay y Estados Unidos— cumplieron desplazamientos largos y costosos. El cruce del Atlántico llevó veinte días a los del sur, diez a los del norte. En cuanto a la estadía, los jugadores transoceánicos debieron prever dos meses y medio de licencia mientras que los europeos, en ausencia de torneo de repechaje, regresaron a sus casas a medida de su eliminación.

En otro aspecto, París, con sus tres millones de habitantes y su alto nivel de vida, aseguró un buen aporte de público dispuesto a pagar entradas relativamente caras. La potencia material francesa garantizó la puesta a nivel de una importante infraestructura: transportes, campos de entrenamiento, ciudad olímpica y cuatro estadios disponibles: Colombes con capacidad para 60 mil espectadores; Pershing, París y Bergeyre cada uno con capacidad para 20 mil personas.

Imaginemos ahora la situación en caso de organizarse un torneo semejante en el Uruguay de aquél momento. Supongamos la misma cantidad de participantes, 22 equipos, 8 americanos y 14 europeos. Ya no eran 44 los jugadores llamados a efectuar el viaje transatlántico entre América y Europa sino cerca de 300, es decir seis a siete veces más. A esto hay que agregar las complicadas travesías de las delegaciones provenientes de América del Norte y de países como Perú, Bolivia o Chile, llegándose por este lado a un monto total en gastos de viaje diez veces más elevados. En materia de estadía, las cosas también se agravaban por el hecho de que el regreso en barco debía fijarse por adelantado y necesariamente al término del campeonato.

Debe considerarse finalmente que Montevideo contaba entonces apenas medio millón de habitantes. El nivel de vida era bajo y se atravesaba un período de crisis. El parque Pereira, que había albergado un público de 40 mil personas el día de la final sudamericana de 1917, había sido demolido en 1920. El Parque Central —estadio con máxima capacidad— podía recibir apenas 20 mil espectadores.

Así, en 1924, un Mundial en Montevideo de nivel semejante al de París habría costado siete veces más y aportado dos veces menos.

Podría objetarse que las cifras de público de la Copa organizada en Montevideo en 1930 fueron mucho más elevadas que las de Colombes: Argentina vs Francia, 23 mil espectadores; Argentina vs México y Argentina vs Chile, 42 mil; Uruguay vs Perú, 57 mil; Uruguay vs Rumania, 73 mil; Argentina vs Estados Unidos, 73 mil; Uruguay vs Yugoslavia, 80 mil; y la final Uruguay vs Argentina con venta de localidades limitada por razones de seguridad, 70 mil. Pero en 1924 nadie podía prever una afluencia tan importante.

El 26 de marzo de 1929, el muy bien informado Enrique Buero seguía considerando como un handicap insalvable de la candidatura uruguaya «el riesgo financiero» (sic): «Imposible colmar 15 o 20 partidos disputados entre semana y con entradas caras».

La idea de un Mundial en Montevideo surgió en febrero de 1929 en el Club Nacional de Football

En enero de 1929, la Comisión Bonnet creada por la FIFA para preparar el Campeonato del Mundo, comunicó a las asociaciones los resultados de sus trabajos. Envió tres documentos: el reglamento general, los diferentes reglamentos financieros en discusión, y finalmente, un llamado a candidatura a ser sede. En ese momento preciso, solo se había presentado la candidatura de Roma con su correspondiente plan económico.

El 18 de febrero de 1929, en la sesión extraordinaria de la comisión directiva del Club Nacional de Football de Montevideo, los dirigentes José Usera Bermúdez y Roberto Espil presentaron un proyecto titulado «Pugnando por que sea Montevideo la sede del Campeonato Mundial de 1930». El 5 de marzo, Buero recibió el planteamiento y fue solicitado para intervenir ante la FIFA. Usera Bermúdez señaló entonces que contaba con el apoyo de los poderes públicos y anunció la inminencia del envío de la candidatura a la federación internacional.

En su libro *Negociaciones internacionales*, el diplomático uruguayo expresó sin ambigüedad este hecho mayor:

> A los señores Usera Bermúdez y Espil corresponde el honor de ser los autores *de la iniciativa de elegir Montevideo como sede de la disputa del primer Campeonato del Mundo de la* FIFA.

No menciona a Rimet.

El proyecto presentado por los tricolores era serio, completo y sólidamente argumentado. Lo precedían encuestas que recogían la opinión de especialistas internacionales. En su argumentación señalaba que se trataba de agregar a «los costosos festejos del primer centenario del país, una fiesta deportiva» que sería algo así como el traslado al Uruguay de lo que habían sido las olimpiadas de París y Ámsterdam.

Se evocaba la reunión «en marzo próximo de la confederación sudamericana en la cual se solicitará el apoyo de América y la defensa de la tesis uruguaya en el congreso de la FIFA previsto en 1929 en España».

Los dirigentes de Nacional entendían que «como ganador del campeonato de la octava y novena olimpiada, Uruguay tenía *casi el derecho* a pedir a sus rivales que disputen el torneo en su casa». El proyecto proponía diferentes acciones: mandar delegados a Buenos Aires; enviar una nota a la FIFA y a todas las asociaciones afiliadas explicando las razones del proyecto y las facilidades financieras únicas que Uruguay otorgaría a los seleccionados invitados; constituir un bloque sudamericano para defender la candidatura de Montevideo ante el congreso de la FIFA.

La verdad: Rimet asistió a la final del torneo olímpico de fútbol de 1924 en calidad de primer organizador del «Torneo Mundial de fútbol». Su estrategia única era entonces conducir los Mundiales olímpicos. Su relato sobre una supuesta concepción temprana del Mundial en Montevideo se revela absurdo, y en su absurdidad se evidencia la mentira. Colombes demostró la rentabilidad de un torneo internacional de fútbol en Europa.

Esta certeza llevó a que dirigentes de Europa Central, de Italia y de Francia empezaran a manejar la idea de un campeonato propio y rentable en el Continente (Copa de Europa). La idea de un Campeonato del Mundo propio de la FIFA surgió a principios de 1927 como reacción a la iniciativa de los dirigentes de Europa Central. La idea del Campeonato del Mundo en Montevideo nació dos años después, en la capital uruguaya, en el seno del Club Nacional de Football, como lo confirmó el vicepresidente de la FIFA, Enrique Buero, en su libro de 1932.

22. Plan secreto

La mentira: En 1925 en Ginebra, Rimet propuso al diplomático uruguayo Enrique Buero un plan destinado a organizar en Montevideo el «Mundial todo pago» de la FIFA. Buero aceptó y se propuso convencer a los dirigentes de la AUF. Lo hizo «más allá de lo esperado».

La cita mentirosa y su significado

> En 1925, la casualidad, por no decir el Dios del fútbol, llevó a que me encontrara en Ginebra, Quai des Bergues, con Enrique Buero, brillante diplomático, actualmente embajador en Londres, que era en aquel momento ministro del Uruguay en Bruselas. Había acompañado al equipo de su país en los Juegos Olímpicos de París, asistido a su victoria, y se había convertido en un partidario convencido de nuestro deporte. La entrevista fue larga. Teníamos muchos recuerdos para evocar de un pasado reciente y perspectivas a encarar en vistas, como se verá, de un futuro cercano. **Al dejarlo, me llevé la esperanza de que, si se la solicitaba, la Asociación Uruguaya aceptaría probablemente organizar el primer campeonato del mundo asumiendo los gastos de viaje y de estadía de los equipos europeos. Tenía la confirmación de que Buero, cuyo crédito yo ya conocía, haría todo lo posible para obtener el asentimiento de sus compatriotas. Y lo hizo más allá de lo esperado. La Copa del Mundo nació por fin de ese encuentro que no dudo en calificar de Providencial.**
> (pp. 27 y 28)

El «episodio de Ginebra» constituye la segunda gran mentira de Rimet en la forja de su leyenda como «inventor del Mundial»: después de la «concepción» en 1924, la planificación en 1925.

Llaman la atención, en primer lugar, las características que adquieren las condiciones en que se produjo el encuentro por su incoincidencia con el carácter que Rimet atribuye a su contenido. Fue un encuentro «casual», lo que contrasta con el carácter «necesario» de la comunicación de una idea crucial —el «argumento decisivo»—, sobre todo si se considera que no estamos hablando de una persona aislada, desconectada del mundo, sino del presidente de una federación internacional en pleno auge, que desde su posición privilegiada podía relacionarse fácilmente, de manera eficiente y formal, con los representantes legales de las asociaciones. Fue también un encuentro tardío: el presidente de la FIFA descubre el «argumento decisivo» pero espera un año para comunicarlo. Fue inoportuno: Rimet venía anunciando la necesidad de convencer antes que nada a los «administradores», no a un político uruguayo. Fue o parece ser, finalmente, un encuentro maniobrero: se produjo fuera de los canales oficiales, con aires de conspiración, como si la elección de la sede del Mundial debiera decidirse a escondidas, y no en el debate abierto del congreso.

El «episodio de Ginebra» tiene un parecido con el «episodio de Colombes»: se encuentra encerrado en la esfera improbable de lo personal. En Colombes, Rimet reflexiona solo, en la tribuna, mientras mira el partido. En Ginebra, discute con Buero en un bar, informalmente. Las reflexiones íntimas de Colombes son inasequibles. Las palabras intercambiadas en Ginebra también lo son. La astucia ofrece, en principio, dos ventajas: por un lado, el lector tiende a pensar que el carácter privado de los hechos exonera al autor de presentar pruebas; por otro, el autor puede concentrar la atribución de los méritos exclusivamente sobre su propia persona.

El talón de Aquiles de la nueva mentira lo constituyen estas frases: «Buero, cuyo crédito yo ya conocía, *haría todo lo posible para obtener el asentimiento de sus compatriotas. Y lo hizo más allá de lo esperado.*» La exploración de los archivos del diplomático uruguayo permite afirmar que no existe un solo documento, informe o crónica que corrobore siquiera indirectamente la existencia de acciones suyas en ese sentido. La historia que narra Buero en *Negociaciones internacionales* a través de múltiples documentos y breves pero significativos encabezamientos, se encuentra en realidad en oposición total con la teoría de Rimet y muestra de modo contundente que la cadena humana de los convencimientos funcionó exactamente en sentido contrario.

En 1925, Buero no era la persona indicada para entablar gestiones complicadas ante la AUF

Rimet se refiere al embajador uruguayo, diplomático serio y activo, como si en 1925 se tratara de la persona ideal para hacer avanzar su plan. El joven diplomático se había puesto al servicio del fútbol celeste dos años antes. Solicitado por el Ministerio de Relaciones Exteriores, había asistido al congreso de Ginebra como delegado oficioso de la AUF con el objetivo de tramitar la afiliación de la asociación uruguaya ante la FIFA. En 1924 había vuelto a actuar, esta vez como delegado oficial, siendo uno de los tres representantes uruguayos en el congreso de París.

Después de la victoria celeste, Buero se alejó del fútbol. Su distanciamiento se dio en condiciones de conflicto con los dirigentes montevideanos como lo confirman los documentos que él mismo publicó, desde el largo informe del 13 de agosto de 1924 enviado al Ministerio de Relaciones Exteriores que se termina así: «Aprovecho esta oportunidad para reiterar a vuestra excelencia *las protestas de mi mayor consideración*».

En un telegrama enviado poco después a Roberto Pietracaprina, en relación con el banquete en homenaje a los jugadores celestes organizado en el Quai d'Orsay, Buero pidió que «en el momento en que todos los compatriotas festejan a los valientes campeones, se asocie mi nombre a tan legítimo júbilo», y esta exigencia, a la par de otras de orden financiero igualmente justificadas, se reiteró varias veces. Tan es así que el 23 de diciembre, el presidente de la asociación uruguaya, Atilio Narancio, se vio obligado a responder que «la asociación debe a usted una manifestación de profundo reconocimiento que *no le ha llegado por una omisión involuntaria de las oficinas*».

El tema se cerró solo en apariencia. En una nueva carta enviada desde Berna el 13 de enero de 1925, Buero agradeció el súbito reconocimiento y propuso su decidida y franca cooperación. Pero culminó «reiterando al señor Presidente y por su intermedio a los demás miembros del Consejo, *las protestas de mi alta consideración*». Esas condiciones complicadas duraron hasta mayo de 1927, transcurriendo dos años y medio durante los cuales las relaciones entre los dirigentes uruguayos y el embajador cesaron por completo.

En 1925 resultaba absurdo imaginar que la AUF aceptaría organizar un Mundial «todo pago» en Uruguay

En 1925, la idea de organizar un Mundial de fútbol «todo pago» en Montevideo no podía pasar ni en broma por la cabeza de los dirigentes del fútbol uruguayo.

En el plano económico, era de conocimiento público que la AUF no había podido financiar la participación de su equipo en los Juegos de 1924. Para recaudar fondos, se había visto obligada a organizar una gira previa por España y a solicitar la contribución financiera personal de algunos de sus dirigentes. Si no era capaz de financiar la participación de su propio equipo, ¿cómo imaginar que podría costear los gastos de una veintena de delegaciones?

En lo político-deportivo, la situación no era mejor. Uruguay había perdido toda autoridad a nivel de la Confederación Sudamericana y su fútbol nacional estaba dividido. La AUF había jugado un rol primordial en el nacimiento de la Copa América. Su papel vanguardista había durado hasta 1920. Bajo el liderazgo de Héctor Gómez, se había impuesto una política de compromiso a nivel continental con intervención del congreso en la solución de los recurrentes cismas nacionales. Pero finalmente, los dirigentes argentinos, atizando nacionalismos, impusieron sus hábitos políticos de conflictualidad.

El 9 de julio de 1920, la asociación disidente bonaerense pidió audiencia al congreso confederal. El 9 de septiembre, la asociación argentina oficial amenazó con retirarse de la Copa América si el congreso aceptaba recibirlos. El 26, en su afán de neutralidad absoluta, la asociación uruguaya suspendió todo encuentro internacional con los argentinos. La perspectiva de la Copa América organizada en Buenos Aires en 1921 agudizó los conflictos. La selección chilena tuvo la mala idea de jugar un partido de preparación contra un seleccionado albiceleste disidente lo que llevó a que la asociación argentina oficial solicitara ante el congreso la expulsión de Chile. Los chilenos boicotearon el torneo y Uruguay amenazó con hacer lo mismo si no se hallaban soluciones. Plegándose a estas exigencias, los dirigentes argentinos aceptaron iniciar un proceso de fusión. Pero el tratado elaborado a ese fin, desechado después de la Copa, no se firmó.

En junio de 1922, los delegados argentinos, brasileños y paraguayos impusieron la adopción por el congreso de una decisión fundamental destinada a prohibir cualquier mediación uruguaya en caso de división nacional. En noviembre, la crisis se agravó con cismas simultáneos en Argentina, Brasil, Chile, y por primera y última vez, en Uruguay, alcanzando a mediados de 1923 un punto culminante cuando los disidentes de estos cuatro países fundaron una Confederación Sudamericana Amateur.

Fue este oscuro panorama lo que determinó la decisión de la AUF de enviar un equipo a las «olimpiadas mundiales de París» con la idea de salir del caos por lo alto. «El fútbol uruguayo ha crecido tanto —escribió entonces José María Delgado— que ya el escenario nacional y hasta el continental le quedan chicos.»

La victoria de Uruguay en Colombes produjo un choque psicológico positivo.

El 25 de octubre de 1925, la disidente Federación Uruguaya de Fútbol (FUF) y la AUF aceptaron el denominado «laudo Serrato» preparado por altas personalidades del fútbol uruguayo y patrocinado por el Presidente de la República. Se abrió entonces un período de transición que en 1926, condujo a la disputa de un campeonato nacional con dos series. La unificación completa se alcanzó recién a principios de 1927. En Argentina, un proceso similar se puso en marcha cuando, el 12 de septiembre de 1926, el presidente Marcelo de Alvear ordenó la reunificación del fútbol nacional. La iniciativa apuntó explícitamente a una participación del seleccionado en la olimpiada de Ámsterdam.

Así, durante siete años, la organización del fútbol rioplatense escapó totalmente al control de sus dirigentes tanto en lo continental como en lo nacional. Se entiende fácilmente que, ahogados por el contexto, no se les ocurriera siquiera remotamente la posibilidad de un Mundial que no fuera el admirado torneo olímpico que proponían los europeos. Las únicas perspectivas imaginables y alcanzables eran, para los argentinos, la de una «revancha» en Holanda, y para los uruguayos, la de conservar el título olímpico.

El triunfo rioplatense en la doble final de 1928 devolvió a Sudamérica confianza y ambición. Esto, más la recobrada unidad de sus fútboles nacionales y de su fútbol continental, instalaron ciertas condiciones objetivas que posibilitaron el surgimiento de la hipótesis, no por ello menos extravagante, de un Campeonato del Mundo en Uruguay.

Nada en la correspondencia entre Rimet y Buero indica la existencia de un plan de acción común

Buero volvió a vincularse con el fútbol en agosto de 1927, haciéndose cargo del alojamiento de los jugadores uruguayos que debían llegar a Ámsterdam y actuando luego como delegado en el congreso organizado por la FIFA al margen del torneo olímpico.

El 26 de mayo, apoyado por el bloque sudamericano —Uruguay, Argentina, Brasil y Chile—, fue elegido vicepresidente de la FIFA en reemplazo del inglés William Pickford. Se convirtió entonces en el primer vicepresidente no europeo de la federación. También fue designado miembro del Tribunal de reclamos que controló el desarrollo del torneo. Cuatro días después, el seleccionado uruguayo jugó su primer partido y eliminó a los locales holandeses 2 a 0.

El primer contacto escrito entre Rimet y Buero se produjo recién el 9 de diciembre de 1929, años después del encuentro de Ginebra y meses después del Congreso de Barcelona. Fue un breve telegrama en el cual el diplomático uruguayo confirmaba que la AUF estaba dispuesta a otorgar caché a los equipos profesionales y pedía al presidente de la FIFA informaciones sobre la reacción de las federaciones europeas en relación con la participación en el Campeonato del Mundo.

Rimet respondió el 14 con una larga carta en la cual presentó un panorama idílico de sus supuestas tratativas. Según el presidente de la FIFA, la perspectiva de participación era extraordinaria, confirmándose prácticamente las asistencias de Italia, Suecia, Noruega, Austria, Yugoslavia, Hungría, Checoslovaquia, Bélgica e Irlanda libre, a las que cabía agregar incluso las cuatro naciones británicas: trece países en total, cifra perfectamente infundada, que tenía la ventaja de ejercer una presión extrema sobre los dirigentes uruguayos. La carta de Rimet se cerraba con un palazo que invertía las responsabilidades en el bloqueo de la situación: «El anuncio del *boicot sudamericano* no podía caer peor». El 20 de diciembre, Buero respondió lacónicamente poniendo las cosas al derecho: «Urge europeos resuelvan ahora inscripción». Es que a seis meses del inicio del Mundial y pese a las excepcionales ofertas financieras de la AUF, no se había registrado una sola anotación europea.

Después de esta tensa comunicación, no hubo más intercambios hasta principios de mayo.

En marzo de 1930, Buero envió a la AUF un telegrama clave:

> Rimet propone organizar Copa de Europa en lugar de Campeonato del mundo y que dos finalistas europeos se encuentren con dos finalistas americanos en Montevideo disputándose un trofeo mundial.

El mensaje evidenciaba la adhesión de Rimet a la posición de los italianos que, desde enero, lideraban «la propaganda contra el campeonato». La propuesta fue secamente rechazada por la presidencia de la AUF.

Como a mediados de marzo la federación francesa seguía absteniéndose «por unanimidad», Buero anunció a Rimet su presencia en París el día 15 «para gestionar ante el Subsecretario de Estado a la Educación Física, Henry Pathé» una decisión del gobierno francés en favor de la participación. La estrategia colocó al presidente de la FFFA fuera de circuito, en la humillante obligación de someterse al dictado de dos políticos: Buero y Pathé. El 28, a regañadientes, la directiva francesa cedió. Siguieron intercambios de orden práctico relacionados con los billetes de tren y barco, y con el adelanto del dinero por la AUF. La comunicación se cerró el 21 de junio con deseos de buen viaje.

Así, Rimet y Buero intercambiaron durante apenas siete meses, sin aludir en ningún momento al supuesto plan establecido en Ginebra y sin que se evidenciara en las cartas la gran complicidad que supone el relato de *Historia maravillosa...*

Un documento publicado al final de *Negociaciones Internacionales* da la pauta de la mala relación que reinó entonces entre los dos hombres. El 11 de noviembre de 1930 tuvo lugar en Montevideo la entrega de las medallas de oro a los celestes campeones del mundo. En un discurso pronunciado en su calidad de vicepresidente de la FIFA, Buero recordó la gesta de los futbolistas y rindió un vibrante homenaje a Raúl Jude y a Héctor Gómez. Pero desatendiendo la cortesía protocolar más elemental, no nombró una sola vez al presidente Rimet.

Las reticencias de Buero a las propuestas de la AUF demuestran el carácter falacioso del «episodio de Ginebra»

El desmentido definitivo del «episodio de Ginebra» lo aporta la serie de correspondencias que Buero mantuvo con los dirigentes del fútbol uruguayo a principios de 1929.

Todo empezó el 5 de marzo cuando el secretario del Club Nacional de Football de Montevideo, Usera Bermúdez, escribió a Buero señalándole que su entidad había sometido a la AUF un proyecto y pidiéndole «actuar como representante de toda América y primer sostenedor de la tesis».

El diplomático uruguayo respondió el 26 que, aunque consideraba «justificada la proposición en sus fundamentos», le parecía totalmente «imposible de ser llevada a la práctica». Calificándola de utopía, le opuso cuatro sólidas objeciones: «la angustia de los plazos», «la ausencia de un estadio de dimensiones necesarias», «el problema financiero» y «la dificultad de alcanzar una afluencia de público suficiente». Estas reticencias bastan para demostrar la falsedad del «episodio de Ginebra».

El 20 de abril, Usera respondió presentando punto por punto una respuesta a las observaciones de Buero. Indicó que el proyecto ya había sido aprobado por la Confederación Sudamericana de Fútbol y que los países afiliados a ella iban a «mandar delegados a España con el objetivo de votarlo». Agregó que el gobierno se había «comprometido a pagar el déficit que pudiera producirse y que el municipio de Montevideo había decidido construir un estadio de dimensiones adecuadas». Concluyó que la estrategia de la AUF era «superar cualquier oferta», que «la propuesta de Italia es fácilmente superada por la nuestra», y que se trataba «ahora de convencer a los europeos y decidir a los señores Rimet y Hirschman de que les vendría muy bien un viajecito hasta esta parte del mundo *pagados todos los gastos*».

El 27 de abril, un despacho del Ministerio de Relaciones Exteriores del Uruguay confirmó al embajador que el Estado asumiría «íntegramente el costo de los pasajes en primera clase, alojamiento y comida para 20 jugadores de cada país participante», y eso

> durante la estadía más 8 días suplementarios, abriendo la posibilidad de pagar además compensaciones por salario perdido de 4 pesos por día de estadía y 2 pesos por día de viaje». Se trataba de «una propuesta máxima —a mantener en reserva— que en lo posible debe ser rebajada.

El 28 de abril, apenas veinte días antes del inicio del Congreso de Barcelona y después de dos meses de hesitaciones *que enlentecieron peligrosamente la acción preparatoria que debía llevarse en Europa en favor de la causa montevideana*, Buero aceptó «honrado la delegación». La AUF le hizo llegar entonces un despacho confirmando el envío de los delegados de la Confederación Sudamericana de Fútbol al congreso de la FIFA en Madrid (sic) «con mandato imperativo de voto a favor del proyecto» e informando que «el estadio a construir podrá recibir 100 mil espectadores».

La verdad: Entre 1925 y 1927, Buero se retiró de sus actividades como dirigente del fútbol. Durante ese período, la única perspectiva mundialista viable, tanto para los dirigentes de la FIFA de Europa como para los dirigentes de los países que integraban la Confederación Sudamericana, fue el torneo olímpico programado en Ámsterdam. A nadie se le habría ocurrido la perspectiva absurda de organizar un Mundial en medio del caos que conocía el fútbol sudamericano. Las correspondencias publicadas en *Negociaciones internacionales* desmienten el episodio de Ginebra. Primero, porque Buero afirma inequívocamente que la idea del Mundial en Montevideo nació en el Club Nacional de Football. Segundo, porque en ninguna correspondencia con Rimet alude al supuesto plan. Tercero, porque cuando los dirigentes uruguayos le sometieron su proyecto, en febrero y marzo de 1929, lejos de apoyar la idea, Buero se mostró reticente y lo bloqueó durante dos meses. No fue Rimet quien convenció a Buero quien obtuvo a su vez el asentimiento de sus compatriotas. Fueron los dirigentes uruguayos quienes convencieron difícilmente a Buero quien a su vez forzó la participación del dirigente francés pasando por la esfera política.

23. Sin dificultades

La mentira: Los diferentes proyectos con diferentes campeonatos elaborados por la Comisión Bonnet a pedido del Comité Ejecutivo de la FIFA eran todos excelentes, susceptibles de ser aprobados sin dificultades. Pero no llegaron a tiempo a ciertas asociaciones y no pudieron ser discutidos por el congreso de Helsinki en 1927.

La cita mentirosa y su significado

> Yo esperaba la aprobación sin dificultades por el Congreso de Helsinki de una u otra de estas disposiciones, cuya comunicación anticipada a todas las asociaciones nacionales había sido decidida, para que pudieran deliberar y enviar delegados con mandatos precisos de voto. Pero sucedió que varias de nuestras circulares no llegaron a destino sino después del arribo a Finlandia de los delegados. Estos declararon que no podían pronunciarse sin consultar a sus mandantes, y solicitaron el aplazamiento del tema a un próximo Congreso. Su actitud se justificaba y como lo importante para el prestigio de la Copa era que naciera de un gesto unánime, para no correr el riesgo de un voto dudoso el Comité Ejecutivo adhirió a la idea del aplazamiento. **¡Pero se perdía un año más!**
> (p. 32)

El 18 de noviembre de 1926, las asociaciones de Checoslovaquia, Hungría, Austria e Italia se reunieron en Praga y propusieron crear una

Copa de Europa. Se trataba, por un lado, de hacer como los sudamericanos que tenían su Copa América y alcanzaban un nivel técnico superior, y por otro, de ganar plata. La propuesta, doblemente sensata, no fue del gusto de la dirección de la FIFA. En la «Creación de la Copa del Mundo», Rimet justificó su veto en los siguientes términos:

> Los promotores de la Copa de Europa *entendían restringir la prueba al Continente*. El proyecto, sometido a la federación, fue transmitido al Comité Ejecutivo, que lo rechazó considerando que chocaba con las disposiciones estatutarias que reservaban a la FIFA el derecho exclusivo de organizar el Campeonato Internacional.

Eran argumentos falaciosos. Ni los dirigentes centrales pretendían apropiarse de la Copa de la FIFA «restringiéndola» ni la FIFA tenía derecho a organizar una copa geográficamente limitada. Desde la «definición de una Federación Internacional» votada por Rimet en el congreso olímpico de 1921, la FIFA se hallaba constitucionalmente en la imposibilidad de crear una Copa continental. Esta solo podía surgir fuera de la FIFA, como propuesta de una «confederación», a imagen de lo que pasaba en Sudamérica.

Para «responder» a la iniciativa de Italia y de los países centrales, Rimet decidió crear una comisión, con muy buena representación de los disidentes. Se le asignó la misión de formular, *sin restricciones de ningún tipo*, todos los proyectos de campeonato que se consideraran necesarios. Los disidentes se ilusionaron. Confiando en la promesa de que sería sometido a discusión en el próximo congreso de Helsinki, a la par de proposiciones mundialistas, presentaron el ansiado proyecto continental.

Rimet creó la Comisión Bonnet para impedir el surgimiento de una confederación continental

Al culminar el año 1926, el objetivo de la dirección de la FIFA no era otro que una participación en el torneo olímpico de Ámsterdam. El proyecto de

Copa de Europa adoptado por los países centrales cayó entonces como una interferencia desalentadora y peligrosa. Los dirigentes de Europa Central no lo expresaban claramente, pero sabían, al igual que Rimet, que su iniciativa conduciría inevitablemente y a corto plazo, a la creación de una confederación continental que pondría fin al monopolio de la FIFA sobre el fútbol de la zona.

Aplicando el viejo precepto de su ídolo Clémenceau —«para enterrar una idea, lo mejor es crear una comisión»— Rimet nombró un grupo de trabajo con Bonnet como presidente, y los siguientes miembros: Meisl (Austria), Delaunay (Francia), Félix Linneman (Alemania) y Mario Ferretti (Italia). Todos salvo Linneman eran europeístas convencidos. Bonnet, Meisl y Ferretti apoyaban abiertamente el proyecto de Copa de Europa elaborado en Praga. Todo parecía indicar que se abriría «el gran debate».

La comisión se reunió varias veces, discutió mucho y no llegó a síntesis. El 9 de febrero de 1927, desde Zurich, transmitió al Comité Ejecutivo un informe y tres propuestas, cada una de las cuales contenía dos proyectos complementarios. El Comité Ejecutivo prometió el envío de los documentos a las asociaciones con vistas a su discusión y voto cuatro meses después en el congreso de Helsinki. Es en referencia a esas seis «disposiciones» que, en la cita mentirosa, Rimet expresa el deseo y la certeza de una fácil aprobación. Las resumimos a continuación.

Italia propuso crear una Copa de Europa cada dos años, con una ronda preliminar organizada en cuatro grupos. Planteó también una Copa del Mundo particular entre «los cuatro vencedores de los grupos europeos» y el vencedor del «grupo sudamericano», a los cuales se agregarían más adelante los ganadores de nuevos grupos surgidos en otros continentes. Alemania defendió la idea de crear dos Mundiales: uno para los amateurs, cada cuatro años, en el marco olímpico, otro para los profesionales, cada dos años. Finalmente el representante francés manifestó su deseo de que la FIFA se dotara de una Copa de Europa cada dos años, con eliminatorias, abierta a todas las asociaciones del Viejo Continente, y de una Copa del Mundo cada cuatro años, también con fases preliminares.

Las propuestas de la comisión violaban las obligaciones de la FIFA y eran inaceptables para el congreso

Tomando al pie de la letra las tergiversaciones de Rimet, la Comisión Bonnet conservó en su reflexión la perspectiva continental. La agravante fue que al proyecto del «grupo de Praga» se sumó el del secretario general de la asociación francesa. Los proyectos de Copa de Europa presentados por Italia y Francia eran prácticamente idénticos. Pero como implicaban, por definición, la exclusión de los equipos no europeos, la FIFA no los podía adoptar ni organizar. Tampoco tenía sentido que, en el marco del congreso mundial de Helsinki, asociaciones de América o de Asia se pronunciaran en favor o en contra de un torneo que no las concernía. Rimet sabía muy bien todo esto, pero dejó correr.

También resultaba ilícita la propuesta italiana de un mundial entre cuatro equipos europeos y el campeón de Sudamérica. Además de presentar una fórmula caricatural y desequilibrada, excluía a los seleccionados provenientes de África —recuérdese la participación de Egipto desde el torneo olímpico de 1920—, Asia —recuérdese la presencia de Turquía en 1924— y América del Norte —recuérdese la presencia de los Estados Unidos desde 1924, y la de México en 1928, dos países que no jugaban la Copa América—.

Las proposiciones alemanas —un Mundial amateur y un Mundial profesional— eran igualmente inaceptables. Una selección era, por definición, el conjunto de los mejores jugadores libremente elegidos por la asociación nacional. El modelo por excelencia seguía siendo el BHC en donde se enfrentaban seleccionados mixtos. La división en categorías significaba la aceptación de la exclusión social y una doble limitación: los países de fútbol amateur quedaban excluidos de la copa profesional y los países de fútbol profesional no podrían presentar a sus mejores jugadores en la copa del mundo amateur. Finalmente, el sistema chocaba con la decisión estatutaria adoptada el 26 de mayo de 1925, registrada en la página 11 de las actas del congreso de Roma:

En los encuentros y en las competiciones internacionales, los equipos de clubes o de asociaciones nacionales pueden enfrentarse sea cual sea el estatuto de los players —amateurs, no amateurs o profesionales— a condición de tramitarse previamente la autorización por las respectivas asociaciones nacionales.

En definitiva, de las seis «disposiciones» producidas por la comisión, la única más o menos viable era la copa abierta que proponía Francia. Sin embargo, incluso en este caso, la perspectiva de eliminatorias planteada por Delaunay generaba múltiples interrogantes: ¿cómo se constituirían los grupos? ¿cómo podrían clasificarse países que desearan disputar el torneo a último momento o que por hallarse en regiones de poco desarrollo organizativo o de difícil comunicación como América Central, Oceanía y Asia, no tenían posibilidades de disputar rondas de clasificación?

En Helsinki, fue Holanda que solicitó postergar las discusiones

En su narración de lo sucedido en Helsinki, Rimet hace cuatro afirmaciones: que ciertas circulares no llegaron a tiempo; que fueron los delegados no informados los que solicitaron el aplazamiento de las discusiones; que el Comité Ejecutivo aceptó entonces el pedido; y que lo hizo lamentando que se perdiera un año más. Veremos, en cierto desorden, que ninguna corresponde a la verdad.

El congreso se extendió del 3 al 5 de junio. Participaron veinte asociaciones europeas. El 4 se discutieron diversas modificaciones estatutarias. El tema se vinculaba indirectamente con los proyectos de la Comisión Bonnet —contra ellos, en realidad— en la medida en que se afirmaba la prioridad de la FIFA que era garantizar la conducción del torneo olímpico de Ámsterdam en condiciones de libertad reglamentaria. Recién el 5 se abordó el tema candente del «Campeonato Internacional».

Las actas registraron que «el presidente pidió al señor Meisl que transmitiera al congreso el informe elaborado por la comisión para el

Comité Ejecutivo». Su lectura provocó la intervención inmediata del holandés Verwoerd —evidentemente muy al tanto de lo que venía sucediendo— que solicitó «el envío del informe a las asociaciones nacionales y *el aplazamiento de los debates hasta el año próximo*». Su reacción expresaba el lógico temor de los holandeses de que los proyectos de la Comisión Bonnet interfirieran con el torneo olímpico, de ningún modo el supuesto desconcierto de los delegados no informados evocado por Rimet.

El austríaco Eberstaller —también muy enterado de lo que estaba en juego— se opuso a la solicitud de Holanda, entendiendo que no debían «postergarse más las iniciativas que interesaban a muchas asociaciones» y afirmando que formaba parte «de los deberes de la FIFA tomar en cuenta dichos intereses». Rimet entró entonces en acción enunciando la idea del Comité Ejecutivo: «organizar un torneo internacional en 1930 en un lugar a definir por la federación y abierto a los mejores equipos de cada país». La posición expresaba más la voluntad de ahogar las propuestas de la comisión que la de respetarlas y garantizar el debate. Tenía la particularidad de fijar una fecha que salvaguardaba el torneo de Ámsterdam.

Austria e Italia denunciaron la prohibición de la Copa de Europa como contraria a los intereses del fútbol

Meisl volvió a la carga recordando que los países de Europa Central habían introducido el profesionalismo y que «fue pensando en las necesidades del fútbol que se propuso instituir una Copa de Europa que no fue autorizada por el Comité Ejecutivo». Reclamó la autorización de defender los intereses propios y consideró que «la organización de un torneo no significa sobrecarga en el programa que se fijaron los diferentes países».

Confirmando la unanimidad del Comité Ejecutivo en cuanto a la prohibición de la competición continental, el danés Œstrup se declaró «personalmente contra un torneo internacional de esa índole» y Hirschman explicó que «la Copa de Europa no fue autorizada porque *habría tendido a transformarse en un torneo de tipo internacional* que solo la FIFA tiene derecho a organizar». La afirmación, evidentemente absurda —un torneo continental no tenía porqué «tender» a mundializarse si se establecía una estructura confederal y se fijaba un reglamento limitativo claro— reiteraba las confusiones alimentadas por Rimet. El secretario general enunció luego las migajas que aceptaba conceder la FIFA en los siguientes términos: «No veo objeción al hecho de que *algunos países de Europa Central* organicen un campeonato entre ellos.» El italiano Mauro criticó estas restricciones: «Cualquier campeonato entre los mejores equipos representativos es bueno para el fútbol», y exigió el derecho de Italia a enfrentarse con los mejores equipos de Europa Central.

Delaunay denunció el no envío de las propuestas por el Comité Ejecutivo pero cedió al sabotaje de la Copa de Europa

Delaunay se encargó de cerrar las discusiones. Deploró el hecho de que «el informe de la comisión reunida en Zurich *no fue enviado a las asociaciones* en momentos en que solo una de las tres ideas formuladas se somete a discusión» y presentó luego la siguiente moción:

> *El congreso, lamentando no haber sido informado oportunamente de los resultados de la comisión de estudios de Zurich* lo que le impidió comentar el tema, decide postergar hasta su próximo encuentro el examen de la propuesta de creación de una copa organizada por la FIFA abierta a los equipos representativos de las asociaciones afiliadas. Al mismo tiempo, la FIFA autoriza las asociaciones nacionales a reunirse en cantidad limitada para proponer campeonatos abiertos a los equipos representativos. Las reglas de dichos torneos y la lista de los participantes deberán someterse previamente a la aprobación del Comité Ejecutivo.

El texto confirmó y cerró la maniobra de Rimet. La Comisión Bonnet había sido una farsa democrática y las circulares no habían partido nunca. Los continentalistas, burlados, fueron momentáneamente derrotados.

El sabotaje de la Copa de Europa permitió a Rimet ganar —no perder— el año que necesitaba para salvar el torneo olímpico. Tampoco se discutieron las propuestas de la comisión en el congreso de 1928 en Ámsterdam. Solo se consideró entonces la idea del Comité Ejecutivo que fue formulada así: «El congreso decide organizar en 1930 una competición abierta a los equipos representativos de las asociaciones afiliadas. El proyecto se someterá al próximo congreso para su aprobación final».

La verdad: A fines de 1926, las asociaciones europeas más profesionalistas propusieron crear una Copa de Europa. El proyecto implicaba necesariamente la creación de una confederación continental, como en Sudamérica. La cúpula dirigente de la FIFA se opuso argumentando falaciosamente que este tipo de torneos era prerrogativa exclusiva de la federación. Siguiendo esta lógica, con el objetivo de neutralizar la disidencia y garantizar la consecución del torneo olímpico en Ámsterdam, Rimet creó una comisión que funcionó como una trampa. Dejó que los disidentes expresaran libremente sus proyectos sabiendo que, por su carácter inconstitucional, no pasarían. El Comité Ejecutivo no envió los proyectos a las asociaciones. El sabotaje culminó cuando en el congreso de Helsinki, las propuestas continentalistas fueron completamente prohibidas, autorizándose únicamente la organización de competiciones regionales limitadas bajo supervisión del Comité Ejecutivo.

24. Debates nuevamente confusos

La mentira: En el Congreso de Barcelona, los debates sobre el reglamento financiero fueron confusos, pero finalmente Seeldrayers impuso a las asociaciones el reglamento financiero de la FIFA con el principio del «Mundial todo pago».

La cita mentirosa y su significado

> En dicho Congreso de Barcelona los debates fueron bastante confusos y en lo que tiene que ver con el reglamento financiero, particularmente laboriosos. Hizo falta nada menos que la autoridad de Seeldrayers para hacer adoptar disposiciones como estas: el país organizador debe asumir todos los gastos comunes y corrientes de organización, los gastos de viaje y estadía de los árbitros y los miembros de la Comisión de organización, los gastos de viaje y estadía de los equipos. (p. 35)

El Congreso de Barcelona es uno de los más importantes de toda la historia de la FIFA. Tuvo lugar los días 17 y 18 de mayo de 1929 con una participación récord de 23 países representados por 42 delegados que venían de Europa continental, del mundo británico (Estado libre de Irlanda), de América del Sur y de América del Norte.

Se fijaron dos objetivos mayores: definir qué régimen financiero se aplicaría en el Campeonato del mundo de 1930 y elegir en qué ciudad se jugaría. Contra todo lo esperado, el tema del Campeonato del Mundo se empezó a tratar recién dos horas antes del cierre del congreso. Seeldrayers anunció que los dos temas fundamentales se discutirían y decidirían separadamente: primero el reglamento financiero; después la elección del lugar. Se presentó a debate un solo proyecto financiero, el de la FIFA, que en las actas aparece designado como «proyecto francés amendado por Seeldrayers». Sin explicación alguna, se descartaron los que habían redactado Italia y Uruguay.

Rimet nos dice que las discusiones sobre «el» reglamento financiero fueron confusas y laboriosas. Rectifiquemos desde ya este punto de la historia: de la discusión sobre «el» reglamento financiero de la FIFA se pasó a una discusión sobre «los» reglamentos financieros, al agregarse en cierto momento la consideración de las propuestas de Italia y Uruguay. El debate se democratizó, y en el proceso de democratización, la autoridad de Seeldrayers se desmoronó. El reglamento de la FIFA fue derrotado, y las «disposiciones como estas», finalmente adoptadas, fueron las del proyecto enviado a la FIFA por la AUF en marzo de 1929.

Rimet eliminó sistemáticamente a Sudamérica de los preparativos al Mundial de 1930

El Congreso de Barcelona fue preparado por la segunda Comisión Bonnet que se reunió una primera vez en Zurich el 8 de septiembre de 1928 y confirmó la creación de una Copa Internacional abierta a disputarse entre el 15 de marzo y el 15 de junio de 1930, en un solo país, sin rondas eliminatorias. La comisión volvió a juntarse en enero de 1929 en Ginebra para tratar el tema del reglamento financiero.

Se manejaron entonces dos proyectos.

El francés proponía repartir las recaudaciones de la siguiente manera: 20% para la FIFA, 20% para los equipos participantes y 40% para los gastos generales. El proyecto italiano reservaba 30% de las recaudaciones para la asociación organizadora y 5% para la FIFA. Ninguna de las propuestas fijaba como principio el reembolso total de los gastos de viaje y estadía de los equipos invitados. Como no se llegó a síntesis, el artículo 17 del reglamento general —correspondiente al régimen económico— quedó en blanco. A fines de enero de 1929, el Comité Ejecutivo envió a las asociaciones afiliadas los dos proyectos financieros mencionados y un llamado a candidatura a ser sede del Campeonato del Mundo. El congreso se reunió cuatro meses después. Entretanto surgió la propuesta económica uruguaya de «Mundial todo pago».

A las 15 y 45 del 18 de mayo, Rimet abrió los intercambios sobre el tema central del «International Championship». La primera reacción fue la del delegado checoslovaco (Dr Pelikan) que «preguntó si la participación era obligatoria a lo que el presidente respondió por la negativa». No era una buena señal. Luego de otros breves intercambios sobre diferentes aspectos relacionados con la definición de la nacionalidad de los jugadores, se votó el reglamento general y se sometió a debate el reglamento financiero. En nombre del Comité Ejecutivo, Seeldrayers expuso dos principios: «1. Que el torneo no debe ser una fuente de beneficio para dicho país [organizador]. 2. Que las recaudaciones deberán servir para cubrir gastos de viaje y de hotel después de deducido el gravamen sobre los ingresos brutos correspondiente a la Federación Internacional».

Se estaba lejos del principio de «Mundial todo pago»: no se imponía la obligación de reembolsar *la totalidad* de los gastos de viaje y estadía de los invitados; no se definía el reembolso de los gastos de viaje y estadía *como descuento prioritario*; se entendía que el reembolso de los gastos de viaje y estadía provendría de los ingresos netos; se privilegiaba el gravamen destinado a la FIFA que se calculaba sobre la base de los ingresos brutos.

La limitada propuesta financiera de la FIFA fue derrotada por la propuesta uruguaya

Los delegados italianos y uruguayos se opusieron inmediatamente a la metodología del Comité Ejecutivo. Ferretti opinó que no tenía sentido separar el plan financiero de la elección de la sede y Buero presentó una crítica frontal en la cual reclamó que «las condiciones financieras se establezcan de tal forma que no se excluya una candidatura americana».

Sometido a una fuerte presión, ante la multiplicación de las críticas y la evidente parcialidad de los debates, Rimet decidió acelerar el trámite y someter sin tardar «a voto el esquema financiero explicado en la propuesta francesa modificada por Seeldrayers». Para sorpresa general, el texto fue rechazado. Doce países se pronunciaron contra —Argentina, Austria, Brasil, Chile, Checoslovaquia, Hungría, Italia, Paraguay, Polonia, Perú, España y Uruguay—, ocho a favor —Bélgica, Francia, Irlanda libre, Luxemburgo, Holanda, Portugal, Suecia y Estados Unidos— y tres se abstuvieron —Alemania, Noruega y Suecia—.

El impasse llevó a la suspensión de la sesión y a la designación de un comité especial formado por Seeldrayers, Buero, Delaunay, Hirschman, Fodor, Johanson y Mauro, encargado de encontrar una salida satisfactoria. El comité redactó en media hora un reglamento con dos opciones: en caso de Mundial en Europa, proyecto francés; en caso de Mundial en América, proyecto uruguayo.

Según lo registrado en las actas, la segunda alternativa disponía: que el país organizador asumiría la totalidad de los gastos de organización más el conjunto de los costos de los viajes y estadía de los árbitros, jugadores y delegados de la FIFA; que solo 10 % de las recaudaciones serían vertidos a la federación, destinándose todo lo restante al reembolso o adelanto de los viajes y estadías de los equipos invitados; que si las recaudaciones no bastaban, *la asociación organizadora debía cubrir el déficit*; que si se generaba superávit, este se repartiría entre los concurrentes a prorrata de la recaudación obtenida en los partidos que jugaran; que los equipos participantes podrían organizar encuentros amistosos antes y después del torneo, llevándose en tal caso parte o totalidad de lo recaudado —se verá en otro capítulo que la transcripción en las actas de este último punto no correspondió exactamente a lo decidido por el comité especial—.

El congreso, apurado, aceptó todo por unanimidad.

Buero explicó los debates de Barcelona como un choque frontal entre el europeísmo de Rimet y el mundialismo de Uruguay

Cuatro días después de terminado el congreso, Buero envió a los dirigentes de la AUF un informe completo. En su análisis de las discusiones sobre el reglamento financiero explicó que los distintos planes presentados por la Comisión Bonnet así como el proyecto francés sometido al voto de los congresistas planteaban el siguiente problema:

> Si del producido total o bruto se deducen los tantos por ciento allí indicados para la FIFA, los costos de locación del terreno, impuestos municipales, para con solo el remanente satisfacer los gastos de viaje y estada para los equipos participantes, prácticamente se excluía toda idea de realización del campeonato en un país sudamericano pues en tal caso el remanente no daba para cubrir *la tercera parte de dichos gastos.*

Por ese motivo expresó sus «objeciones financieras» considerando que era «el momento de pasar a la ofensiva pública». Señaló Buero que antes del voto de rechazo que selló el fracaso de Rimet, los delegados uruguayos solicitaron un cuarto intermedio («comisión general»). «El bloque sudamericano convino entonces *torpedear el proyecto financiero de la comisión [Bonnet]*» y «obtuvo para ello el acuerdo de los representantes de Hungría, Polonia, Italia y España». Después del voto, «planeó una impresión de gran desorientación sobre la sala. A partir de ese momento *nuestra batalla estaba ganada*».

Nótese en la pluma de este diplomático sutil, el empleo de un lenguaje de tipo militar en la descripción de los debates, lo que subraya la incompatibilidad entre la alternativa de la FIFA y la de Uruguay, y las tensiones que reinaron entre los diferentes bandos.

La verdad: En el Congreso de Barcelona, Seeldrayers y Rimet cortaron el debate sobre el Campeonato del Mundo en dos etapas. La primera,

relativa al reglamento financiero, provocó el descontento de la asamblea. Rimet sometió a debate únicamente el reglamento francés «amendado por Seeldrayers», eliminando las propuestas de Italia y Uruguay. Su texto fue rechazado. Se nombró entonces un comité especial en el cual Buero impuso el reglamento uruguayo como una de las alternativas posibles. Los debates sobre el reglamento financiero fueron claros: se dio una oposición frontal entre la perspectiva europeísta de Rimet y la perspectiva mundialista defendida por los sudamericanos. El proyecto de «Mundial todo pago» triunfó entonces como propuesta de las asociaciones sudamericanas.

25. Todo un éxito

La mentira: La elección de Montevideo como sede del Mundial de 1930 fue la culminación exitosa del plan establecido en 1925 por Rimet en Ginebra.

La cita mentirosa y su significado

> Entonces, ante los aplausos de todos los delegados de pie, el presidente constató que quedaba una sola propuesta, la de Uruguay y proclamó que la asociación uruguaya quedaba encargada de organizar en 1930 la primera Copa del mundo de fútbol. **Era un éxito. Yo no podía, ante el congreso, abrazar a Buero como hacen los sudamericanos en tales casos, pero intercambiamos un afectuoso apretón de manos que expresaba nuestra alegría común al ver por fin triunfar —y tan completamente— la acción que llevábamos adelante juntos desde nuestro encuentro de Ginebra en 1925.**

(pp. 36 y 37)

En lo que se refiere a las discusiones que se desarrollaron en Barcelona sobre el tema de la elección de la sede, Rimet se atiene fundamentalmente a la sucesión de los hechos tal cual aparece registrada por Hirschman en las actas: presentación de seis candidaturas —Hungría, Italia, Holanda, España, Suecia y Uruguay—; desistimiento de Holanda, Suecia y Hungría en favor de Italia; discurso vibrante del delegado argentino, Beccar Varela, en favor de Uruguay y en nombre del bloque sudamericano; desistimiento de Italia y España en favor de Uruguay; constatación de la victoria uruguaya por abandono. No negaremos la mecánica de los desistimientos, claro está. Pero a esta altura de nuestras investigaciones, nos parece insuficiente para entender lo sucedido.

Sabemos que el plan de Ginebra no existió y que en las discusiones sobre el reglamento financiero, la dirección de la FIFA defendió un proyecto que excluía la candidatura de Uruguay, un proyecto «francés» que no correspondía a ninguna de las candidaturas presentadas. Los misterios que quedan por resolver son tres: ¿Porqué se presentó a votación un reglamento francés que aparentemente no correspondía a ninguna candidatura visible? ¿Porqué se desistió Italia —por lo que ya se ha visto, una de las razones parece ser la eliminación de su reglamento financiero por el comité especial—? Y finalmente, ¿cómo fue posible que se llegara a lo que en aquél momento apareció como un insólito resultado final, proclamado por una asamblea masivamente europea y aceptado por un Comité Ejecutivo hostil?

Un punto de la cita mentirosa llama particularmente la atención: «Yo no podía abrazar a Buero», escribe Rimet, como si se tratara de encubrir una conspiración iniciada fuera de los circuitos oficiales, en 1925, en Ginebra. Pero entonces, si nadie debía enterarse del apoyo que el presidente de la FIFA brindaba a Uruguay, ¿qué trabajo de convencimiento pudo haber hecho ante las asociaciones europeas que componían las tres cuartas partes del congreso y que espontáneamente votarían en favor de su propio continente? ¿Cómo entender, si no hubo ningún trabajo previo, la aceptación aparentemente fácil, por los europeos, de una perspectiva complicada cuya única certeza era la derrota deportiva de sus equipos?

Lo que Rimet escribe en la página 35 —«Y yo, que *sabía* que la primera Copa del Mundo se disputaría en Montevideo, *dado que* la asociación uruguaya era la única *que aceptaría las condiciones financieras que serían impuestas a la asociación organizadora*»— no hace sino reforzar estas interrogantes. Porque como ya lo hemos comprobado, ni la FIFA «impuso», ni la asociación uruguaya «aceptó».

Las actas del Congreso de Barcelona revelan una serie de silencios significativos

La lectura atenta de las actas conduce a destacar una serie de datos que son a la vez palabras y silencios significativos.

Primer dato: la intervención del delegado norteamericano Brown que, como prueba de su sincera adhesión a la idea de ir a jugar a Uruguay, prometió el envío de un equipo y manifestó su real interés preguntando las fechas del torneo. La importancia de este registro proviene del contraste con el silencio que mantuvieron todos los delegados europeos: ninguno declaró entonces su intención de viajar.

Segundo dato: en su respuesta, Buero agradeció la decisión estadounidense, y luego de brindar las fechas solicitadas, expresó los agradecimientos especiales de Uruguay por el apoyo de Argentina, España e Italia. Aquí también, la importancia radica en lo que no se dijo: Buero no agradeció a Francia ni a Rimet.

Tercer dato: otro silencio, el más significativo. Durante el congreso, Rimet no intervino una sola vez para manifestar su apoyo a la candidatura de Uruguay. La frase «yo no podía abrazar a Buero…» aparece entonces como una justificación de ese mutismo.

En Barcelona, Rimet cobijaba la candidatura oficiosa de París

En su informe del 22 de mayo, elaborado con la memoria muy fresca, cuatro días después del congreso, Buero reveló una serie de elementos claves, *nunca desmentidos por los interesados*, que permiten empezar a resolver los misterios de la elección de Uruguay. El primero tiene que ver con la actitud general de la dirección de la FIFA. Buero, que en su calidad de vicepresidente formaba parte del Comité Ejecutivo, escribe lo siguiente:

> Utilizando la vía aérea me dirijí el 17 a Barcelona, para estar presente en el momento de la iniciación del Congreso, y lo que era más importante, en

> la reunión del Comité Ejecutivo de la FIFA previa a la iniciación del Congreso y en cuya reunión se examinaría el Orden del Día. Mi previsión fue justa, pues en la reunión del Comité Ejecutivo pude darme cuenta de cuál era la situación en materia de Campeonato Mundial. *Los dirigentes del Football Mundial se inclinaban, por razones de oportunidad, a la solución de elegir una Ciudad europea: las candidaturas de España, Holanda, Hungría e Italia se habían ya presentado formalmente.* (p. 64)

Este pasaje, que bastaría para demostrar la falsedad del apoyo de Rimet a Uruguay y la de toda su leyenda como «inventor» del Campeonato del Mundo, deja claro un punto esencial: la dirección de la FIFA —«los dirigentes del Football Mundial»— apuntaban a la elección de una ciudad europea y la cantidad de candidaturas oficiales presentadas ilustraba ampliamente esta perspectiva prácticamente asegurada: sobre los 23 países presentes en el Congreso, 16 provenían del Viejo Continente.

La segunda revelación clave señalada por Buero es la siguiente:

> Según versiones que llegaron hasta mí, además de las candidaturas que formalmente se habían presentado, se insinuaba la pretensión de los franceses para tener el honor de organizar el primer campeonato en París. Los belgas, al estar a esta versión, acompañaban la tesis francesa.»

De ahí el «reglamento francés amendado por Seeldrayers». De ahí también la presencia masiva de delegados franceses, seis, casi toda la directiva de la FFFA.

En resumen, al iniciarse el congreso, se contaban dos candidaturas oficiales que llamaremos «serias», con sus reglamentos financieros respectivos, Italia y Uruguay. Por otra parte, se proponía un reglamento francés, privilegiado por Rimet, que correspondía necesariamente a una candidatura francesa, la candidatura oficiosa de París. Al margen de estas tres opciones consistentes, gravitaban cuatro candidaturas europeas de escasa convicción, sin reglamento financiero y sin verdaderos partidarios.

Consideremos ahora la candidatura europea más visible, Italia. Escribe Buero: «Los italianos, *que junto con los delegados de la Europa Central habían celebrado una reunión previa en Génova pocos días antes de la apertura del congreso*, se presentaban apoyados por un bloc de seis votos». El grupo se comportaba como una verdadera fracción, con sus reuniones propias, sus decisiones colectivas, unido por su Copa de Europa limitada iniciada en 1927 y por su persistente oposición a Rimet. Seis votos era poco ya que para ganar se precisaba la mayoría de 12 votos sobre 23. Pero era suficiente para alejar la alternativa francesa.

¿Cuál era la filosofía del bloque liderado por Italia? La que regía sus campeonatos nacionales, su Copa Continental y su Copa Mitropa: la de un fútbol-negocio que da ganancias a los organizadores. De ahí un reglamento financiero que destinaba el tercio de lo obtenido a la asociación organizadora y otra porción importante a los equipos finalistas. Se oponía en esto radicalmente a los otros proyectos: al uruguayo, que negaba la idea de ganar plata, y al de la FIFA, que reservaba beneficios principales a la federación internacional.

En su informe, Buero describe las condiciones que condujeron a la derrota del reglamento financiero de Rimet de esta manera: «El bloc de los americanos que lo constituíamos los delegados de Uruguay, Argentina, Chile, Brasil, Paraguay y Perú, convinimos en torpedear el proyecto financiero presentado por la Comisión, como paso previo a la candidatura de Uruguay.» Y agrega: «Con mis vinculaciones con los delegados de Hungría, Polonia e Italia, conseguimos el apoyo de los países de la Europa Central».

El rechazo «del esquema financiero expuesto en la propuesta francesa amendada por Seeldrayers» por 12 votos contra 8 y 3 abstenciones dio la pauta de una correlación de fuerzas muy incierta. Los ocho votos a favor correspondían a los países susceptibles de apoyar la candidatura de París. Los doce en contra sumaban las fuerzas de las dos disciplinadas oposiciones: seis por el bloque sudamericano y seis por el bloque italiano. En cuanto a las tres abstenciones, expresaban la posición de tres países que ya habían decidido no ir al Mundial.

Escribe Buero que la derrota del reglamento francés causó gran desorientación «porque no había proyecto sustitutivo». Los resultados revelaban sin embargo que, hasta ese momento, la posición de Rimet —reglamento francés y candidatura oficiosa de París— contaba con una pequeña ventaja sobre todo si se considera que ninguno de los bloques opositores parecía extensible.

Pero este razonamiento puramente numérico es válido solo si se considera que los bloques no negociaban entre sí y que se presentaban ante el voto decisivo sin segunda intención y sin cálculos escabrosos. Pero si se toma en cuenta que la víspera las delegaciones negociaron y que el voto en favor o en contra del reglamento francés tuvo, como lo sugiere Buero, un carácter simbólico fuerte, que iba más allá del tema financiero, es posible imaginar que la voluntad de Rimet de someter al voto su proyecto financiero exclusivamente tuvo valor de referéndum —por o contra el liderazgo de la FIFA— y que lo perdió.

El veto al reglamento financiero italiano precipitó la inesperada reacción de Mauro

En las discusiones que se dieron en el seno del comité especial, el choque entre la posición sudamericana y la posición de la FIFA prosiguió.

Buero acusó a Seeldrayers de promover una solución «que eliminaba automáticamente nuestra candidatura», a lo que el belga respondió que la solución uruguaya «implicaba que el campeonato tendría lugar en América». En cuanto al reglamento italiano, fue definitivamente condenado en todos sus aspectos, tanto por el hecho de que Seeldrayers mantuvo el reglamento francés como punto de partida de las discusiones, como por los argumentos propinados por Buero:

> En relación a los debates ocurridos en el comité especial en torno al reglamento financiero, el delegado italiano insistía que al reducirse el 10 % destinado a la FIFA se descontara también un tanto por ciento para entregar a

los dos equipos que llegaran a la final. Pero yo me opuse resueltamente a ello por entender que la participación en el Campeonato del Mundo no debe dar lugar a ningún provecho pecuniario para ningún concurrente.

Escribe Buero que «esta divergencia con el delegado italiano hizo creer a Seeldrayers que, aun cuando la cuestión financiera pudiera solucionarse satisfactoriamente para mis aspiraciones, la lucha aparecería después con Italia y todo su grupo cuando se tratara de elegir la ciudad en donde se disputaría el Campeonato.»

En su informe, el diplomático uruguayo se muestra sorprendido porque Seeldrayers propuso al Congreso solo el reglamento uruguayo. El cálculo de la dirección de la FIFA pareció ser entonces el siguiente. En la primera vuelta, se abstendrían por lo menos tres delegaciones. Las candidaturas de Uruguay y de Italia, con seis votos asegurados cada una, precisaban seis votos más para imponerse. Si entre los ocho votos inciertos se expresaban tres nuevas abstenciones —lo que no era difícil—, se forzaba una segunda vuelta. En el cuarto intermedio, Italia, que preconizaba como mucho un Mundial limitado a una modesta ronda final, cuyo reglamento financiero había sido eliminado, y que se veía ahora obligada a aplicar el esquema financiero altruista de los uruguayos, se desistiría, y la importante delegación francesa podría presentar entonces la alternativa salvadora de París.

Lo que es seguro es que la dirección de la FIFA no imaginó que el abandono de Italia se produciría antes de la primera vuelta y que Buero interpretó ingenuamente la disciplinada retracción de todo el bloque central como un mérito suyo y un apoyo real a la candidatura de Montevideo:

> Cuando al término del discurso de Beccar Varela, el italiano Mauro pidió la palabra, Seeldrayers, que ignoraba *el acuerdo a que habíamos llegado*, me dice al oído: «ahora empieza la batalla». Mauro se expresa en italiano, idioma que no posee mi vecino y colega del Comité Ejecutivo. Lo saco pues de su error ya que Mauro apoya entusiastamente la indicación de Montevideo como sede del primer Campeonato del Mundo.

Desistiéndose en favor de Uruguay, Italia se vengó de la prohibición de la Copa de Europa

Buero no nos ayuda a entender el desistimiento de Italia. Quiso ver, y se entiende, el resultado de una opción motivada por el humanista Mauro que no deseaba regalar el Mundial a Mussolini.

En sus discusiones en los pasillos del congreso, el diplomático uruguayo recordó a los delegados italianos (Mauro y Barassi) así como a los representantes españoles (Olave, Rosich y Cabot Montalt) la generosidad con que Uruguay había acogido a tantos inmigrantes provenientes de sus países, e insistió sobre el hecho de que muchos hijos de sus patrias integraban el seleccionado celeste. En sus intervenciones, italianos y españoles retomaron en coro los mismos argumentos para justificar su desistimiento, pero estas motivaciones no parecen suficientes para entender lo que sucedió en ese momento, y menos aún, lo que sucedió después, a saber, la propaganda italiana contra el Campeonato en Uruguay y la contrapropuesta de Copa Paneuropea en Roma.

Hasta comienzos de 1930, Buero se mantuvo en la posición ingenua de considerar que se había gestado una verdadera alianza entre América y el bloque italiano. El informe del 22 de mayo se cierra con esta nota optimista: «Puede considerarse como segura la concurrencia de los equipos de Hungría, Checoslovaquia, España, Austria e Italia».

Resulta sin embargo claro que, en el seno del comité especial, los italianos no defendieron sus intereses con la firmeza que podía esperarse y que al salir de la reunión, conociendo como Buero la existencia de la candidatura francesa, también hicieron sus cálculos. La imposición del reglamento uruguayo los empujó al abandono. Defendían una lógica capitalista y no estaban dispuestos a organizar un campeonato a pura pérdida financiando el viaje de gran cantidad de equipos sudamericanos durante largos meses. Tampoco estaban demasiado interesados por una participación en tierras alejadas por el simple hecho de que para ellos, lo importante era concluir, y porqué no, extender, la primera Copa de

Europa Central, cuya fase final tendría lugar justamente en 1930, en el formato limitado impuesto por el Comité Ejecutivo, que daba más rabia que satisfacción.

Finalmente, considerando la existencia de una seria candidatura oficiosa de París y entendiendo que si no ganaban la primera vuelta, abrían la vía a una victoria total de Rimet, su principal adversario, eligieron la maniobra vengativa. Puesto que «los dirigentes del Football Mundial» habían descartado desde el inicio del congreso la consideración de su reglamento financiero y puesto que esos mismos jefes les seguían negando el legítimo derecho a organizar la Copa de Europa, ellos les complicarían en lo posible la Copa del Mundo. Encararon así una perspectiva de presiones en cierto modo justificada. La idea fue dificultar el Mundial a la dirección de la FIFA mientras esta mantuviera el veto contra la Copa de Europa. Y la mejor manera era imponerle la utopía del Campeonato del Mundo en Uruguay.

El tema económico es una de las claves para entender qué pasó en Barcelona

Debe anotarse una diferencia entre el informe Buero y las actas del congreso. Según estas, el orden de los desistimientos europeos fue el siguiente: Holanda, Suecia, Hungría, Italia, y finalmente España. Buero en cambio no menciona el abandono de Suecia, y parece indicar que los de Hungría, Holanda y España se produjeron después del italiano. No es objeto de este trabajo explicar las motivaciones de cada abandono. La diferencia de versiones nos incita, sin embargo, a dar ciertas indicaciones.

La afinidad de España con el bloque «central» se explica por la concepción compartida del fútbol como negocio. Su desistimiento final, como el de Hungría, fue la consecuencia inevitable de la «derrota» del reglamento financiero italiano —derrota que puede interpretarse como la primera fase de un abandono colectivo programado—. En ese sentido, la propuesta económica italiana funcionó como un programa común a todas las candidaturas mercantiles, y eso más allá del bloque «central».

Suecia, por su parte, no era mundialista. En 1928 había votado contra la creación del Campeonato de 1930 con todos los demás países escandinavos. Su desistimiento en favor de Italia, señalado en las actas, se explica entonces por una cuestión de solidaridad europea elemental. En cuanto a Holanda y Francia, habían organizado los torneos en 1924 y 1928, y resultaba difícil atribuirles el beneficio de una nueva competición mundial. Al mismo tiempo, y justamente porque habían visto cómo el dinero de las recaudaciones olímpicas se les escapaba, la avidez financiera constituía una motivación principal de sus candidaturas.

Rimet se refiere al reglamento de 1930 evocando su atractiva generosidad. Es un comentario hipócrita. El altruismo uruguayo iba a contracorriente de los deseos franceses, y no cabe duda de que ese fue uno de los temas mayores manejados durante el viaje de regreso en tren. Puede suponerse incluso que los delegados de la FFFA reprocharon a Seeldrayers y a Rimet el descarte de la alternativa financiera francesa que Buero había aceptado en caso de Mundial en Europa y *que provocó el desistimiento oficioso de la oficiosa candidatura de París.*

La verdad: La elección de Uruguay como sede del Mundial de 1930 no resultó del reconocimiento de los europeos por las victorias olímpicas de 1924 y 1928. Se presentaron tres opciones fuertes: la de Italia, con su reglamento financiero rentable y anti FIFA; la de Uruguay, con su reglamento «todo pago» no rentable; y la candidatura oficiosa francesa, con su reglamento pro FIFA «amendado por Seeldrayers». El conflicto vigente entre la dirección de la FIFA y los disidentes, consecuente al sabotaje por Rimet de la Copa de Europa, y el rechazo por el comité especial de los reglamentos gananciosos, llevaron al desistimiento de Italia y a la consecuente victoria de Uruguay por abandono. La incapacidad de Rimet para reparar los daños causados por todas sus maniobras anteriores condujo al completo fracaso de su plan de acción.

26. Regreso en tren

La mentira: En el viaje en tren de regreso de Barcelona, la mayoría de los delegados europeos, tomando sus distancias con la FIFA, abandonaron la idea de ir a Uruguay. En ese contexto, a la FIFA le costó mucho obtener la participación de cuatro asociaciones del Viejo Continente.

La cita mentirosa y su significado:

> Ese reglamento financiero, indiscutiblemente ventajoso porque no dejaba riesgo alguno a cargo de los participantes, no tuvo sin embargo el don ni mucho menos de decidir favorablemente a la mayoría de las asociaciones europeas. **Hay que decir que en aquella época, en nuestro mundo del fútbol, no se tenía tanto como hoy el gusto de los viajes largos. Agréguese que los medios de comunicación exigían mucho más tiempo. El cruce del Atlántico en barco le parecía a muchos una peligrosa aventura. Es por eso sin duda, que el entusiasmo que había determinado las conclusiones del Congreso de Barcelona dándole a Uruguay el honor y los riesgos de la primera copa del mundo, se vino abajo durante el viaje de regreso de los delegados. A la FIFA le costó mucho registrar cuatro inscripciones del Viejo Continente: Bélgica, Francia, Rumania, Yugoslavia.**
> (pp. 37 y 38)

El episodio que vamos a estudiar ahora completa y confirma buena parte de lo expuesto en el capítulo precedente. Rimet revela un dato histórico crucial que nos lleva a comprender un hecho fundamental. El dato clave es que el boicot contra el Mundial de 1930 empezó a organizarse en la noche del 18 al 19 de mayo, apenas concluido el Congreso de Barcelona, en «el tren de regreso de los delegados». El hecho fundamental es que la elección «unánime» y fácil de Montevideo no fue producto de la voluntad de participar, sino por el contrario, un efecto del movimiento abstencionista que se fue gestando durante el congreso mismo, en un ambiente que no puede caracterizarse ni mucho menos como movido por un mundialismo ferviente.

Fuera de este punto de verdad, el episodio del regreso en tren aparece como uno de los más inverosímiles de toda la «Creación de la Copa del Mundo». Primero por la manera en que Rimet ridiculiza a los delegados que asistieron al congreso, mostrándolos como un grupo de niños pusilánimes y limitados que descubren súbitamente las bases de la geografía. Segundo, por el carácter ilógico de la exposición ya que no eran los delegados los que iban a viajar sino los jugadores. Tercero, por el principio de irresponsabilidad general que se desprende de los pretextos laboriosamente amontonados por Rimet.

Aunque parezca superfluo, responderemos al tema de los grandes viajes en el mismo plano histórico invocado por Rimet. Pero analizaremos sobre todo el centro de la mentira, a saber, la división tajante que Rimet establece entre los viajeros, poniendo por un lado a «los delegados» apocados, abstencionistas, y por otro a «la FIFA» responsable, participacionista, que desplegó muchos esfuerzos para registrar cuatro inscripciones.

El mundo deportivo cruzó el Atlántico desde la creación de los Juegos Olímpicos modernos

En 1930, a dos años de la olimpiada de Los Ángeles —para la cual unos 800 atletas europeos y asiáticos cruzaron el océano—, los viajes de tipo transatlántico no eran una novedad. Estas travesías realizaban en los hechos el encuentro constituyente del «Mundo deportivo» entre América y Europa, de tal modo que la voluntad de organizar Mundiales equivalía a la de efectuar este tipo de cruces. Cruzar el Atlántico era crear el Mundial.

Los viajes transatlánticos fueron un ingrediente esencial en la creación del movimiento olímpico. Coubertin dio el ejemplo yendo dos veces a los Estados Unidos para los preparativos. En 1894, ingleses, estadounidenses y europeos continentales, asociados a dirigentes de Sudamérica, Canadá, América Central y Oceanía, se reunieron en La Sorbona de París. Siguieron los atletas. 14 deportistas norteamericanos llegaron a Grecia en 1896 para disputar la primera olimpiada moderna. 43 europeos viajaron a San Luis (Estados Unidos) en 1904 para la segunda. En 1908 en Londres, compitieron 211 atletas de tres países americanos. En 1924, se registró un verdadero récord: París recibió a 1 186 competidores provenientes de diez naciones americanas, constituyéndose entonces plenamente el «Mundo deportivo». El fútbol olímpico se asoció a este vasto movimiento en 1924, y confirmó el impulso mundialista en 1928 con la llegada a Ámsterdam de más de 150 personas provenientes de América —futbolistas, técnicos y delegados—.

Los datos relativos a las giras efectuadas por clubes de fútbol ratifican esta realidad.

21 equipos de Europa viajaron al Río de la Plata antes del Mundial de 1930: Southampton en 1904; Nottingham Forest en 1905; Everton y Tottenham Hotspur en 1909; Swidon Town en 1912; Exeter City y Torino en 1914; los vascos de la Federación Guipuzcoana en 1922 así como el mejor equipo checo, Teplitzer FK; en 1923, Third Lanark de Escocia y Génova de Italia; en 1924, Plymouth Argyle; en 1926, Real Deportivo Español; en 1927, Real Madrid; en 1928, Motherwell escocés, Celta de Vigo y Barcelona; en 1929, Chelsea, Torino, Bologna y los húngaros del Ferencvaros. En sentido contrario, las giras se multiplicaron después de 1924. En 1925, vinieron a jugar a Europa, Nacional de Uruguay, Boca Juniors argentino y Paulistano de Brasil; en 1927, Peñarol de Montevideo y Colo Colo de Chile; en 1929, Sportivo Barracas de Argentina y Rampla Juniors de Uruguay.

Completemos esta breve reseña con una última rectificación. El Conte Verde partió de Barcelona el 22 de junio y llegó a Montevideo el 5 de julio. La travesía duró entre 13 y 14 días. El cruce exigió por lo tanto la misma cantidad de tiempo que la que se requiere hoy.

En el tren de París viajaron la dirección de la FIFA y las asociaciones oficialistas

Hubo varios trenes de regreso transportando delegados desde Barcelona. El que menciona Rimet iba a la capital francesa y viajaban en él tanto los dirigentes galos como aquellas delegaciones que tenían su correspondencia ferroviaria en París: los belgas, los holandeses y los luxemburgueses. El grupo no representaba a «la mayoría de los delegados» pero tenía la particularidad de corresponder al conjunto de las asociaciones sobre el cual se apoyaba el núcleo dirigente de la FIFA. Dicho núcleo y dicho conjunto acababan de sufrir una verdadera bancarrota en Barcelona. Su entusiasmo se había venido abajo antes del viaje en tren, durante el congreso mismo, desde el voto de rechazo contra el «reglamento francés amendado por Seeldrayers» según Buero.

La lista de los congresistas registrada en la primera página de las actas del congreso permite determinar con exactitud los nombres de los viajeros. Eran doce: los belgas Verdyck, Van Kesbeck y Seeldrayers; los holandeses Kips y Hirschman; el luxemburgués Gustave Jacquemart; y los seis representantes franceses, Chevallier, De Vienne, Levy, Jooris, Delaunay y Rimet.

Rimet era a la vez presidente de la FIFA y de la federación francesa; Hirschman, secretario histórico de la FIFA y de la asociación holandesa; Seeldrayers, presidente de la Unión belga desde 1929 y mano derecha de Rimet en el Comité Ejecutivo. Eran máximos dirigentes de la FIFA porque eran máximos dirigentes de sus asociaciones nacionales. Imposible por lo tanto diferenciar dos grupos tajantemente separados: los «delegados» y «la FIFA». La FIFA no era aún ese aparato «separado» que empezó apenas a esbozarse en 1931 cuando contrató a su primer empleado y que se confirmó recién en 1949 cuando Rimet se mantuvo como presidente de la federación internacional pese a la pérdida de sus cargos en la FFFA.

En 1929, aquello seguía siendo un todo indiferenciado, o para ser más precisos, una coordinación de asociaciones y de jefes de asociaciones, dirigida por uno de sus tantos bloques. Viajaba por lo tanto en aquél tren el bloque oficialista, cuyos tres jefes —Rimet, Seeldrayers y Hirschman— eran los jefes de las tres asociaciones dirigentes.

Eso no significa que no había diferencias, discrepancias, conflictos y chantajes entre los líderes más atados al proyecto internacional y los dirigentes exclusivamente nacionales. Quiere decir simplemente que si no se manifestaban de manera abierta era porque se subordinaban a opciones «superiores», es decir a los planes personales de poder y de carrera que los diferentes líderes se fijaban en ese momento.

El boicot promovido por Rimet tuvo un carácter oculto, ilegal, y se encaró por tiempo indeterminado

Resulta bastante fácil demostrar el rol clave jugado por la dirección de la FIFA en la iniciación y mantenimiento del boicot contra la perspectiva del Campeonato del Mundo en Montevideo: ninguno de estos líderes alertó a los dirigentes uruguayos sobre lo que se tramó aquella noche. Por el contrario, todos lo ocultaron muy solidariamente durante cinco meses o más, y aunque no se concretaba la menor inscripción, perpetuaron la ilusión de que todo se desarrollaba normalmente y la anotación masiva de las asociaciones europeas era una cuestión de tiempo. Así, en la ya mencionada carta que Rimet envió a Buero el 14 de diciembre de 1929, siete meses después de Barcelona, el presidente de la FIFA dio por segura o casi la participación de catorce países europeos.

Puede afirmarse con certeza entonces que el boicot tramado en el tren de regreso del Congreso de Barcelona en la noche del 18 al 19 de mayo de 1929 fue promovido por la cúpula de la FIFA. Esto es cierto en el sentido más estricto en lo que respecta a las asociaciones belga y holandesa por la presencia casi exclusiva en el tren de miembros de las respectivas directivas que eran a la vez máximos dirigentes de la FIFA. Hirschman y Seeldrayers tuvieron que convencer a sus directivas nacionales después del viaje en tren, y así lo hicieron. En el caso francés, en cambio, la gran mayoría de la directiva estaba en Barcelona y la decisión abstencionista se concretó prácticamente esa misma noche, unánimemente. En ese sentido, el boicot contra el Mundial en Montevideo surgió sin duda como iniciativa de «la FIFA» pero con la asociación francesa como vanguardia y ejemplo, y con Rimet como denominador común.

El boicot iniciado en el tren fue la prolongación del congreso de Barcelona por medios ilegítimos. Apuntó a expresar de otra manera las opciones «cobijadas» oficiosamente que, por el curso particular que adquirieron los debates, no pudieron expresarse en el marco oficial. Dicho boicot presentó, desde sus comienzos, las siguientes características:

1. Fue oculto. Resultaba mediáticamente vergonzoso y orgánicamente insostenible que, desde dentro mismo de la FIFA y bajo la batuta de Rimet, se forjara un movimiento concertado de sabotaje contra la más importante decisión adoptada desde la fundación de la federación.

2. Fue ilegal. Según el artículo 24 de los estatutos, una decisión adoptada por el congreso y aprobada por la mayoría de los delegados tenía «fuerza de ley» para la federación y para las asociaciones afiliadas. Se imponía por lo tanto la obligación moral de aplicarla y cualquier operación colectiva tendiente a impedir su ejecución constituía una falta grave.

3. Fue un sistema de presión de carácter dinámico, no definitivo, concebido con el objetivo de obtener *la claudicación de los dirigentes uruguayos*. En ese sentido, puede decirse que no fue concebido como un boicot contra el Mundial *en general*, sino contra un Mundial en particular, el de Montevideo, apuntando al inconfesable deseo de cambiar de lugar.

Así, a la luz de este episodio, puede decirse que Rimet no fue el promotor del *Mundial en Montevideo* sino, por lo menos en cierto grado, el de su liquidación.

Diez días después del Congreso de Barcelona, Hirschman empezó a trabar la tarea de los organizadores uruguayos

En cuanto a lo «mucho que le costó» a la FIFA defender la perspectiva del campeonato en Uruguay, presentamos a continuación un resumen basado en las correspondencias publicadas por Buero en 1932. Muestra claramente en qué sentido obraron los esfuerzos que los máximos líderes de la federación internacional iniciaron a pocos días de terminado el congreso y que se prosiguieron hasta el mes de mayo de 1930.

Después de Barcelona, la FIFA nombró dos comités organizadores: uno en Uruguay, controlado por la AUF, encargado de la organización técnica y material; otro en Europa, que debía garantizar la aplicación de las decisiones votadas en Barcelona (reglamento general y financiero), favorecer la participación de las asociaciones de Europa, y apoyar en lo posible el trabajo de los organizadores montevideanos. Integraban al principio esta segunda estructura Fisher, Hirschman y Buero, agregándose posteriormente Rimet y el italiano Zanetti. El organismo se reunió dos veces: el 28 de julio de 1929 en Nuremberg y el 3 de noviembre en Génova.

Antes del primer encuentro, una serie de reivindicaciones formuladas por Hirschman empezaron a complicar seriamente el trabajo de la AUF. En Barcelona, los uruguayos habían fijado dos condiciones: prohibición de los partidos amistosos desde el inicio del viaje hasta su término «salvo autorización por la asociación uruguaya» —este punto apareció alterado en las actas del congreso redactadas por Hirschman— y limitación de las delegaciones de cada país a 17 personas como máximo. Por correo del 29 de mayo, apenas diez días después de cerrado el congreso, el holandés buscó imponer la siguiente formulación: «Está decidido que los equipos participantes están autorizados a organizar partidos amistosos antes y después del torneo, y que en tal caso podrán reservar la totalidad o parte de lo recaudado. Estos ingresos no podrán deducirse de los gastos de viaje.»

La nueva versión, además de cambiar lo discutido en el congreso, planteaba tres problemas. Uno, cuestionaba el principio de que los equipos participantes no debían hacer beneficios. Dos, generaba gastos suplementarios a Uruguay, dificultades en cuanto a la disponibilidad de las canchas y dispersión del público con una previsible baja de asistencia a los partidos del Mundial. Tres, abría la posibilidad de partidos durante las escalas de los viajes transatlánticos, con la consecuente posibilidad de cambios de barco y aumento considerable de los costos.

Las tensiones sobre este asunto duraron hasta fines de septiembre, alcanzando niveles de provocación cuando Hirschman preguntó oficialmente a Buero cuáles serían «las sanciones que ustedes piensan aplicar si se organizan amistosos *de cualquier manera sin autorización de la* AUF». Buero se vio obligado a responder que «los *team*s que jueguen antes y durante el torneo sin solicitar la previa autorización de la asociación organizadora perderán *ipso facto* el derecho al billete de regreso y los gastos de estadía en Uruguay, mientras que para los que jueguen después, habría que estudiar una sanción de la FIFA que podría ser la imposibilidad de participar en las competiciones mundiales futuras».

El 28 de julio, el comité organizador europeo comunicó un panorama desalentador del Mundial en Montevideo

El comité organizador europeo, reforzado por la presencia de Rimet, comenzó su trabajo imponiendo un texto de carácter oficial que comentaba la elección de Montevideo tan negativamente que obligó al representante uruguayo, puesto desde el comienzo en minoría, a entrevistarse con diferentes dirigentes de la FIFA para que se volviera a la razón.

Se destacaban en particular el punto 3: «La mayoría de las federaciones no disponen de los fondos necesarios para el viaje que, *dada la elección de un país situado en América*, podrían ser muy elevados»; el punto 4: «En caso de mal tiempo, las recaudaciones podrían ser netamente inferiores a las sumas necesarias para cubrir los gastos de viaje y estadía»; y el punto 5, el peor: «Ciertos países que poseen equipos particularmente fuertes, estiman que deben beneficiar, en cierta medida, *de ciertas ventajas*».

La declaración, que figura en la página 78 de *Negociaciones internacionales*, marcó el inicio de la estrategia impuesta por la FIFA al comité europeo, no como un apoyo al proyecto mundialista sino como caja de resonancia de crecientes e incesantes reivindicaciones destinadas a colocar a la AUF ante un impasse. Buero se halló inmediatamente solo en la lucha contra una visión desalentadora, y sometido a la presión de dos nuevas exigencias: el pago de los viajes por adelantado y el financiamiento de ventajas especiales para los «equipos particularmente fuertes». No solo se fomentaba la desconfianza: se establecía además una división anormal entre supuestos «equipos débiles» y supuestos «equipos fuertes».

La sucesión de exigencias produjo el lógico descontento del comité organizador uruguayo que pensó que su emisario no defendía correctamente los intereses del campeonato. El equívoco llevó a que la AUF no respondiera a Buero durante varias semanas de modo que el diplomático se vio obligado a asumir personalmente una serie de concesiones: pago de viaje y estadía para 20 personas, y envío de los billetes de tren y de barco (ida y vuelta) antes de la partida a la comisión organizadora de la FIFA «que los distribuirá». Se agregó a esto el pago de una suma correspondiente al costo de las comidas en los trenes y una indemnización diaria de medio dólar por persona para las bebidas durante los viajes en tren y en barco.

Los dirigentes montevideanos resistieron como pudieron a «las nuevas obligaciones que el reglamento aprobado impone a la AUF», pero demasiado tarde y sin proponer alternativas. Advirtieron sin embargo que «se aceptaba abonar medio dólar a cada uno de los miembros de cada delegación participante en el campeonato […] pero en el bien entendido de que esa suma diaria se destinaría a pagar todos los gastos extras que pudiesen hacer los beneficiarios de la misma, sin que en ningún momento por ninguna otra causa, pueda considerarse el derecho de exigir el pago de algún otro extra». El 10 de octubre, en respuesta a la comunicación de Buero del 17 de septiembre, Jude respondió que el Comité Ejecutivo de Uruguay deseaba mantener el número de 17 personas por delegación fijado en Barcelona.

Entre agosto y diciembre de 1929, las exigencias presentadas por la FIFA no pararon de crecer

Paralelamente a lo dispuesto en la primera reunión del comité organizador europeo, Hirschman buscó complicar otros aspectos. El 14 de agosto envió a Buero el siguiente pedido:

> Si entendí bien, el gobierno va a construir un nuevo estadio en Montevideo. Me imagino que el uso de dicho estadio para la Copa del Mundo será gratuito. Tendremos por lo tanto todo el derecho de solicitar el reembolso de los gastos de alquiler de los demás terrenos a un nivel máximo de 5 % de las recaudaciones brutas, pero supongo que estará de acuerdo conmigo que ese máximo se aplicará solo a los partidos que no se juegan en el nuevo estadio.

En el nuevo estadio, único con gran capacidad, se iba a colectar la mayor parte de los ingresos de la Copa. La idea de Hirschman era reducir considerablemente la porción destinada a cubrir los gastos de organización para aumentar la parte de la federación. Buero respondió secamente el 16 señalando que le parecía «preferible no cambiar lo decidido en Nuremberg dado el alto porcentaje asignado a la FIFA».

El 3 de noviembre, el comité europeo se reunió por segunda vez, en Génova. El dirigente uruguayo notó que «en dicha ocasión se empezó a dibujar un cierto desinterés por parte de las federaciones europeas en lo que se refiere a enviar equipos representativos al campeonato de Montevideo». Agregó que «las asociaciones en las que se practica el profesionalismo, sin reclamarlo abiertamente, condicionan la respuesta favorable a la concesión de un caché de 4 mil dólares, además de los gastos de viaje y estada a que aludía la reglamentación general».

En diciembre, la FIFA remitió a las asociaciones europeas una circular en la cual expresaba una posición participacionista recordando «que el Congreso de Barcelona había decidido por unanimidad de sus delegados que el campeonato del mundo se disputaría en Montevideo». Aunque el documento indicaba que «las objeciones presentadas fueron refutadas», el comunicado adjunto constituía un verdadero llamado a aumentar la presión financiera sobre los dirigentes uruguayos:

> Las naciones que creyeran tener serias razones para pedir el reembolso de gastos suplementarios o el reembolso de gastos correspondientes a más de 17 personas por equipo, o el pago de salarios a los jugadores profesionales, deberán dirigirse inmediatamente a la delegación de Uruguay en Bruselas, 22 Rue de l'Abbaye.

En marzo de 1930, las solicitaciones de Hirschman y Fisher alcanzaron niveles delirantes

A fin de año, Buero viajó a Montevideo. Obtuvo entonces el acuerdo del comité uruguayo en cuanto a conceder 4 mil dólares a los equipos profesionales, reservándose «la idea de un sistema que permitiera compensar y reducir la parte correspondiente a la FIFA de 10 a 5 %».

Apenas aceptada la nueva concesión —«ásperamente criticada por la prensa uruguaya»— ciertas federaciones de Europa Central consideraron la suma insuficiente. El 7 de enero de 1930, Buero comunicó a Seeldrayers —que empezaba a hacerse eco de nuevas reivindicaciones— que estimaba imposible obtener un aumento de la suma concedida a los profesionales y poco serio el pedido. El 9 de marzo, el dirigente uruguayo se invitó a la reunión que los dirigentes de Europa Central organizaron en Trieste. Su objetivo era frenar las presiones y conseguir inscripciones. Cosechó nuevas dificultades: la respuesta negativa de Italia y Austria, y el pedido de Fisher de enviar un contingente de 27 personas y cobrar 14 mil pesos suplementarios.

Buero pasó luego por Ámsterdam, entrevistándose el jueves 13 con Hirschman. Informó entonces a las autoridades de la AUF que «en Holanda, *para justificar la abstención*, se ha hecho un minucioso cálculo del déficit que produciría la concurrencia a Montevideo». Casualmente, se elevaba también a 14 mil pesos.

En ese contexto de mayores exigencias para ninguna inscripción, Buero decidió contraatacar pasando por otras vías.

Redactó un contundente memorándum y solicitó directamente *ante el Gobierno belga* la participación de un equipo en el Campeonato del Mundo de Montevideo, explicando las ventajas que traería para los intereses económicos de ambos países. Sorprendiendo a los dirigentes belgas, la prensa del país anunció poco después que «el gobierno manifiesta su deseo de ver a Bélgica representada en Montevideo». Se explicó entonces, como lo registra la página 143 de *Negociaciones internacionales*, que «a raíz del cordial encuentro entre el señor Hymans, Ministro de Relaciones Exteriores de Bélgica, y Buero, Ministro de Uruguay en Bruselas, el gobierno desea ver al equipo belga participar en las fiestas del Centenario de Uruguay».

A Buero le costó mucho obtener la participación de cuatro asociaciones europeas

La consecuencia de las intimaciones de Hymans fue inmediata: «La asamblea general de federaciones belgas resolvió el 27 de abril de 1930 el envío de un equipo representativo al Campeonato de Montevideo, registrándose 1 170 votos a favor y solo tres en contra». La magnitud del resultado tiende a demostrar que las bases —los futbolistas y los clubes— eran totalmente favorables a una participación, y que de haber sido ese su deseo, Seeldrayers habría obtenido una posición participacionista desde el principio.

La decisión favorable condujo a un nuevo arreglo financiero. La asociación belga reclamó el pago de salarios de compensación y Buero propuso cambiar los billetes del viaje en barco de primera a segunda clase con el objetivo de agregar la diferencia de 3 760 francos franceses a las sumas ya atribuidas por Uruguay. «Esa fue la fórmula adoptada en definitiva y de la que beneficiaron los equipos belga, francés, rumano y serbio que viajaron todos en el Conte Verde a la ida y regresaron en el Duilio el 31 de julio de 1930.»

Así, la vía de la acción política forzó el cambio de actitud de Seeldrayers, y un mes después, gracias a la intervención del subsecretario de Estado francés Henry Pathé, un viraje de Rimet en condiciones similares. En cuanto a Rumania y Yugoslavia, los esfuerzos personales desplegados por Buero fueron igualmente arduos.

«Las tramitaciones con los rumanos fueron especialmente difíciles y laboriosas». Empezaron el 4 de febrero de 1930 cuando la federación rumana solicitó que se le reembolsaran los gastos para 22 personas, que la indemnización diaria de 75 dólares se afectara solamente a las comidas, que los gastos de hotel se pagaran aparte, y que la AUF entregara mil dólares más como compensación por salario perdido. Luego de diversos intercambios, Buero respondió el 12 de marzo que la única modificación posible era pasar la delegación de 17 a 20 personas.

El 28, los dirigentes rumanos formularon nuevas exigencias: dinero en vez de billetes y 90 dólares de indemnización en vez de 75. El punto 2 fue rechazado pero el punto 1 aceptado a condición de fijar un arreglo con la compañía *Wagon-Lits*. Las negociaciones se complicaron cuando los rumanos se obstinaron en solicitar que Uruguay enviara 10 mil dólares a la Marmorosh Bank. La idea de Octav Luchide era abaratar al máximo el costo real de viaje de los jugadores transportándolos por tierra en camión y por mar en la clase más baja, con el objetivo de reservar una parte sustancial para beneficio exclusivo de los dirigentes. La AUF rechazó toda entrega de dinero que no correspondiera a gastos reales y, como sucedió en las negociaciones con los belgas, propuso a fines de mayo el viaje en barco en segunda clase y el pago de la diferencia como compensación salarial destinada a los players.

En cuanto a Yugoslavia, sus dirigentes empezaron solicitando la cobertura de Uruguay para 20 personas y 100 dólares por día para hotel y comida. Los intercambios entre Andrejvevitch y Buero se iniciaron tarde, a principio de mayo, resolviéndose el 11 de junio de 1930.

La verdad: En el viaje en tren de regreso a sus respectivos países, las asociaciones de Francia, Bélgica y Holanda lideradas por el núcleo dirigente de la FIFA —Rimet, Seeldrayers, y Hirschman— adoptaron la decisión de no ir a Uruguay. El objetivo fijado fue desarrollar la máxima presión hasta obtener la claudicación de la AUF. Siguiendo este plan, la FIFA se dedicó durante meses a complicar las cosas, actuando como caja de resonancia de exigencias financieras crecientes. A tres meses del inicio del Mundial, viendo que los europeos mantenían el boicot, Buero optó por la vía política. Obtuvo entonces las participaciones de Bélgica y de Francia, luego de lo cual, multiplicando esfuerzos y facilidades financieras, logró la inscripción de Rumania y Yugoslavia.

27. Ruegos encarecidos

La mentira: Rimet se opuso siempre a la política abstencionista decidida por la federación francesa.

La cita mentirosa y su significado:

> **Incluso la asociación francesa, pese a mis ruegos encarecidos, había resuelto primero abstenerse.** La razón invocada era la imposibilidad de encontrar catorce o quince jugadores disponibles durante las seis semanas de licencia necesarias y capaces de representar dignamente al fútbol francés en una prueba en la cual el pabellón nacional estaba en juego. **Yo no podía, después de haber sido el apóstol tenaz de la Copa del Mundo y de la elección de Uruguay, aceptar esta defección de mi propia asociación.**
> (p. 38)

La mentira que vamos a estudiar ahora tiene dos aspectos: las circunstancias (momento y lugar) en que la asociación francesa decidió y mantuvo su abstención; y la actitud adoptada al respecto por su presidente Rimet. Sobre ambos puntos, ya hemos aportado una serie de indicaciones en el capítulo anterior, particularmente en relación al inicio del proceso abstencionista. Vamos a ver ahora detalladamente y a lo largo del tiempo, cómo se desarrolló el abstencionismo de los dirigentes franceses en la intimidad misma de su asociación.

Si, como lo hace Rimet, se acepta la validez de la «razón invocada» por la FFFA —la dificultad para obtener la disponibilidad de los jugadores— debe suponerse entonces que se estableció una lista de futbolistas y se intentó tramitar sus licencias. Debe suponerse también que la abstención fue adoptada luego de constatarse el fracaso de dichos trámites, es decir por lo menos unas cuantas semanas después del Congreso de Barcelona. Esta versión permite a Rimet establecer una separación de lugar y de tiempo entre el boicot decidido por «los delegados» durante el viaje en tren y la abstención de su propia asociación. Pero no parece verosímil ya que nunca se ha visto que asociaciones compongan sus equipos con tanta anticipación.

Por lo demás, importa dejar claro que la FIFA no tenía el poder de forzar la inscripción de las asociaciones afiliadas. La participación no era obligatoria, había dicho Rimet a Pelikan en Barcelona, de modo que *la decisión de ir o no a Montevideo era de orden exclusivamente nacional*. Los dirigentes de la FIFA podían hacer todo tipo de declaraciones participacionistas en la prensa, eran sin consecuencias. Para forzar una decisión favorable solo pesaban de manera efectiva las acciones que podían realizar en el seno de sus organizaciones nacionales, en su calidad de jefes nacionales, haciendo uso de los mecanismos de presión disponibles en el plano interno. Lo demás eran gesticulaciones inútiles.

Ante una directiva nacional masivamente abstencionista, la única alternativa seria para un presidente participacionista era exigir la anotación de discrepancias en las actas, un debate nacional en la prensa oficial, como mínimo un voto, y en última instancia, recurrir a los políticos. Notemos desde ya que la expresión «ruegos encarecidos» empleada por el poderoso presidente francés no presagia el manejo de acciones fuertes.

La directiva francesa adoptó la abstención por unanimidad, fuera de sus reuniones oficiales, ocultándola a sus bases

La directiva de la asociación francesa consignó las actas de sus reuniones semanales en sus «libros». Dichas actas constituyen la fuente privilegiada que nos permitirá seguir paso a paso las condiciones de desarrollo, mantenimiento y fin del proceso abstencionista, conocer las justificaciones invocadas y determinar en los diferentes momentos, la actitud adoptada por el miembro más importante del cuerpo dirigente, Rimet.

Después de Barcelona, la directiva de la FFFA se reunió por primera vez el 27 de mayo. El encuentro, presidido por Rimet, dio lugar al siguiente registro: «Congreso de la FIFA en Barcelona. De Vienne presenta el informe del congreso». Nada más. No hubo discusión, o si la hubo, fue para reiterar un acuerdo unánime en torno a una posición ya definida previamente, que no se quiso revelar a las bases ni a la prensa —considérese que las actas de la directiva aparecían en las columnas del *France Football* de la semana siguiente—.

En la reunión del 3 de junio, nuevamente presidida por Rimet, el tema del Mundial no se evocó. Una semana más tarde, figuró en las actas la siguiente información:

> Copa del Mundo 1930 en Montevideo. La directiva federal toma conocimiento de la carta de la Asociación Uruguaya de Fútbol, agradeciendo a la Federación Francesa e invitándola a enviar un equipo nacional a Montevideo.

Esta vez tampoco hubo debate ni se apuntaron comentarios. El nuevo silencio tiende a confirmar tres aspectos: que ya se había adoptado una posición; que nadie pretendía contradecirla; que se mantenía la intención de ocultarla, y ocultarla no solamente a las bases francesas sino a los principales interesados, los dirigentes montevideanos organizadores del Campeonato.

La carta de Uruguay quedó sin respuesta. Firmaron el acta el presidente Rimet y los miembros de la directiva Chevallier, De Vienne, Pillaudin, Caudron, Jevain y Jooris.

El 17 de junio, la directiva francesa redactó el siguiente comunicado denominado «Calendario internacional 1929-1930», destinado a ser publicado en *France Football*:

> Partidos Argelia-Marruecos contra Metrópoli. Habiendo tomado conocimiento de la carta de la Liga del departamento de Argel, la directiva federal da su acuerdo para que los partidos mencionados se disputen en Argel el 29 de diciembre de 1929 y el 1.º de enero de 1930. La directiva toma conocimiento de las cartas de la Unión Real Belga, de la asociación suiza, y considera, por otra parte, la carta de la federación yugoslava, lamentando no poder encarar un partido Yugoslavia-Francia durante la temporada 1930, pero anotando el examen del proyecto de encuentro en el programa de la temporada 1930-1931.

El Mundial de Montevideo no figuró entre las actividades internacionales proyectadas por la selección francesa. Apareció en cambio, en las mismas actas, la siguiente resolución que daba la pauta del camino que empezaba a privilegiar la directiva:

> Proyecto de una Copa de Europa Occidental. La directiva propone la creación de una prueba para 1930-1931, susceptible de reunir a los equipos representativos de Bélgica, Francia, Portugal, España y Luxemburgo.

Rimet asumió oficialmente la abstención

Entre el 24 de junio y el 14 de octubre se sucedieron quince sesiones de la directiva federal francesa durante las cuales el tema del Mundial *no se mencionó bajo ningún concepto*. Pasaron por lo tanto más de cinco meses desde el Congreso de Barcelona bajo abstencionismo silencioso, sin que se manifestara el más mínimo cuestionamiento. El 21 de octubre se registró la siguiente declaración en la cual se admitió, por primera vez, la posición definida en mayo:

> En respuesta a la pregunta de la Unión Real Belga, la directiva lamenta informar a esta última que la FFFA no podrá participar en la Copa del Mundo de 1930.

No se agregó explicación ni se registraron discrepancias. La ausencia de mención a una eventual votación en el seno de la directiva tiende a confirmar nuevamente la unanimidad. Todo parece indicar a esa altura que la posición de abstenerse, sobreentendida desde la primera reunión del 27 de mayo, había sido adoptada fuera del marco oficial, antes de la primera reunión, posiblemente durante el viaje en tren.

El 28 de octubre, cinco meses y medio después de Barcelona, bajo la rúbrica «Copa del Mundo en Montevideo», la asociación francesa se dignó a anunciar por primera vez que comunicaría su posición a los dirigentes uruguayos. No se trataba de una iniciativa propia de la FFFA como debió ser, sino de una reacción ante una nueva solicitación.

> Al tomar conocimiento del pedido de la federación uruguaya transmitido por la legación de Uruguay en París, la directiva, después de un nuevo estudio del asunto, pese a su vivo deseo de ver a Francia representada en esta competición, lamenta tener que formular una respuesta negativa.

El acta lleva la firma de Chevallier, De Vienne, Caudron, Pochonet y Delaunay. Alude a un «nuevo estudio del asunto» cuyo contenido no se especifica. La relación entre las dos respuestas formuladas, a la asociación belga y a la asociación uruguaya, resulta bastante clara. Buero se dirigió primero a la URBSSA, y unos días después, a la asociación francesa. La primera, para asegurarse del mantenimiento de la solidaridad abstencionista, consultó a la FFFA. Esta recibió primero la consulta belga, y unos días después, la comunicación de Buero. Rimet, que estaba de licencia, manifestó su pleno acuerdo con la negativa de sus colegas mediante el siguiente comunicado que aparece registrado en los mismos libros oficiales el 18 de noviembre y que reviste un carácter histórico:

> Copa del Mundo de Montevideo. Comunicación del Señor Rimet. Después de haber tomado conocimiento del informe transmitido por De Vienne, *la directiva mantiene sus sentimientos negativos en lo que respecta a*

la participación francesa en esta prueba y toma nota, por otra parte, del hecho que, según las declaraciones de los miembros de la directiva que integran el Comité de Selección, este último estudió la eventualidad de una participación francesa y formuló una opinión desfavorable.

Queda por lo tanto establecido que, por lo menos hasta esa fecha, Rimet no buscó desmarcarse. Su comunicado expresó la adhesión al pretexto de la dificultad para constituir un equipo, que apareció entonces por primera vez, seis meses después de decidida la abstención. La justificación era de excelente calidad. Funcionaba como un argumento imparable, emitido por expertos que deseaban supuestamente la participación, que la estudiaban «nuevamente», y que parecían actuar con indiscutible buena fe en base a datos que solo ellos podían poseer. Permitía a la directiva exonerarse de toda responsabilidad y liberarse del deber de emitir objeciones, de ejercer su función deportiva y de organizar la consulta de las bases.

Dos meses después, en las actas del 20 de enero de 1930, el tema del Mundial reapareció en este comunicado clave de la directiva:

«Carta de la Confederación Sudamericana de Fútbol. *El presidente dará en su respuesta todas las precisiones útiles sobre los motivos de la no participación de las 3FA en la Copa del mundo.*»

La mencionada carta de la CSF desmentía los rumores que la propaganda italiana hacía correr evocando el abandono del Mundial por Uruguay y su reemplazo por una edición especial de la Copa América.

Una semana después, el 27 de enero, la directiva francesa acusó recibo de las actas de la última sesión del Comité Ejecutivo de la Copa del Mundo sin que esto generara comentarios. El tema del Mundial desapareció nuevamente hasta el 17 de febrero. Ese día, en sesión presidida por Rimet, la directiva tomó conocimiento de las cartas del señor Ministro del Uruguay en París y del importante político francés, señor subsecretario de Estado a la Educación Física, Henry Pathé.

Visiblemente asustado por el tirón de orejas, el presidente solicitó entonces «una encuesta sobre la posibilidad de constituir un equipo» pero «la directiva consideró que esta ya había sido realizada».

La intimación política marcó el inicio de un primer o segundo período de dudas y de doble juego. Rimet pareció entonces adoptar una actitud personal diferente del resto de la directiva, abriendo una opción participacionista sin cerrar la abstención y sin encarar acciones internas fuertes. Cubriéndose de las críticas que provenían de las alturas del Estado, temiendo el efecto de las tratativas desplegadas por Buero, manifestando su habitual instinto maniobrero, el presidente de la FFFA dictó ese mismo día un artículo a su colega de la federación y exinternacional francés Victor Denis. El 18 de febrero, salieron en el diario *Sporting* las siguientes líneas:

> ¿Cómo interpretar la nueva ofensiva *que va a hacer Rimet* en favor de la participación de Francia en la Copa del mundo? Es algo así como tenacidad y perseverancia, dado que *la directiva ya dio a conocer su voluntad de abstenerse en dos oportunidades*. En Marsella, el otro domingo, Rimet consultó a los jugadores del Sudeste, prosiguiendo la encuesta iniciada el 1.º de noviembre [cuatro meses antes…] obteniendo una serie de adhesiones. Así armado, *volverá a la carga* ante la dirección federal. El problema es que al pronunciarse por tercera vez sobre el tema, *dicha Directiva resolvió de nuevo unánimemente no enviar equipo a Montevideo*. Se atribuye a Rimet la intención de sustituirse a la directiva y de no tomar en cuenta la interdicción. La situación puede dar lugar a corto plazo a una ruptura entre la directiva y su presidente.

Dos puntos evidencian el carácter fabricado del artículo. El primero es la contradicción entre afirmar que el presidente se opuso a la abstención desde noviembre y decir que la directiva se pronunció otra vez «unánimemente». Rimet no solo formaba parte de la directiva: era su miembro más importante. El segundo es la alusión a la «ruptura», que en una asociación de fútbol solo podía adoptar dos formas: la renuncia o la destitución, y que Rimet, más atado que nunca a la suma de poderes —oponerse a la directiva francesa era correr el riesgo de perder sus dos presidencias, en la fffa y en la fifa— no encaraba bajo ningún concepto. ¿Cómo interpretar entonces «la ofensiva» de Rimet? Como una crisis personal ante las intimaciones políticas, como una protección de su imagen como presidente de la fifa, como una muestra de obediencia que le permitiría, llegado el momento, negociar con Pathé alguna recompensa.

Ocho semanas antes del inicio del Campeonato del Mundo, la asociación francesa se vio forzada a participar

Después del artículo de Denis, Rimet dejó que el silencio cubriera nuevamente el tema del Mundial durante dos meses. Ni nueva reacción oficial u oficiosa de su parte ni posiciones expresadas por la directiva. Todo parece indicar que Rimet cesó «su ofensiva» y que el gran tema de la fffa pasó a ser la Copa de Europa Occidental. El 17 de marzo, las actas registraron el siguiente comunicado:

> La directiva toma conocimiento de las respuestas favorables de las federaciones interesadas (Portugal, España, Luxemburgo) en vistas a una reunión de estudio que tendría lugar en ocasión del próximo congreso de la fifa. Tomando conocimiento del pedido de la Federación Española de invitar a la asociación inglesa, la directiva decide no seguir esta sugerencia.

El 28 de abril, con Rimet presidiendo la sesión, la directiva francesa aprobó la siguiente resolución que parasitaba la convocatoria a congreso de la federación internacional con iniciativas continentales:

> Proyecto de una competición de Europa Occidental. Retomando el estudio del proyecto, la directiva *decide rogar* a las asociaciones nacionales invitadas a esta competición para que designen uno o varios delegados en vistas a la reunión de estudio en Budapest que tendrá lugar el 6 de junio por la mañana [al margen del congreso de la fifa].

El 19 de mayo, un año y cinco días después de Barcelona, «por unanimidad de los presentes», la directiva francesa adoptó finalmente la siguiente posición:

> Participación de Francia en la Copa del Mundo de fútbol. La directiva decide participar en la competición *siempre y cuando sea posible constituir un equipo de nivel equivalente al que jugó contra Checoslovaquia y Escocia*. La partida se prevé el 21 de junio en Villefranche, el regreso el 14 de agosto.

No era una decisión definitiva pero casi. El 26, figuraron en las actas las protestas de Folliard «contra la decisión de principio, adoptada en su ausencia por la directiva, de enviar un equipo a Uruguay». *Fue la única protesta que apareció desde el comienzo del asunto, y no fue en favor de la participación.* Ese día, la directiva tomó «conocimiento de las respuestas de los jugadores que le llegaron hasta hoy» y postergó «su decisión final a la semana siguiente». La participación fue definitivamente confirmada el 2 de junio.

Buero impuso la participación francesa activando sus contactos políticos

Las informaciones contenidas en las actas de la federación francesa adquieren todo su sentido cuando se las completa con los datos publicados por Buero en el capítulo de *Negociaciones internacionales* denominado «Los franceses a su vez deciden su participación en la primera Copa del Mundo». Dice el diplomático uruguayo: «La resolución de los belgas adoptada el 19 de abril tuvo como feliz consecuencia facilitar la decisión de los franceses en el sentido de participar en el campeonato mundial».

Buero escribió a Rimet desde Bruselas el día 15 de mayo:

> Espero estar en París el lunes próximo 19 y en esa ocasión entrevistarme con usted respecto a los temas planteados en su carta [las condiciones del viaje de Rimet solo, sin el equipo a francés, a Montevideo] y tener la oportunidad de

gestionar personalmente ante el señor Pathé (si usted lo estima útil) la participación de un equipo francés. Sigo pensando que Francia no puede dejar de ir a Montevideo. Estaré en el Hotel des Ambassadeurs y le agradecería que pasara a verme entre las 6 y las 8.

El mensaje era rudo: Uruguay prescindía del presidente de la FIFA y convocaba directamente al fútbol francés pasando por el poder político.

En la mañana del día 19, Pathé ya había ordenado la participación francesa. Como lo confirma el telegrama enviado por el embajador uruguayo a Raúl Jude, ese mismo día, «en reunión celebrada por la noche, la federación francesa decidió la participación de Francia en el campeonato mundial». «Congratúlame este resultado que corona esfuerzos que he podido realizar gracias a la confianza que me han dispensado ustedes en todas circunstancias», agregó Buero. La AUF respondió el 23: «Comité Ejecutivo congratúlase concurrencia Francia debida *a su inteligente gestión*».

La verdad: Las actas de la directiva de la asociación francesa confirman que la decisión de no ir a Montevideo fue adoptada durante el viaje en tren, al regresar del Congreso de Barcelona, por unanimidad y con el acuerdo del presidente Rimet. Durante cinco meses y medio, la directiva francesa calló su decisión tanto a los organizadores uruguayos como a sus propias bases. Rimet fue fiel a la posición general de la directiva, asumiendo incluso la tarea de presentar los argumentos necesarios ante la Confederación Sudamericana y confirmando su solidaridad con el Comité de Selección en un comunicado. Tuvo períodos de duda y doble juego, pero se decidió definitivamente a participar recién un año después de Barcelona, presionado por el subsecretario de Estado Henry Pathé.

28. Peregrino apasionado

La mentira: Rimet recorrió toda Francia reclutando jugadores disponibles. Constituyó así un nuevo seleccionado francés con nuevos futbolistas y, con la lista en la mano, impuso el levantamiento de la abstención de su asociación.

La cita mentirosa y su significado:

> **En peregrino apasionado, fue así que lo escribió un periodista de la época, recorrí toda Francia obteniendo fácilmente el consentimiento de los jugadores y más difícilmente la autorización de los dirigentes de los clubes. Y así pude componer un equipo** que jugó finalmente un buen papel en Montevideo.
> (p. 38)

En la cita mentirosa anterior, a la vez que la referencia al «pabellón nacional» excusaba las faltas de la FFFA y delataba la implicación abstencionista de Rimet, el término «defección» insinuaba una crítica. Aun admitiendo que la FFFA se haya encontrado en la imposibilidad de obtener licencias para *los jugadores habituales* —sugiere Rimet— no hizo lo necesario para convocar a *otros players*. El «peregrinaje» aparece entonces como el proceso patente de constitución de *un nuevo seleccionado* que puso a la directiva francesa ante el hecho consumado y forzó la participación.

Dos aspectos del episodio llaman particularmente la atención.

El primero es el arcaismo. Cuesta imaginar a Rimet transitando en tren o en auto por el vasto territorio de Francia, golpeando sin certeza a la puerta de los clubes en una época de telegramas y teléfono —el de la FFFA figuraba en las portadas de la prensa oficial desde el nacimiento de la organización: Bergère 41-50 en 1919, Central 72-44 en 1930—.

El segundo aspecto raro es la falta de profesionalismo que nos sugiere. Rimet era un político. Nunca había pateado una pelota. Su conocimiento técnico y táctico del fútbol era nulo. ¿Quién puede creer entonces que el muy riguroso Comité de Selección de la FFFA dirigido con mano de hierro por el experimentado Gaston Barreau le permitió el descaro de ejercer funciones de seleccionador y director técnico?

Como ya lo vimos en el capítulo anterior, el 18 de febrero, ante las intimaciones de Pathé, Rimet se cubrió evocando un hipotético reclutamiento. El artículo firmado por Denis se refiere a hechos ocurridos diez días antes en Marsella y constituye la primera versión del episodio que nos aprestamos a criticar, una versión embrionaria producto de las dudas que, nueve meses después de Barcelona, empezaban a asaltar al presidente de la FIFA.

En este aspecto, y aunque no es el tema de este trabajo ahondar en los rasgos patológicos de la psicología del dirigente francés, puede decirse que Rimet se comporta como un gran profesional de la impostura. Con paciencia y con una visión a largo plazo de la construcción de su obra, siembra semillas al calor de la acción, que le sirven de sondeo y forman el boceto de la mentira futura.

Diferentes documentos de la federación francesa desmienten el cuento del peregrinaje

La federación francesa describió los preparativos de la partida de su equipo hacia Montevideo en un artículo preciso publicado en su sitio web, denominado «1930: Pasajeros del Nuevo Mundo» (*1930: passagers du Nouveau Monde*). Dice así:

El 19 de mayo, después de haberse desistido, la directiva federal decidió participar en la Copa del Mundo de 1930. Rimet y Delaunay tienen un mes para organizar el periplo. Los trámites se multiplican. Solicitan incluso al Ministerio de Relaciones Exteriores un permiso para el joven soldado Pinel. Oficialmente, se le atribuye una misión especial ante el Cónsul de Francia en Montevideo. *El presidente y el secretario general de la FFFA batallan firmemente para obtener las licencias de los jugadores ante sus empleadores.* Gaston Barreau no tiene suerte. Bloqueado por el Conservatorio Nacional de Música, el técnico de la selección francesa se resigna a ver partir el Conte Verde el 21 de junio, sin él. La víspera se juntaron todos en un restaurante de la calle Royale para el almuerzo. Después de una noche en tren, la delegación llega a Villefranche-sur-mer para la gran partida. No hay consejero técnico ni entrenador. Solo viajan el seleccionador Caudron, el kinesiólogo Panosetti, el árbitro Balway y el presidente Rimet acompañando a los 16 jugadores libres durante dos meses.

El texto no menciona ningún peregrinaje ni alude a una acción diferenciada de Rimet. Se refiere a un trabajo intenso llevado de conjunto por el presidente y el secretario general, en la urgencia, siguiendo las directivas de Barreau. La obtención de las licencias aparece como problema real y concreto recién a esa altura de la historia, un mes antes de la partida. El dato anula lo enunciado por Rimet en la cita criticada del capítulo precedente y permite deducir que los supuestos informes del Comité de Selección utilizados como pretexto para justificar la abstención fueron una farsa. Por otra parte, según este documento, muy pocos fueron los jugadores que debieron enfrentar obstáculos de último momento, y estos obstáculos no provinieron de los clubes.

Las actas de la directiva de la federación francesa confirman igualmente la ausencia de un reclutamiento «por peregrinaje». La convocatoria se inició el 19 de mayo de 1930, siguiendo el trámite acostumbrado antes de cada partido internacional, por envío de telegramas. El 26, «la directiva tomó nota de las respuestas que le llegaron hasta hoy y postergó su decisión definitiva hasta conocer las respuestas escritas de todos los jugadores». El 2 de junio, en sesión presidida por Rimet, se adoptó irreversiblemente la participación y se dispuso que «el Comité de Selección se reunirá mañana a las 18 horas *para fijar la lista definitiva de 15 jugadores que efectuarán el viaje*». Las actas del 16 de junio indican que «la directiva aprobó las disposiciones organizativas y que los 16 jugadores siguientes efectuarán el viaje. […]».

Los textos oficiales son por lo tanto concluyentes: el proceso de selección de los jugadores se realizó bajo control del Comité de Selección dirigido por Gaston Barreau; los jugadores fueron convocados siguiendo el trámite de siempre —convocatoria por telegrama, espera de confirmación, lista definitiva—; se solicitó el consentimiento de los jugadores sin pasar por los dirigentes de los clubes.

Francia mandó a Montevideo el seleccionado habitual

Para cerrar definitivamente este punto, queda por ver ahora quiénes fueron los jugadores seleccionados y determinar si se trataba de los players habituales, como parece indicarlo la falta de información particular en los registros oficiales, o si intervino realmente un reclutamiento nuevo, aunque fuera de manera parcial, que pudo haber resultado de tal o cual contacto de Rimet en rincones alejados del hexágono.

Durante el período abstencionista, el seleccionado francés mantuvo una actividad considerable. Al día siguiente del Congreso de Barcelona, el 19 de mayo, jugó contra Yugoslavia en Colombes. Fue probablemente en ocasión de ese partido, en las tribunas del estadio olímpico, que la directiva francesa reunida en sesión plenaria informal ajustó su estrategia abstencionista de modo definitivo. El 25, el equipo francés viajó a Rocourt, al norte de Lieja, para enfrentar a Bélgica el 26. El 23 de febrero de 1930, el mismo equipo jugó contra Portugal en Porto. Enfrentó luego en Colombes a Suiza el 23 de marzo, a Bélgica el 13 de abril, a Checoslovaquia el 11 de mayo y a Escocia el 18. Finalmente el 25 de mayo, Francia volvió a enfrentar a Bélgica en Lieja. Disputó así ocho partidos en un año.

Catorce de los dieciséis futbolistas que viajaron a Montevideo jugaron por lo menos algunos de los mencionados encuentros. Si consideramos la base del seleccionado francés que actuó en Montevideo, Thépot, Villaplane y Delfour jugaron 6 partidos preparatorios: Capelle 4; Chantrel, J. Laurent, Pinel y Veinante 3; Mattler, Delmer, L. Laurent, Liberati y Maschinot 2; Langiller 1. Y si se compara el equipo que disputó el último amistoso contra Bélgica con el conjunto que en Montevideo enfrentó a Méjico, Argentina y Chile, se mantuvo una misma base de ocho jugadores. Del plantel que embarcó, los únicos debutantes fueron el golero suplente André Tassin, del Racing Club de París, y el defensor, también suplente, Numa Andoire, de otro club capitalino, el Red Star de los hermanos Rimet. Contactarlos no necesitó peregrinajes.

El 12 de diciembre de 1929 en el número 2 del semanario *Football*, en su crónica «Ir o no a Montevideo», uno de los cronistas deportivos más importantes de la época, Maurice Pefferkorn, consideró de manera global, sin exonerar al presidente, que «la actitud de la FFFA no es otra cosa que indiferencia e ingratitud». El 22 de mayo de 1930, en el número 25 del mismo diario, el director, Marcel Rossini, manifestó el mismo fastidio señalando que «después de haber dicho "no" durante meses, la Federación Francesa de Fútbol decidió finalmente enviar un equipo al Campeonato del Mundo», concluyendo: «entre nosotros, pudo haberse tomado esta decisión mucho tiempo antes». Nuevamente nada sobre una supuesta acción lateral de reclutamiento que hubiera motivado el cambio de actitud.

Completando la información sobre el llamado del equipo, la crónica del 5 de junio publicada en la página 320 de *Football* por Pefferkorn bajo el título «Montevideo, Los Ángeles, Ginebra», aportó los siguientes elementos:

> Se deliberó hasta tarde este lunes de noche en la federación francesa sobre el tema de saber si se enviaba o no un equipo a Montevideo para el Campeonato del Mundo que debe disputarse el mes próximo. *Casi todos los jugadores —lo sabemos— habían respondido afirmativamente y con entusiasmo.*

Chantrel, Delmer, Laurent, Villaplane, Liberati, Maschinot, Delfour, Korb, Langiller habían dado su acuerdo. Thépot seguía incierto porque, como es funcionario del Estado, no obtuvo aún la autorización de ausentarse dos meses. Pinel, soldado, está en el mismo caso. En cuanto a Capelle, tiene que cumplir un periodo de instrucción militar.

El texto confirma que solo se manejaron nombres de jugadores habituales y que los supuestos reclutamientos de noviembre y febrero evocados en los artículos redactados por conocidos de Rimet no fueron reales sino cuentos hábilmente concebidos que obedecían a la necesidad puntual de dar cierta impresión.

La verdad: En febrero de 1930, ante las intimaciones de Pathé, Rimet evocó en la prensa el reclutamiento que realizaba a título personal en el Sudeste de Francia con vistas a constituir un nuevo seleccionado galo. Amplió en su libro este dudoso alegato cuando afirmó haber recorrido toda Francia para constituir un nuevo seleccionado con jugadores disponibles. En realidad, fue recién a mediados de mayo que la asociación francesa se decidió a participar. El proceso de reclutamiento y selección se inició entonces siguiendo el trámite habitual, con convocatoria por telegrama y establecimiento de la lista definitiva por el Comité de Selección. El equipo francés que fue a Montevideo fue el equipo habitual, que resultaba de la lenta y normal evolución controlada por Gaston Barreau a lo largo de los partidos internacionales amistosos.

29. Bajo la bota

La mentira: Rimet intentó convencer a Italia de ir a Uruguay pero «circunstancias desgraciadas» impidieron la participación de la Squadra Azzurra.

> Así por ejemplo, Emmanuel Gambardella revelaba en un artículo lleno de humor cómo me había esforzado y cómo me había cansado tratando de persuadir a Italia —¡ya que no me ajetreaba solamente por el equipo de Francia!— para que participe en el campeonato mundial de Montevideo. Circunstancias desgraciadas hicieron finalmente que el equipo italiano no pudo venir, pero el público francés pudo medir, dado su conocimiento de las dificultades que enfrentábamos, la amplitud de nuestro aporte en el éxito final.
>
> (pp. 38-39)

La cita mentirosa y su significado

Esta es la última gran mentira de la «Creación de la Copa del Mundo». Rimet trata de resolver aquí a su manera el escabroso tema de sus relaciones con Italia. La cita mentirosa contiene dos afirmaciones: que hizo lo posible para que Italia participara; que los italianos no pudieron viajar pese a que manifestaban la mejor buena voluntad.

Este episodio es gemelo del episodio del peregrinaje. Parte del mismo hecho: el banquete posterior al partido disputado el 8 de febrero entre una selección francesa del Sudeste y un equipo de Italia B. Se cubre con una «prueba» de mismo tipo: el artículo de un amigo. Y opera con la misma técnica: inyectando en los hechos culpables la imagen de una gran actividad —«esforzado», «cansado», «me ajetreaba»— y la vaciedad de formulaciones lastimosas —«las dificultades que enfrentábamos», «la amplitud de nuestro aporte», «las circunstancias desgraciadas».

Analizaremos, claro está, la larga cita que hace Rimet del artículo de Gambardella. Aclaremos que fuera de esta «prueba» doblemente sospechosa —los artículos fueron *oportunamente dictados por Rimet* y se refieren a hechos privados no verificables— el presidente de la FIFA no menciona ninguna negociación documentada de carácter oficial.

Las posiciones de Italia obedecían a decisiones que provenían a la vez de la cima del Estado y de acuerdos con el bloque central

De las circunstancias peculiares que marcaron el desarrollo de los debates del Congreso de Barcelona hemos concluido que el inesperado desistimiento de la candidatura de Italia y la elección sorpresa de Montevideo significaron una agudización de la crisis entre la dirección de la FIFA —Francia, Bélgica y Holanda— y la disidencia continentalista —Italia más Europa Central—.

Los delegados italianos presentes en España (Giovanni Mauro y Otto Barassi) habían adoptado posiciones doblemente radicales al retirar su candidatura y apoyar a Uruguay contra la eventualidad oficiosa de París. Independientemente de las sensibilidades de los delegados presentes en España, estas actitudes reflejaban a la vez las posiciones estratégicas de la directiva de la FIGC y las de todo el bloque disidente: prioridad a la Copa de Europa y presión sobre Rimet. En realidad, no habían cambiado desde las propuestas emitidas a principios de 1927 que preconizaban el rechazo del Mundial centralizado de tipo olímpico, la continentalización del fútbol internacional con copas continentales y confederaciones, y la eventual organización de un Campeonato del Mundo miniatura bajo la forma de una ronda entre campeones de grupos eliminatorios continentales.

A fines de 1929, ilustrando el acercamiento con la FIFA, «el señor Zanetti» entró en la comisión organizadora europea. Escribe Buero:

> La aceptación entusiasta del referido deportista del puesto que se le discernió es un buen «síntoma» con respecto a la determinación de los italianos. Zanetti está íntimamente vinculado con el Presidente de la Federación Italiana, que es al propio tiempo *Ministro del Interior en el actual Gabinete*.

En realidad, lo que ocurría en ese momento era la intervención directa del poder político italiano sobre su selección de fútbol, con serias intenciones de someter los proyectos ya no a los intereses del bloque disidente sino a los del Estado nacional y de la grandeza del Duce. Al humanismo de Mauro sucedió una estrategia dura, con el objetivo de imponer la continentalización deseada. El 14 de diciembre, en la carta que Rimet envió a Buero y que ya hemos mencionado, el presidente de la FIFA aludió a la nueva situación en estos términos:

> Italia ha padecido un viraje al que no debe de ser ajena la influencia diplomática ni tampoco la perspectiva de utilizar la línea de Génova para transportar cierta cantidad de equipos. Espero una respuesta definitiva.

Rimet presentó el «viraje» positivamente. No lo era para Uruguay pero sí para el presidente de la FIFA que vio entonces el momento, presentido desde el regreso en tren de Barcelona, de una unión abstencionista de toda Europa: Nórdica, Occidental y Central.

El bloque central lanzó la propaganda contra el Mundial e Italia la propaganda en favor de la Copa Paneuropea

El 18 de diciembre, el presidente de la FIFA envió un correo a Pablo Minelli, suplente de Buero en Bélgica, con indicaciones que mostraban el inicio de la «propaganda contra el campeonato». Rimet se refirió entonces a informaciones publicadas por los diarios alemanes «transmitidas por el delegado Schricker, de Karlsruhe», según las cuales las asociaciones sudamericanas se aprestaban a romper relaciones con las europeas, y a «una carta que me viene de Austria» dando cuenta «de la mala impresión que produce en dicho país y en Alemania el tema del boicot de los sudamericanos en caso de abstencionismo europeo».

El 20 de febrero de 1930, Minelli recibió una confirmación de Seeldrayers sobre los desistimientos de España, Inglaterra y Bélgica. Ante la situación cada vez más alarmante, Buero cortó su licencia en Uruguay y regresó de urgencia a Europa. Al pasar por Barcelona se enteró

> de las publicaciones hechas por diarios españoles e italianos dando cuenta que el Comité Ejecutivo de Montevideo había resuelto suspender los trabajos de organización del campeonato, *sustituyéndolo por otro continental*.

El 8 de marzo, en Génova, Buero tuvo «oportunidad de leer las mismas referencias». Envió inmediatamente un telegrama a la AUF alertando sobre el hecho de que «diarios de toda Europa *especialmente italianos* publican despachos anunciando asociación desistió organización campeonato mundial sustituyéndolo por uno panamericano». La estrategia liderada por Italia, que seguía al abstencionismo de la FIFA y a la campaña de prensa de los países centrales, apareció entonces claramente como lo demuestra esta nota del diplomático uruguayo:

> Al llegar a Génova, los diarios que me llegan a bordo me traen todos la misma noticia, *con comentarios italianos en el sentido de que ha llegado el momento de organizar la Copa Paneuropea*, frente a la renuncia de Uruguay. El señor Zanetti, que según estaba convenido debía venir a mi encuentro a bordo del *Giulio Cesare*, había partido de Génova la noche anterior para dirigirse a Trieste, puesto que, habiendo renunciado el Uruguay a organizar la Copa del mundo, ya no tenía objeto la entrevista conmigo. Finalmente recibí un despacho diciéndome que recién el viernes 14 podrían comunicarme si mi presencia

en Roma para entrevistarme con el señor Arpinati, ministro del Interior y presidente de la Federación Italiana de Fútbol, sería aconsejable. El viernes recibí un despacho del señor Zanetti diciéndome que lamenta que *circunstancias invencibles* impidieran a Italia concurrir a Montevideo. Mi viaje a Roma resultaba inútil.

La cronología que se desprende de esta comunicación es la siguiente. Fines de 1929: campaña contra el Mundial desde Alemania y Austria en torno al tema del boicot de los sudamericanos. Principios de 1930: campaña de desinfomación contra el Mundial desde Italia señalando la sustitución del Campeonato del Mundo por una Copa continental. Febrero: campaña indicando la organización de un Panamericano en Uruguay. Antes del 8 de marzo: propaganda en favor del Campeonato Paneuropeo, contracara del Campeonato Panamericano; anulación por Zanetti del encuentro con Buero; confirmación de la complicidad de Zanetti y de los dirigentes italianos con la manipulación. 8 o 9 de marzo: confirmación de que las maniobras italianas se planeaban al más alto nivel, dirigidas por Arpinati. 14 de marzo: anulación de los contactos entre Uruguay y los dirigentes italianos; confirmación oficial de la abstención de Italia aludiendo a «circunstancias insalvables» que hacen eco a las «circunstancias desgraciadas» mencionadas por Rimet.

Rimet se plegó a la estrategia italiana y el 10 de marzo propuso a Buero la liquidación del Mundial uruguayo

En los primeros días de marzo, la estrategia italiana quedó claramente establecida. Desde Roma, Arpinati y Zanetti promovían el boicot total del Mundial en Uruguay con el objetivo de condenarlo a ser una «Copa Panamericana». Sin pasar por la FIFA, proponían «reaccionar» organizando la Copa Paneuropea en Roma. Escapando a los límites fijados por Hirschman en Helsinki, retomaban las propuestas defendidas en la Comisión Bonnet y aclaraban definitivamente el desistimiento de Italia en Barcelona: un Mundial en Roma con reglamento financiero uruguayo habría sido un verdadero Campeonato del Mundo con gran cantidad de equipos sudamericanos y pocas chances de victoria azzurra. Inaceptable.

El lunes 10 de marzo, en momentos en que la estrategia afirmada por Zanetti estaba sólidamente establecida y se propagaba ampliamente en la prensa, Buero se entrevistó con Rimet. En vez de mostrarse personalmente hostil a las acciones italianas, el presidente de la FIFA propuso

> en caso de fracaso de las inscripciones organizar una Copa europea en Italia y sobre esa base, que los dos finalistas se encuentren con los dos finalistas americanos en Montevideo para disputar el trofeo mundial.

No era otra cosa que la alternativa que, desde febrero, sobre la base de su campaña de desinformación, el bloque central y en particular los dirigentes fascistas italianos buscaban imponer por la fuerza, fuera de todo canal de discusión sensato, en base a mentiras y maniobras oscuras. La propuesta de Rimet a Buero expresaba el surgimiento de la nueva y poderosa alianza entre la dirección de la FIFA y el bloque central liderado por Italia. Se desconocen las etapas que condujeron al acercamiento de las dos partes y que llevaron al sometimiento de Rimet a las presiones de Roma. Pero confirmando la solidez del pacto y el hecho de que había sido preparado con tiempo, muy formalmente y entre las máximas autoridades, Rimet agregó que el *Comité Ejecutivo de la FIFA podría arreglar esa salida dos semanas después* «en su reunión de Ámsterdam».

La AUF se opuso a la liquidación del Mundial y siguiendo su proyecto inicial, asumió plenamente la creación del evento

Buero transmitió la propuesta de Rimet a la AUF adjuntándole esta nota: «No hay mala voluntad europea y solución propónese para caso fracasen inscripciones sería mejor demostración solidaridad football mundial». El comentario daba la pauta del mantenimiento por el uruguayo, a la vez de la actitud diplomática de evitar el choque frontal y de una interpretación ingenua del curso de los hechos, del comportamiento de Rimet y de la estrategia italiana. En el contexto de la unión que se gestaba entre Rimet e Italia —contexto que Buero no percibió—, el solo hecho de una provisoria aceptación por Uruguay de la eventualidad de la Copa Paneuropea en Roma y de su minicopa del Mundo en Montevideo habría significado darle al boicot de las asociaciones europeas todo su sentido, consagrarlo inmediatamente victorioso, y al instante también, perder definitivamente la chance que podía quedar de su levantamiento parcial.

Por telegrama del 15 de marzo, la directiva uruguaya sancionó lúcidamente la siguiente resolución:

> Sea cual fuere inscripción ulterior oponentes al campeonato mundial vistas registradas hasta el presente la asociación resuelve mantener la decisión de organizar el gran certamen de acuerdo con el cometido que le confirmó por unanimidad el Congreso de Barcelona. Respecto a la postergación del campeonato eventualidad evocada para satisfacer a Italia, el comité la considerará oportunamente. Las proposiciones de Rimet son inaceptables.

La respuesta de los dirigentes uruguayos se inspiraba en la fantástica premonición inscripta en el proyecto original elaborado por Usera Bermúdez y Espil como punto 4.º de las «Conclusiones», y que merece un lugar especial en la historia documental de los Mundiales:

> En el caso de que no fuera aceptada la proposición de Uruguay para que el Campeonato Mundial proyectado por la FIFA se realice en Montevideo, el delegado de la asociación uruguaya gestionará la concurrencia del mayor número posible de equipos extranjeros al torneo internacional que en 1930 se celebrará en la capital.

Lo impactante de este texto es que fue exactamente así que ocurrieron los hechos, organizándose en fin de cuentas *ese Mundial alternativo mencionado en el proyecto*: la proposición de Uruguay no fue aceptada; el delegado uruguayo gestionó la concurrencia del mayor número posible de equipos europeos (más Egipto); y el campeonato del Mundo se celebró *de cualquier manera,* en base a esfuerzos propios, en Montevideo. La inflexibilidad de la AUF puso fin a los planes de los boicoteadores. El 15 de marzo Rimet se quedó sin estrategia.

El artículo de Gambardella fija la fecha del «plan de Marsella»

Veamos, para terminar, la larga cita del amigo Gambardella que Rimet propone como prueba de su acción ante Italia en favor del Mundial:

> Se habló mucho de Montevideo ese domingo de noche en el transcurso del fastuoso banquete que reunió en Marsella a jugadores de Italia B y del sudeste de Francia, dirigentes franceses e italianos. El señor Rimet, que lleva a cabo una campaña perseverante y hábil en favor del campeonato del mundo, se propuso convencer a los representantes de la federación italiana presentes en la cena: el general Giorgio Vaccaro, los señores Agnisatta Arnaldo y Heraldo Gaudenzi. Rimet es un seductor. Yo seguía de lejos, *sin poder oír desgraciadamente su calurosa intervención.* Los interlocutores adhirieron, el general Vaccaro sobre todo, quien se comprometió a sostener ante el Ministro Arpinati la tesis de la participación. El señor Rimet pareció un poco insistente, pero fue para el campeonato del mundo. Es lógico, y agrego que esto es particularmente loable.
>
> (p. 39)

¿Qué dijo exactamente Rimet a los dirigentes italianos? Gambardella «no pudo oír», lo que significa que escribió lo que le indicó Rimet. Se habló de Montevideo y de la participación, se habló del Campeonato del Mundo, quizá. ¿Pero de qué manera? ¿De cuál de los campeonatos manejados exactamente y de qué participación precisamente? Gambardella dice que los italianos quedaron convencidos, y Rimet da a entender que Arpinati aceptó la participación pero que «circunstancias desgraciadas…». Lo que se sabe a ciencia cierta es que fue justamente a partir de esa fecha que la propaganda italiana contra el Campeonato del Mundo se acentuó, que cobró forma el contraproyecto de Copa Paneuropea arreglado el 16 de febrero en la reunión de Trieste con los países centrales, y que de la posible aunque nunca anunciada participación de Italia se pasó bruscamente al boicot europeísta declarado. Rimet supo todo esto y lo ocultó tanto en el momento de la propuesta del 10 de marzo como en 1954 cuando publicó su libro. Miente pues sobre la verdadera actitud de Italia, sobre las causas que motivaron su abstención y, sin ninguna duda, sobre la perspectiva que asigna a los intercambios que tuvo con Vaccaro.

El encuentro con el general fascista —que presidiría la FIGC durante el Mundial de 1934— tuvo efectivamente lugar al margen del partido entre Italia B y Sudeste de Francia disputado el 8 de febrero. El problema es la dificultad para establecer a qué momento exacto de las negociaciones entre Rimet e Italia corresponden dichos intercambios «calurosos». No puede descartarse totalmente el hecho de que Rimet, presionado por Pathé, haya sostenido la idea de un mantenimiento posible de Uruguay como sede del Mundial. No hay razón para pensar que los dirigentes italianos no expresaron su inamovible proposición continental. Resulta por lo tanto muy posible que, de acuerdo con la formulación empleada el 10 de marzo, Rimet haya aceptado la perspectiva Paneuropea presentada por Vaccaro a condición de acoplarle la propuesta de *una eventual minicopa final mundial en Montevideo,* parecida a la planteada por Italia en 1927. En tal caso, pudo soplarle a Gambardella, sin mentir, que «defendió el Mundial», que «se habló mucho de Montevideo» y que «los interlocutores adhirieron a la tesis de la participación».

Nos limitaremos por lo tanto a expresar que la reunión en Marsella se inscribió en un proceso zigzagueante, en un punto de un viraje que llevó a que Rimet, después de plegarse al abstencionismo y dudar ante las presiones políticas, aceptara el plan continental de Italia *completado por él* a cambio de cierto apoyo de la FIGC a su autoridad en el seno de la FIFA.

En 1930, la alianza entre Italia y Francia fracasó en el sentido de que no se logró la claudicación de Uruguay. Pero reapareció después del congreso de 1932, como lo muestra el reparto de las copas entre Roma y París, la voluntad común de continentalizarlas, y las facilidades en materia de reglamento financiero que la FIFA otorgó a la FIGC después del congreso de Estocolmo.

La entrevista que dio Yves Rimet a Renaud Leblond, publicada como anexo del librito *Le Journal de Jules Rimet*, en 2014, completa el panorama evidenciando el pensamiento sometido del dirigente francés. Respondiendo a una pregunta sobre «otro momento delicado, la Copa del Mundo de 1934, en plena Italia fascista», se lee en la página 155:

> Durante el encuentro de apertura, en Roma, Mussolini no dirigió una sola vez la palabra a mi abuelo. Lo ignoró por completo. El día de la inauguración del estadio, mi abuelo tuvo que levantar el brazo. Todos los que estaban alrededor de él levantaron el brazo. Él hizo lo mismo, no lo mantuvo bajo y siempre lo lamentó. De eso, me habló con frecuencia, de lo mucho que le había costado. Y un día me dijo: *Si no levantaba el brazo, dejaba de ser presidente».*

La verdad: En diciembre de 1929, la propaganda contra el campeonato orquestada por los países centrales e Italia dio a Rimet nuevas esperanzas en su afán de obtener la claudicación de la AUF. El ingreso de Zanetti en el seno del Comité de organización europeo selló la alianza entre Rimet y los dirigentes fascistas italianos. A principios de febrero, Italia finalizó su estrategia: una Copa Paneuropea en Roma. Rimet la completó agregándole el eventual Minicampeonato del Mundo en Montevideo y la propuso como «salida» a Buero el 10 de marzo. El rechazo de la AUF marcó el nacimiento del «Mundial alternativo» de 1930, resultante del artículo 4.º del proyecto inicial elaborado por Usera Bermúdez y Espir.

30-36. Siete conjuntos

Acabamos de analizar separadamente cada una de las veintinueve «mentiras significativas» presentes en la «Creación de la Copa del Mundo». Nos queda por ver ahora cómo se articulan entre sí para constituir «conjuntos mentirosos fundamentales». Estos conjuntos son siete y responden a siete objetivos mayores.

El primero apunta a ocultar la liquidación de la Copa Internacional proyectada por el congreso de la FIFA de 1905. El segundo apunta a ocultar la liquidación de la Copa Internacional propuesta por Hirschman en 1914 en el Congreso de Cristiania. El tercero apunta a liquidar retroactivamente los torneos olímpicos mundiales de 1924 y 1928. El cuarto apunta a ocultar la liquidación de la FIFA, votada por Rimet en un texto vigente entre fines de 1919 y agosto de 1920. El quinto apunta a construir la leyenda de Rimet «inventor de la Copa del Mundo», desposeyendo de sus méritos a los dirigentes uruguayos. El sexto apunta a ocultar la liquidación de la propuesta de Copa de Europa hecha por los países centrales a fines de 1926. El séptimo apunta a ocultar las tentativas de liquidación orquestadas por la FIFA contra el Campeonato del Mundo organizado en Montevideo en 1930.

Conjunto 1: Rimet ocultó la liquidación de la Copa Internacional de 1906

La mentira: Pese a que los ingleses apoyaron la idea de un campeonato desde 1902 y se afiliaron a la FIFA antes de su aprobación oficial por el congreso de 1905, la Copa Internacional fracasó a causa de la profunda debilidad de las asociaciones continentales.

Este conjunto abarca las mentiras 1 a 10.

Rimet afirma sucesivamente: que la FA jugó un rol positivo en la fundación de la FIFA; que compartió con los dirigentes continentales el deseo de crear una Copa Internacional; que en momentos en que se aprobó el proyecto de Copa Internacional, la FA ya se había afiliado a la FIFA; que la Copa fracasó porque nadie se inscribió; que ante el abstencionismo unánime, el Comité Ejecutivo (Guérin) permaneció silencioso e inactivo; que este fracaso puede explicarse por el hecho de que se exigieron esfuerzos excesivos a un fútbol continental atrasado, sin fuerzas, de bases inestables. A estas mentiras relativamente coherentes, Rimet agrega una mentira incoherente cuando sostiene que el proyecto de Copa de 1905 tenía por objetivo instaurar un campeonato anual entre clubes campeones en sus países respectivos, y aporta como prueba un texto totalmente falsificado.

En los capítulos correspondientes hemos demostrado: que la FA no contribuyó para nada al nacimiento de la FIFA; que no compartió nunca el deseo de crear una Copa Internacional; que la FA se afilió a la FIFA recién en 1906, después del fracaso de la Copa, y que lo hizo de una manera especial, guardando siempre un pie afuera; que la Copa Internacional fue saboteada por la presidencia belga (De Laveley) que actuó como agente de la FA en el Continente y fue seguida por ciertas asociaciones influyentes; que Guérin no logró obtener el apoyo de Inglaterra pese a su disposición a aceptar la tutela de la FA; que el primer presidente de la FIFA luchó hasta el 1.º de noviembre para salvar la Copa; que el fracaso de la misma fue una de las condiciones impuestas por la FA para su afiliación y que es para esconder este chantaje que los partidarios del «punto de vista inglés» alteran la fecha de adhesión de los ingleses; que Woolfall enterró definitivamente la Copa Internacional en 1906 en Berna; que el fútbol continental estaba en condiciones de organizarla; que contaba con cuatro asociaciones suficientemente fuertes como para asumir dicho proyecto; que el abandono de la Copa fue fruto de la mala voluntad de las asociaciones pro inglesas; que desde 1906, los dirigentes continentales boicotistas fueron recompensados por Woolfall con puestos estratégicos a nivel del Comité de Estudio y del Comité Ejecutivo.

Vista globalmente, la larga serie de mentiras emitidas por Rimet puede ser resumida en estos términos: pese al apoyo activo y constructivo de la FA inglesa, la Copa Internacional de Guérin fracasó por falta general de energía de las asociaciones continentales que se hallaban entonces en un estado subdesarrollado y balbuceante. La verdad consiste, en cambio, en reconocer que la acción insidiosa ejercida por la FA desde 1902 contra los proyectos continentales alcanzó un punto culminante en 1905, motivando la oposición contra la Copa Internacional de asociaciones claves como Bélgica y Holanda, y manejando un chantaje que puede formularse así: aceptamos tutelar la FIFA a condición de que esta abandone el proyecto de Copa en el cual figura como «Grupo 1» nuestro BHC.

En este primer conjunto de mentiras, Rimet retoma fundamentalmente el denominado «punto de vista inglés», adhiriendo a los argumentos empleados por Clegg en 1905, por Woolfall en 1906, y más adelante, por los dirigentes ingleses en general —ver la carta enviada por Wall a Rimet en febrero de 1928 para justificar la renuncia de las asociaciones británicas en la cual se retoma el argumento de la escasa experiencia y de la falta de un discernimiento que solo se adquiere con el tiempo, o las declaraciones de Charles Sutcliffe, que calificó la Copa de Roma de 1934 de broma y el BHC de «Campeonato del Mundo muy superior»—. Pero más allá de estas generalidades que conforman el círculo vicioso teórico de la dominación —¿cómo adquirir experiencia si con el pretexto de la falta de experiencia se prohibe pasar a la acción?—, los ingleses nunca se atrevieron a revelar las condiciones concretas del abandono de la Copa —en qué momento, a través de qué hechos, cuál fue su propia actitud—. El gran «aporte» de Rimet consistió en colmar ese vacío, que por razones evidentes sus amigos ingleses no podían clarificar, insertando una de sus grandes mentiras.

Rimet conocía la verdad por Guérin y por Hirschman. Tenía además a su disposición los boletines oficiales publicados por la FIFA entre agosto y octubre de 1905, en los cuales figuran claramente documentados por lo menos estos cinco hechos fundamentales: el bloqueo belga en materia de inscripciones, con el pretexto de que sus jugadores tendrían tres semanas libres antes de la ronda final; la ausencia de acción positiva en favor del Campeonato de tres asociaciones pioneras claves: Holanda, Alemania y Dinamarca; la acción tenaz de Guérin, Mühlinghaus y Schneider con vistas a salvar el proyecto; el nuevo silencio de Inglaterra sobre los puntos esperados por la FIFA —afiliación y Copa—; el no sometimiento del voto de la Conferencia de Londres en la sesión anual de la IFAB en represalia a la aprobación del proyecto de Copa por el congreso de la FIFA.

Hundiendo a su compatriota Guérin y cubriendo la acción ejercida por la FA y el agente belga, Rimet presentó su explicación concreta del fracaso de la Copa en la mentira 7 «Apatía unánime». Es lo que nos autoriza a decir que cubrió la acción de los liquidadores y la liquidación misma. Ocultando la acción de la FA y de su aliado belga, Rimet ocultó también las condiciones en que se produjo la fundación de la «segunda FIFA» —la primera, según De Laveley— como resultado de una liquidación, como fruto de un acto antideportivo por excelencia. Dicha «segunda FIFA» nació mal, no sobre la base de un proyecto de desarrollo superior sino sobre las ruinas de un proyecto deportivo sano y viable voluntariamente aniquilado. La FIFA inglesa surgió entonces como FIFA culpable, de papel, y fue una FIFA enana, que se impuso a sí misma la falsa idea de su incapacidad para encarar realizaciones deportivas, como castigo por su pecado original.

Más allá de las inverosimilitudes que acarrea la explicación inventada por Rimet para justificar el fracaso de la Copa de Guérin, la estructura general de este primer conjunto de mentiras presenta, en su demostración, una falla lógica mayor que revela su artificialidad. En efecto, si se acepta que la FA contribuyó positivamente al nacimiento de la FIFA, si se sostiene que formaba parte de la federación antes del 2.º congreso, si se argumenta, como lo hace Rimet, que Wall deseaba organizar la Copa Internacional, y si se agrega, como lo hace también Rimet, que las asociaciones británicas tenían harta experiencia, resulta imposible entender porqué no se inscribieron, porqué se comportaron de la misma manera apática que las asociaciones continentales, porqué al ver que las asociaciones continentales se achicaban no intentaron liderar el proceso, iniciando allí mismo, a lo grande, su trabajo tutelar, impulsando con Guérin los preparativos de las eliminatorias, dando el ejemplo, y porqué no, en caso de dificultades excesivas, asumiendo la organización del torneo. Está claro que tratándose de la FA no cabe aplicar la explicación general del subdesarrollo, de las bases inestables y de la falta de representatividad nacional.

A esta falla lógica fundamental, se agrega una falla documental igualmente grave. Guérin, primer actor de aquellos episodios, denunció en el *Handbook 1929* el «error histórico» de Inglaterra. Se refería a la ausencia de «concurso activo» de la FA durante el primer cuarto de siglo de existencia de la FIFA, significando por lo tanto la ausencia de contribución en 1905. Así, el ocultamiento por Rimet de la liquidación de la Copa Internacional por la acción conjunta de los dirigentes ingleses y de ciertos dirigentes belgas marca también la liquidación del pensamiento del primer presidente de la FIFA, prosiguiendo en esto un proceso iniciado por De Laveley que se ve confirmado hoy bajo la presidencia de Gianni Infantino. La tesis falaciosa del «silencio y la inacción del Comité Ejecutivo», que la FIFA retoma en su sitio web como síntoma de la depresión de Guérin, demuestra la tenacidad de algunos en su voluntad de hacer caer definitivamente de la memoria futbolística al dirigente más recto de la historia de la federación.

La verdad: Después de obstaculizar el nacimiento de la FIFA entre 1901 y 1904, y de perturbarlo en abril de 1905, la FA inglesa puso como condición a su afiliación la liquidación del proyecto de Copa Internacional y fomentó su boicot con el apoyo de De Laveley y de Hirschman.

Conjunto 2: Rimet ocultó la liquidación del proyecto de Copa Internacional de 1914

La mentira: En 1914, en Cristiania, Hirschman y la asociación suiza propusieron reconocer el torneo olímpico como torneo internacional de la FIFA, dejando en manos del COI los poderes reglamentarios y deportivos y plegándose a las prescripciones amateuristas impuestas en los Juegos.

Este conjunto abarca las mentiras 11 a 14 que se refieren al Congreso de la FIFA reunido en Cristiania (Oslo) en 1914.

Rimet afirma sucesivamente: que en 1914 la FIFA seguía siendo una «organización inacabada», y que era por lo tanto incapaz de organizar una modesta Copa Internacional; que los obstáculos a los cuales se enfrentaba eran tales que a nadie se le ocurría tomar la iniciativa; que pese a ello y también por ello, en 1914, Hirschman tuvo la ocurrencia de proponer el reconocimiento del torneo olímpico de fútbol como campeonato mundial; que la impaciencia fue mala consejera del secretario holandés; que la moción de Hirschman equivalía a abandonar el proyecto de torneo internacional en manos del Comité Olímpico Internacional; que finalmente se votó la moción suiza en todo punto similar; que, gemela de la propuesta original, la resolución adoptada selló el sometimiento al amateurismo dictado por el COI; que por esa razón, fue votada de mala gana.

Nosotros hemos visto en los capítulos correspondientes: que en 1912 quedó públicamente demostrado que una sola asociación continental, particularmente joven, creada en 1904 y afiliada a la FIFA recién en 1907, había sido capaz de organizar un doble torneo internacional centralizado, con amplia participación; que si una sola asociación lo podía hacer, más fácilmente aún lo lograría la federación en su conjunto; que lo que Hirschman propuso realmente fue ejercer los plenos poderes deportivos y reglamentarios sobre el torneo olímpico de fútbol; que eso se había vuelto posible, por no decir prácticamente obligatorio, a raíz de las decisiones adoptadas por el Congreso Olímpico de París, días antes, a pedido de las federaciones internacionales; que esas decisiones habían sido la poderosa causa de la iniciativa holandesa; que la propuesta de Hirschman era una aplicación correcta de los artículos 2 y 22 de los estatutos de la FIFA; que era por lo tanto una buena propuesta; que no era gemela de la propuesta suiza; que la moción suiza, en realidad anglo-suiza, negaba a la FIFA el derecho a ejercer los poderes deportivos que se le ofrecían; que, como había sucedido en 1908 y 1912, la sometía a un amateurismo degradante; que, para peor, el amateurismo se oficializaba en el texto como «deseo de la federación».

La idea expresada por Rimet en este conjunto de mentiras puede resumirse así: en 1914, Hirschman primero, los delegados de la FIFA después, claudicaron lamentablemente al votar el reconocimiento del torneo olímpico de fútbol amateur como campeonato del mundo oficial. Rimet sostiene que, si bien la responsabilidad inmediata la tuvo Hirschman, la culpa fundamental provenía del COI (Coubertin) que con sus prescripciones y sus ineludibles condiciones rebajaba el torneo excluyendo a los futbolistas no amateurs y profesionales. La FIFA cometió pues, según esta interpretación, el error de plegarse a esta rebaja, aceptándola. Al mismo tiempo, manifiestamente molesto por la resolución adoptada que reconocía pese a todo la mundialidad geográfica irreversible de la FIFA y potencialmente la del torneo olímpico disputado entre equipos de las asociaciones miembro, Rimet acumula los argumentos con la intención de demostrar que el texto votado estaba condenado a ser «letra muerta».

Además de las mentiras explícitamente formuladas, Rimet oculta aquí dos hechos esenciales. En primer lugar, oculta la acción del Congreso Olímpico de París que, respondiendo favorablemente a un pedido general de las federaciones internacionales, decidió transferirles la totalidad de los poderes deportivos y reglamentarios, en consecuencia de lo cual la FIFA podía reglamentar libremente un campeonato olímpico como un abierto. En segundo lugar, oculta la verdadera propuesta de Hirschman, que no era otra cosa que una aplicación de los estatutos. El secretario holandés no propuso explícitamente un abierto pero con la referencia al artículo 2, preconizó de hecho la presencia de todo el fútbol, amateur y profesional.

Como el anterior, este conjunto 2 presenta, en su estructura global, una falla lógica fundamental. En los torneos olímpicos de fútbol, las selecciones que se presentaban no eran sino los mejores equipos de las asociaciones nacionales afiliadas a la FIFA. Solo los británicos infringían esta regla alineando un seleccionado pretendidamente amateur —contaba en realidad cantidad de profesionales y de «no amateurs» que jugaban en clubes profesionales— y supuestamente británico —era en realidad casi exclusivamente inglés—. Carece por lo tanto de sentido sostener que los mismos dirigentes, cuando actuaban como miembros de la FIFA se negaban a aceptar, salvo de mala gana, la regla del amateurismo, y cuando actuaban como jefes de sus asociaciones nacionales se sometían a ella sin ningún inconveniente, y con celo particular si eran ingleses.

Evidentemente, aquí el tema central es el amateurismo, que prolonga históricamente el tema de la abortada Copa Internacional. En efecto, los ingleses no solo liquidaron la Copa Internacional de 1905 con la ayuda de su agente belga, liquidaron también, en 1914, en Cristiania, el torneo internacional verdadero promovido por Hirschman impidiendo la aceptación del poder propuesto por el Congreso olímpico y reemplazando la propuesta inicial centralizadamente abierta por una propuesta centralizadamente amateurista. Se impone entonces destacar a ese respecto la otra forma de liquidación del torneo internacional de la FIFA que Wall puso en marcha en 1908 y cuya culminación justamente se dio en Cristiania.

La Copa de 1905 había sido concebida como un abierto. El Grupo 1 «Islas británicas» correspondía al BHC que funcionaba con seleccionados mixtos de amateurs y profesionales. El torneo olímpico de Londres de 1908, en cambio, fue otra cosa. Sin duda se definió como un torneo internacional y se jugó efectivamente entre selecciones. Pero no fue dirigido por la FIFA como lo imponían los textos desde la Constitución de 1904, y sobre todo, en base a un reglamento drástico, pretendidamente internacional, fue reservado a los más puros amateurs. Esa rebaja no provenía del COI, ni tampoco del COB —que daba plena libertad a las asociaciones en materia de admisiones—, sino de la FA misma, que actuando por voluntad propia, discriminó a los deportistas y alteró la naturaleza del título, lo que no hacían sectores como la equitación, la vela o el tenis. Así, después de la liquidación del campeonato abierto proyectado en 1905, se asistió a la sustitución del verdadero campeonato internacional supremo por un torneo internacional discriminatorio y rebajado.

Como ya se ha mencionado, no es posible afirmar con total certeza si Hirschman imaginó su moción como un retorno al sistema abierto propuesto por Guérin en 1905. Debe considerarse en todo caso que, si la FIFA asumía los poderes del torneo olímpico, Wall ya no podía enviar su «equipo de Gran Bretaña» porque este no correspondía a ninguna asociación afiliada existente. Se abría entonces la posibilidad de que las selecciones de Escocia, Irlanda y Gales escaparan a la «trampa británica» y se inscribieran, ejerciendo así su plena independencia deportiva. En tal caso, la imposibilidad de controlar el estatuto de los jugadores escoceses habría evidenciado, de hecho, el carácter abierto del torneo.

La resolución de Cristiania, que Rimet quiso enterrar, quedó muy anclada en la memoria futbolística. La razón es simple: se la recuerda por lo que no se quiso olvidar de ella, a saber, el mundialismo irreversiblemente explicitado en la expresión «campeonato del mundo», utilizada por primera vez en el seno de la FIFA, pero practicada por el movimiento olímpico desde 1900. Con o sin la FIFA, gracias a Cristiania, los torneos olímpicos *posteriores a 1914* fueron reconocidos como potencialmente mundiales porque la FIFA de 1914 se había vuelto mundial. Y como la FIFA de 1924 fue aún más mundial y la de 1928 todavía más, los torneos olímpicos organizados entonces vieron matemáticamente acrecentada su realidad mundial.

La verdad: En 1914, en Cristiania, aprovechando las recientes decisiones del Congreso Olímpico de París, Hirschman propuso que la FIFA condujera y reglamentara libremente el torneo internacional de fútbol en el marco de los Juegos, pero con la contramoción suiza, la FA impidió esta toma del poder olímpico y, como en 1908 y 1912, impuso la rebaja amateurista.

Conjunto 3: Rimet liquidó retroactivamente los Mundiales olímpicos de 1924 y 1928

La mentira: Los torneos olímpicos de la década del veinte, en particular los de 1924 y 1928, no fueron Campeonatos del Mundo porque la FIFA no los condujo, el COI impuso sus prescripciones amateuristas, y de todos modos, la idea de los Mundiales olímpicos había sido abandonada.

Este conjunto abarca las mentiras 12 a 19, y culmina con la mentira 21, «Argumento decisivo», que narra el «episodio de Colombes».

Rimet afirma sucesivamente: que los torneos olímpicos de fútbol tenían poco valor («mirlo olímpico»); que eran facultativos, es decir que se programaban o no en función del capricho de los miembros del COI; que el COI imponía a las federaciones invitadas sus prescripciones amateuristas; que los comités olímpicos nacionales eliminaban de las listas de inscriptos a los futbolistas que no eran puros amateurs; que después de la Guerra, la perspectiva del mundialismo olímpico establecida en Cristianía había sido totalmente abandonada; y finalmente, en el «episodio de Colombes», que asistió a la final de 1924 entre Uruguay y Suiza como simple espectador.

A estas afirmaciones debe agregarse una serie muy larga de ocultamientos fundamentales. Rimet oculta: su participación en el Congreso de Lausana, en el cual ratificó la transferencia a las federaciones internacionales del poder en materia de admisiones; el Congreso organizado por la FIFA en Ginebra en 1923, que aprobó la conducción del torneo olímpico de fútbol por la FIFA; el Congreso de 1924, que oficializó el profesionalismo de los seleccionados participantes; la calificación del torneo olímpico de fútbol de París como «*Tournoi Mondial de Football*», establecida por la FFFA y propagandeada en las portadas del programa oficial durante el campeonato; el llamado a Campeonato del Mundo desde agosto de 1923 en el número 1 del semanario *France Football* que le pertenecía en propio. Oculta también: que, de 1925 a 1927, los congresos de la FIFA desplegaron una titanesca tarea de producción reglamentaria tendiente a contrarrestar y anular las prescripciones amateuristas introducidas en 1925 por el Congreso Olímpico Técnico de Praga; que el reglamento del torneo olímpico de fútbol de 1928 no fue otra cosa que la suma de dichos textos estatutarios aprobados por la FIFA en Roma y en Helsinki; que se proclamó entonces la mixidad profesional-amateur, el derecho a compensaciones y la libre recalificación del profesional como amateur; que en Ámsterdam, el liberalismo defendido por la FIFA se impuso incluso en atletismo, disciplina en la cual brillaron los reconocidos profesionales finlandeses.

Rimet no menciona una sola vez el torneo olímpico de 1928, lo que da la pauta de lo poco que apreciaba las victorias de Uruguay. Pero lo más importante es que elude la verdadera descripción del «asunto amateur» que, en la historia de la FIFA, conoció tres etapas: el amateurismo impuesto por la FA de 1908 a 1914; el liberalismo abierto por los dirigentes franceses de 1923 a 1928; la imposición de prescripciones olímpicas a los torneos de fútbol de 1936 en adelante como consecuencia de la aprobación definitiva del código del amateurismo por el Congreso Olímpico de Berlín de 1930. Finalmente, Rimet niega toda participación de la FIFA en la conducción de los torneos olímpicos antes de su era y durante su era.

El resumen del pensamiento de Rimet lo da esta frase: «¡Estamos lejos de un verdadero campeonato del mundo!» La idea central es que los torneos olímpicos de fútbol no fueron nunca campeonatos supremos sino, por definición y por ámbito intrínseco, campeonatos de aficionados de bajo nivel. Rimet acredita así, indirectamente, la propaganda torcida de los dirigentes olímpicos ingleses que, como lo demostró Coubertin en Praga, como lo escribió Seeldrayers el 13 de octubre de 1927 en su carta a Bonnet y como se verifica en las actas de los congresos olímpicos, fingiendo plegarse a las supuestas prescripciones del COI, intoxicaron deliberadamente el movimiento con su amateurismo clasista, parcial y maniobrero, entre 1925 y 1927, y de 1930 en adelante.

Hemos demostrado en los capítulos correspondientes: que el amateurismo olímpico tuvo valor de ley internacional recién a partir del Congreso Olímpico de Berlín de 1930; que pese a ello, Rimet aceptó dirigir los torneos olímpicos de fútbol de 1936 y 1952; que de 1896 a 1928 inclusive, el amateurismo olímpico fue solo un «punto de vista», no una regla obligatoria y general; que las sociedades deportivas conductoras podían plegarse o no a dicho «punto de vista»; que en 1908 y 1912, dos asociaciones de la FIFA, respectivamente la FA inglesa y la asociación sueca, se plegaron a dicho voto por voluntad propia y lo impusieron a las demás asociaciones participantes abusivamente como si se tratara de una ley internacional aprobada por una entidad internacional habilitada; que el fútbol fue una prueba olímpica oficial desde 1908; que su programación se vio amenazada una sola vez, en 1912, y no por el COI sino por el Comité Olímpico Sueco; que esa vez, el COI intervino decididamente y obligó a que los organizadores programaran la prueba futbolística; que en 1923, la FIFA decidió conducir un torneo olímpico de fútbol totalmente abierto, ignorando el tema del amateur-profesional que no figuró en el reglamento redactado por la comisión técnica; que la FIFA reglamentó como abiertos los torneos de fútbol de 1924 y 1928; que en 1924, se adoptó sin la menor dificultad un reglamento redactado por los dirigentes de la FFFA, entre los cuales estaba Rimet; que, como en ocasión de los Juegos Interaliados también organizados por los franceses, se ignoró entonces soberbiamente el tema del amateur-profesional; que de 1925 a 1927, el congreso de la FIFA, bajo la batuta de Seeldrayers, confeccionó paso a paso, sistemáticamente, lo que terminó siendo el reglamento profesionalista del fútbol en 1928 y que fue publicado en el informe oficial bajo el título irónico de «Amateurismo como lo define la FIFA»; que la FFFA llamó a la disputa de un Campeonato del Mundo desde agosto de 1923; y que el Torneo de Colombes fue calificado «Torneo Mundial de Fútbol» por la FFFA de Rimet. Finalmente hemos demostrado que, después de la Guerra, el mundialismo enunciado en la moción de Cristiania fue justamente la parte que no se olvidó, lo que la opinión futbolística europea hizo suyo, sin la restricción amateurista, en la continuidad de la línea trazada por los Juegos Interaliados; y que luego, durante el período de 1924 a 1928, se constituyó una sólida opinión mundialista a nivel planetario.

Más allá del carácter falacioso del argumento de la ausencia de la FIFA en los torneos olímpicos de la década del veinte, contrario a todo lo que indica la documentación deportiva y la prensa de la época, este tercer conjunto de mentiras presenta, como los anteriores, dos fallas mayores. La primera se materializa hoy en las cuatro estrellas de la camiseta del equipo de Uruguay. Es la piedra en el zapato de esta historia revisada. Revela la imposibilidad para la FIFA de rechazar los Mundiales de 1924 y 1928, la realidad de su reconocimiento indirecto a través del Reglamento del equipamiento, y a la vez la perpetuación de una política consistente en no reconocer la verdadera historia del fútbol de manera inequívoca y definitiva. La segunda falla fundamental, derivada de la primera, es la gravedad de lo que significa el hecho de retirarle a un equipo de fútbol un título que en su momento fue debidamente anunciado, oficializado, disputado y honradamente conquistado por asociaciones de la FIFA en campeonatos realizados bajo conducción de la FIFA. El robo revela un atraso crónico en materia de consciencia mundialista. Constituye una falta única por su gravedad en toda la historia deportiva solo comparable con el despojo de las medallas de oro al amerindio estadounidense Jim Thorpe en 1912, con la agravante de que las medallas del pentatlonista fueron finalmente restituidas y los títulos celestes aún no.

Procedamos por partes. Los campeonatos mundiales de fútbol, que se fueron realizando plenamente en las canchas desde el torneo interaliado euroamericano de 1919, y que, pasando por el torneo olímpico de 1920, culminaron con el torneo mundial de 1924 y la presencia masiva de equipos americanos en 1928, se inscriben en un proceso histórico mayor e irreversible. La FIFA no jugó ningún rol en 1919 y en 1920. Pero sí en 1924 y 1928, como poder deportivo internacional conductor y supervisor. Las asociaciones nacionales de la FIFA en cambio, jugaron en todos los casos un rol determinante, organizando los torneos, atravesando grandes distancias, aceptando condiciones difíciles y desiguales de preparación y alojamiento, y más fundamentalmente, estableciendo de manera colectiva la calificación mundialista del torneo y los escritos que registraron el reconocimiento de los vencedores como campeones del Mundo. Fueron, por lo tanto, indiscutiblemente, a partir de 1924, verdaderos campeonatos del Mundo producidos por el «mundo del fútbol».

Sobre el hecho de que Rimet renegó del mundialismo olímpico de la década del veinte, basta recordar la carta que envió a Raúl Jude, presidente de la AUF, al término de la final de 1930 disputada en el Estadio Centenario de Montevideo entre Argentina y Uruguay. El documento original fue redactado en francés. Ese mismo día, la asociación uruguaya hizo llegar a la prensa una versión traducida. He aquí algunos pasajes claves del texto publicado en la página 4 del diario *La Mañana* del 2 de agosto de 1930 bajo el título «El presidente de la FIFA felicita a la Asociación»:

> Montevideo, 30 de julio de 1930
> Señor Presidente de la Asociación Uruguaya de Fútbol
> Mi querido presidente:
> El torneo por la Copa del Mundo termina en apoteosis. Mi pensamiento, en esa hora, evocó aquella jornada de 1924, en Colombes, totalmente semejante a la que acabamos de vivir, y *donde por primera vez, el equipo de Uruguay fue campeón del mundo.*
> Como hoy, un sol inesperado dominó la fiesta en el momento en que la bandera de la República Oriental fue izada a la cumbre del mástil olímpico en medio de los aplausos de una muchedumbre igualmente alegre y entusiasta. La continuación del éxito ha hecho de la historia de vuestro equipo nacional una verdadera epopeya: ella os autoriza *a grabar en vuestros emblemas los tres nombres* —Colombes, Ámsterdam y Montevideo— como se llevan sobre la bandera los nombres de las grandes victorias.

Lo interesante de esta carta no es solamente el reconocimiento del tricampeonato mundial de la Celeste y el anticipo del concepto de estrellas (emblemas), sino también el hecho de que, en aquél momento, Rimet quiso recordar el rol que había jugado Francia como país organizador del primer Campeonato del Mundo, el de Colombes. El término «apoteosis» había sido utilizado como título de portada por *France Football*, el 13 de junio de 1924, para evocar justamente, según lo escrito por Rimet, «la final de este prodigioso torneo de fútbol que marcará una fecha gloriosa *en la historia deportiva francesa* y en la *historia mundial del fútbol*».

Inmediatamente después de la final de 1930 entre Argentina y Uruguay, Rimet hizo una serie de comunicaciones en el mismo sentido. Una compilación en francés y en español fue publicada en el libro homenaje realizado a fines de 1930 por el profesor Arturo Carbonell Debali con «el contralor de la AUF». Así, en la página 106 del capítulo «Opiniones de los neutrales», bajo la indicación «del Sr. Jules Rimet, presidente de la FIFA», figura el siguiente pasaje (en francés y en español) de la entrevista publicada por los diarios montevideanos el 31 de julio de 1930:

> *C'est surprenant qu'un même pays ait gagné trois fois consécutives la Coupe du Monde, car si les joutes de Colombes et d'Amsterdam n'avaient pas ce nom, elles furent de véritables championnats du monde. C'est la première fois que ceci arrive.* Es asombroso que un mismo país haya ganado tres veces consecutivas el Campeonato Mundial, porque si bien las justas de Colombes y Ámsterdam no tenían este nombre, fueron verdaderos campeonatos mundiales. Es la primera vez que esto ocurre.

La versión en español presenta una serie de imprecisiones que en aquella época carecían de importancia y que hoy merecen ser corregidas. La traducción exacta es esta:

> Es asombroso que un mismo país haya ganado tres veces consecutivas la Copa del Mundo, porque si bien las justas de Colombes y Ámsterdam no tenían ese nombre, fueron verdaderos campeonatos del mundo. Es la primera vez que esto ocurre.

La traducción de Carbonell Debali parece indicar que la expresión «campeonato mundial» apareció recién en 1930, y que para los torneos olímpicos de París y Ámsterdam no había designación particular. El texto de Rimet sugiere en cambio una diferencia entre la expresión *rigurosa* «Copa del Mundo», adoptada según él a partir de 1930, y la expresión más general, «campeonato del mundo», *utilizada comúnmente durante el período anterior.*

Sobre porqué Rimet renegó de *su obra verdadera* —la conducción y calificación de los torneos olímpicos mundiales de 1924 y 1928, su implementación como primeros mundiales abiertos, su lucha victoriosa contra el amateurismo británico entre 1925 y 1929— y prefirió revestirse con realizaciones falsas y méritos ajenos, la explicación es doble.

Por un lado, quiso mostrarse como *creador exclusivo* del Mundial de fútbol ante las autoridades del Premio Nobel, y los campeonatos olímpicos eran fundamentalmente mérito de Coubertin. El Barón sí había inventado los Juegos modernos con la idea de pacificar las relaciones internacionales, y de su utopía provenía el impulso original de todos los torneos y pruebas olímpicas que con el tiempo se volverían Mundiales. Los Juegos de 1924 conmemoraron los treinta años de la gran obra. En ese contexto, el Mundial de Colombes pudo parecer un mero subproducto de un proceso olímpico superior. Por otro lado, como lo hizo siempre, Rimet siguió la corriente general. Y la corriente era revisionista. Resulta por consiguiente fácil ampararse hoy en el dogma constitutivo según el cual solo son internacionales los campeonatos organizados *exclusivamente* por la federación.

Hay que reconocer —y este es un punto esencial— que aunque la FIFA proclamó irreversiblemente su propio carácter mundial en 1914 y por ende, el carácter mundial de los torneos olímpicos conducidos por ella entre 1923 y 1928, ni por vía del Comité Ejecutivo ni en las discusiones del congreso, se atrevió a calificar dichos torneos como Mundiales. No viene al caso aquí brindar explicaciones completas sobre un tema complicado, pero se impone aportar algunos esclarecimientos que serán suficientes en el marco de este trabajo.

El mundialismo de los torneos olímpicos de los años veinte fue un hecho derivado de la atractividad de los Juegos Olímpicos en París, en plena época de los «Años locos», formalizado y realizado por las asociaciones avanzadas de América y de Europa más que por la FIFA misma. Nótese que el campeón, Uruguay, se había afiliado a la FIFA a último momento y solo para ir a los Juegos. Pero mientras estas asociaciones entusiastas que organizaban, viajaban, arbitraban, jugaban, ganaban o perdían, manifestaron explícitamente su expectativa mundialista, la FIFA se limitó a dar su aval implícitamente, participando sí en la organización general, pero rechazando el liderazgo intelectual. En ese sentido, y solo en ese sentido, puede decirse efectivamente que la idea de reconocer el torneo olímpico de fútbol como campeonato del mundo «fue abandonada» después de la Guerra. Fue abandonada porque la FIFA era una organización atrasada. Al mismo tiempo, a nivel de sus asociaciones esclarecidas, de los futbolistas y de la opinión contemporánea alcanzó una fuerza sin precedentes.

Así, aquella FIFA que en 1914 al reconocer el campeonato olímpico como Mundial se había colocado parcialmente en posición de vanguardia, de 1920 a 1928, agobiada y debilitada por las sucesivas crisis con los británicos —de 1919 a 1920 y de 1927 a 1928—, con los países centrales —de 1926 en adelante— y con el COI posterior a Coubertin —de 1925 a 1928—, siguió mostrándose incapaz de ambiciones deportivas y se comportó finalmente como retaguardia intelectual, a la zaga del fútbol.

El mundialismo que impusieron las asociaciones de fútbol —Francia y Suiza primero, Uruguay y Argentina después— durante la década del veinte no era tampoco una gran hazaña de la imaginación. Desde 1900, los campeonatos olímpicos de atletismo fueron oficialmente considerados como campeonatos del mundo, y desde esa edición, se evidenció que el objetivo de Coubertin era hacer de todos los campeonatos olímpicos campeonatos intercontinentales con dimensión planetaria. A mediados de 1923 quedó claro que el fútbol se iba a convertir en la primera disciplina olímpica por su impacto, la cantidad de público, la universalidad de su práctica, y también por el monto de sus recaudaciones. Se consideró pues que si el atletismo era mundial, el fútbol lo era todavía más. Fue eso lo que Rimet expresó repetidas veces en los comunicados que emitió en 1923 y

1924, en nombre de la FFFA, criticando al COF y al COI ya sea porque no reconocían abiertamente la importancia del fútbol como «deporte universal», ya sea porque no daban a la FIFA, «primera federación internacional del mundo», la porción de poder que se merecía en las instancias supremas del movimiento.

Cuando se produjo el conflicto abierto entre los amateuristas del Congreso Olímpico Técnico de Praga —Edström, Baillet-Latour, y sobre todo, el británico lord Cadogan— y los franceses de la FIFA y del ciclismo apoyados por el renunciante Coubertin, el mismo congreso olímpico rogó a las federaciones descontentas que «si retiraban sus campeonatos del mundo de los Juegos» los organizaran por favor «en años en que no se disputan olimpiadas».

Hay que reconocer también que la revisión que se produjo contra los mundiales de 1924 y 1928 no habría existido nunca si los hubieran ganado Suiza, Francia o Argentina. La victoria de Uruguay en 1924, primero 5 a 1 ante Francia, después 3 a 0 contra Suiza, no fue del gusto de los dirigentes de las asociaciones eliminadas, como lo confirmó alarmado Enrique Buero en las cartas y telegramas que envió a los dirigentes de la AUF. Esto se constató también inmediatamente después de la final de Colombes cuando, en las mismas columnas de *France Football* que habían promovido y oficializado la disputa de un título mundial, la terminología mundialista se esfumó en beneficio de calificativos exclusivamente olímpicos, y cuando en la prensa suiza, aunque sin renegar del mundialismo, se expresaron las intimidaciones infundadas emitidas por Gabriel Bonnet contra «los profesionales uruguayos». En el mismo sentido «negativo» obraron en 1928 la eliminación de los locales holandeses por la Celeste desde el primer partido y la final cien por cien rioplatense. El tema se complicó un poco más en 1930, cuando la asociación argentina se negó a aceptar la derrota de su equipo en lo que había anunciado como la «revancha de Ámsterdam», y pese a no presentar protesta alguna ante el tribunal de reclamos competente, rompió relaciones con la AUF. Finalmente, puede decirse que el proceso culminó en

1950 con el Maracanazo: Uruguay, que era un problema, se convirtió en la siniestra causante de una tragedia gigantesca.

La consecuencia de esta seguidilla fue que ciertas asociaciones claves que habían consagrado noblemente el mundialismo durante los años pioneros se fueron mostrando una tras otra molestas de una manera especial por un proceso acumulativo de desgracias incomprensibles y cayeron en la tentación de deshacer los ideales promovidos en otro tiempo. Con el fortalecimiento de la FIFA y de las confederaciones, las asociaciones vanguardistas de la primera época abandonaron poco a poco el rol visionario que habían jugado inicialmente cuando defendían el interés general del fútbol, cuando se encargaban de promover su desarrollo y necesitaban cierto internacionalismo solidario, replegándose entonces en el nacionalismo estrecho, propio del nivel organizativo bien delimitado que se les afectaba, y cediendo a la política de satisfacer antes que nada la pasión primaria y patriotera de sus hinchas.

Un proceso espontáneo y confuso, más psicológico que deportivo, se puso en marcha subrepticiamente, de modo que las mismas asociaciones que habían mundializado el fútbol de 1914 a 1950 —Francia, Holanda, Argentina, Suiza, Brasil— generaron, por adición de frustraciones, poderosos deseos, sino de revisión, por lo menos de olvido. El texto publicado por Rimet en 1954, cuarenta años después de Cristiania, treinta después de Colombes, formalizó la ansiada amnesia, que tenía la ventaja de atenuar el pasado de atraso de la FIFA.

Sobre el tema crucial del amateurismo, no es inútil recordar que en 1928, después de que los delegados ingleses presentes en los congresos de la FIFA de 1926 y 1927 aprobaran los textos profesionalistas, las asociaciones británicas, siguiendo la orden de Wall, se fueron por segunda vez de la federación. El secretario histórico de la FA y delegado de todo el fútbol británico en el seno del COB justificó entonces la renuncia con esta carta fechada el 20 de febrero de 1928, que aparece en el *Official communications* de la FIFA número 31 del 20 de abril, año 5, en las páginas 2 y 3, bajo el título «*Membership of the Associations of the United Kingdom*»:

La decisión de la fifa de no participar en los Juegos Olímpicos si el Comité Olímpico no permitía la inscripción de los jugadores que reciben compensaciones por salario perdido, pedido que finalmente fue aceptado por el Comité Olímpico, fue mal recibida por las Asociaciones del Reino Unido y llevó a que estas la consideraran con la mayor seriedad. El fútbol es el único deporte de los Juegos Olímpicos que autoriza dichos pagos, en consecuencia de lo cual, las Asociaciones del Reino Unido no están en condiciones de tomar parte en los Juegos Olímpicos. La gran mayoría de las Asociaciones afiliadas a la fifa *son recientes y carecen del conocimiento que solo la experiencia puede traer.* Las Asociaciones del Reino Unido han estudiado la decisión de la fifa y *la posición inconsistente en la que se colocan por largo tiempo* si deciden aceptarla. Las Asociaciones del Reino Unido reconocen plenamente las prerrogativas de cada asociación afiliada y el hecho de que cada miembro establece y determina su propio Reglamento fuera de los grandes principios decididos en común. Habiendo considerado cuidadosamente ciertas resoluciones sometidas a voto y *aprobadas por la* fifa, y deseosas de mantener relaciones de amistad con la Federación y sus Asociaciones afiliadas, las Asociaciones del Reino Unido decidieron renunciar a su afiliación a la fifa.

¿Qué significan estas líneas? Que la fa se subordinó a las prescripciones amateuristas promovidas por los aristócratas del cob que en el Congreso Olímpico Técnico de 1925 actuaron contra Rimet. Y que en vez de defender el liberalismo, el fútbol democrático y popular, abierto a todos, se aferró a la idea retrógrada de impedir la profesionalización del deporte olímpico. En este juego de maniobras sin principios, el hecho destacable es que el cob no había sido rígidamente amateurista hasta el cierre de los Juegos de 1924. Antes, y en particular en 1908 en ocasión de los Juegos de Londres, o en 1909 cuando el coi realizó sus encuestas sobre el tema del amateurismo, había manifestado su voluntad de dar plena libertad en la materia a sus asociaciones, argumentando justamente que para los dirigentes de la vela o de la equitación, ser profesional no era considerado como una falta contra el amateurismo.

Así, en la olimpiada de Londres, ciertas pruebas fueron totalmente abiertas, y otras como la gimnasia, falsamente reservadas. La ofensiva de lord Cadogan era por lo tanto un hecho relativamente nuevo. Wall pareció adherir entonces, no al supuesto amateurismo constitutivo de los Juegos, sino a la conversión reciente de las autoridades deportivas del Reino. Sin embargo, en la indignidad de su obediencia, el secretario inglés no cambiaba. Poco le importaba la imagen internacional caduca que comunicaba a los dirigentes del fútbol mundial o el aislamiento absurdo en que encerraba a su asociación. Iba a ser nombrado «Sir», y eso coronaba la política que aplicaba desde 1908 rebajando el fútbol mundial al nivel amateur, y que le permitía ahora perpetuar la ilusión de la superioridad de los «profesionales británicos».

La verdad: En la continuidad de la moción b) de Cristiania, del torneo intercontinental abierto de los Juegos Interaliados y del embrión de Mundial de 1920, los torneos olímpicos de 1924 y 1928 fueron los primeros Campeonatos del Mundo de fútbol, dirigidos y reglamentados libremente por la FIFA, de carácter abierto, calificados como Torneos Mundiales por las asociaciones, producidos en el marco de una inmensa expectativa mundialista que se expresaba a nivel de la opinión planetaria.

Conjunto 4: Rimet ocultó la tentativa de liquidar la FIFA aprobada por Francia, Bélgica e Inglaterra en 1919-1920

La mentira: Al salir de la Guerra, por razones políticas derivadas del conflicto, la FIFA se dividió durante dos años sin llegar a acuerdo, hasta que los británicos (línea dura) se retiraron de la FIFA.

Este conjunto corresponde a una sola «mentira significativa», la 18. Encierra una multitud de falsedades y ocultamientos.

Rimet afirma que: en la reunión de diciembre de 1919 no hubo acuerdo; que la FIFA se mantuvo dividida entre partidarios de la tesis liberal y la tesis rígida; y que al año siguiente, en ocasión de los Juegos de Amberes, a fines de 1920, la renuncia de los ingleses facilitó la victoria de la tesis liberal que se impuso por unanimidad. Da a entender entonces que se trató de un conflicto entre los ingleses (o los británicos) y el resto, y que el conflicto fue puramente político, entre diferentes maneras de entender «el patriotismo». Sugiere también que Francia se colocó desde un comienzo en el campo liberal. Finalmente, aunque la crisis «estuvo a punto de comprometer el renacimiento de la federación» por «falta de acuerdo», Rimet asegura que no llegó a ser nunca destructiva.

Hemos demostrado a través de una serie de documentos, muchos de los cuales los debemos a la generosidad de Pierre Cazal, que en diciembre de 1919 hubo un acuerdo; que dicho acuerdo se firmó entre las asociaciones británicas, Bélgica, Francia y Luxemburgo; que dio lugar a un voto de carácter provisorio, en espera de confirmación; que las asociaciones firmantes decidieron la exclusión de los exvencidos y de los países neutros que aceptaran mantener contactos deportivos con los excluidos; que también decidieron irse de la FIFA y fundar una nueva federación internacional, la Federación de asociaciones de 1920; que dicho voto, de haber obtenido más apoyos, habría sellado el inicio de un cisma mundial y probablemente la muerte de la FIFA; que por suerte no fue seguido; que Francia mantuvo su posición liquidacionista durante nueve meses; que en noviembre de 1920, cuando la FIFA se restableció después de dos años de parálisis, cuatro de Guerra y nueve de dominación inglesa —quince años de impotencia—, Rimet persistió declarando que no deseaba romper el «acuerdo moral» firmado con Inglaterra en diciembre de 1919.

La clave de la exposición de Rimet es el ocultamiento del proyecto de creación de una nueva federación (el «acuerdo» con Inglaterra). Esto le permitió negar el carácter deportivo del conflicto. La estrategia inglesa fue entonces realizar el viejo sueño de poner fin a la «federación de Ámsterdam» que, durante la Guerra, por lo menos en lo que se refiere a su relación con las asociaciones extraeuropeas, había pasado a ser controlada por Hirschman. Sin ninguna duda, la liquidación de la FIFA habría significado un corte en el proceso de mundialización del fútbol y complicado la realización de los campeonatos olímpicos mundiales de la década del veinte.

En 1919, desde el Comité Ejecutivo, Hirschman inició una propaganda en favor de su estrategia, que no era otra cosa que la moción b) de 1914: realizar los Mundiales en el marco olímpico bajo conducción efectiva de la federación. Opuestos a la perspectiva de que la FIFA se erigiera como dirección del fútbol mundial, los ingleses renunciaron en 1920. Rimet asumió la presidencia a comienzos de 1921 y adhirió a la estrategia olímpica que defendían los países neutros, pero no por ello perdió su anglofilia. En el congreso de Ginebra, anunció su firme voluntad de obtener la reintegración de los ingleses. La obtuvo el 23 de diciembre de 1923 en una reunión que tuvo lugar en Londres entre los miembros del Comité de Urgencia de la FIFA y representantes de las asociaciones británicas. La condición impuesta por Inglaterra fue que la FIFA no se arrogara explícitamente el control del fútbol mundial. Un poco a la manera de lo sucedido en 1905 entre De Laveley y Wall, Rimet concedió entonces que la FIFA no calificaría abiertamente los campeonatos olímpicos como Mundiales para no ofender a Wall. Es otra razón del atraso de la FIFA, otra causa de la revisión adoptada por el dirigente francés después de la Segunda Guerra cuando Inglaterra se reintegró nuevamente, esta vez de modo definitivo.

En cuanto al aspecto político, Rimet también debía ocultarlo. El Premio Nobel de la Paz se atribuye, en principio, a individuos meritorios por su pacifismo avanzado. Adhiriendo a la posición inglesa y diferenciándose en el mal sentido del liberalismo de Coubertin, el futuro presidente de la FIFA se había comportado con atraso, perpetuando por medios deportivos el superado conflicto político-militar.

La verdad: En diciembre de 1919, las asociaciones de Inglaterra, Bélgica, Francia y Luxemburgo decidieron irse de la FIFA y fundar una nueva asociación internacional puramente «aliada», resolviéndose la crisis nueve meses después cuando, bajo la presión de los dirigentes escandinavos, los franceses y los belgas volvieron a la razón.

Conjunto 5: Rimet fabricó la leyenda en la cual se presenta como el «inventor absoluto» del campeonato del mundo de fútbol

La mentira: Rimet fue el inventor absoluto del Campeonato del Mundo de Montevideo: lo concibió en 1924, lo propuso a la AUF en 1925, lo promovió entre 1925 y 1929, y lo impuso finalmente en 1929 en el congreso de Barcelona gracias a la exigencia financiera del «Mundial todo pago».

Este conjunto comprende las mentiras 20 a 22, 24 y 25. Se compone de cuatro episodios claves: el episodio de Colombes, el de Ginebra, y los dos episodios relativos al Congreso de Barcelona: el del reglamento financiero y el de la elección de Montevideo como sede del Mundial. Es el conjunto culminante de toda la «Creación de la Copa del Mundo».

Rimet afirma que: desde sus orígenes, la FIFA se había dotado de un principio irrevocable, el «Mundial todo pago»; que respetando este principio, los administradores de la FIFA bloqueaban la realización del Mundial propio invocando la «objeción financiera»; que asistió como simple espectador a la final de 1924 entre Uruguay y Suiza; que allí se le ocurrió el «argumento decisivo» contra dicha objeción: organizar el Mundial de la FIFA «en Sudamérica». Afirma entonces: que el 9 de junio de 1924, exactamente, tuvo la idea de crear el Mundial en Uruguay, y que esto ocurrió fuera de los canales oficiales, como pensamiento íntimo de un aficionado solitario, sin escritos. Prosigue sosteniendo: que un año más tarde, en Ginebra, comunicó la idea a Buero; que pidió entonces al diplomático uruguayo que convenciera a los dirigentes de la AUF de organizar el Mundial de la FIFA en Uruguay siguiendo el principio del «Mundial todo pago»; que Buero aceptó y ejecutó el plan «más allá de lo esperado»; que por lo tanto, el mismo aficionado solitario que concibió la idea de organizar el Mundial en Montevideo, planificó la fase siguiente de convencimiento; que en 1929, en vísperas del Congreso de Barcelona, el plan aseguró las victorias del reglamento financiero de la FIFA y de la candidatura de Uruguay; que en Barcelona se impuso el principio del «Mundial todo pago»; que la FIFA forzó así el abandono de las candidaturas europeas no dispuestas a aplicarlo; que la elección de Uruguay consagró la victoria de la idea concebida en 1924 en Colombes y del plan establecido en 1925 en Ginebra.

Hemos demostrado en los capítulos correspondientes: que la FIFA no se dotó nunca del principio del «Mundial todo pago»; que esta regla provino de la AUF y del reglamento financiero de la Copa América; que fue presentada como reglamento financiero uruguayo ante la FIFA en abril de 1929 y ante el congreso de Barcelona en mayo de 1929; que, desde principios de 1929, la FIFA y Rimet promovieron reglamentos cuya prioridad era asegurar un porcentaje a la FIFA y a la asociación organizadora; que el Mundial en Sudamérica no podía ser nunca una respuesta lógica a la objeción financiera porque era diez veces más costoso que un Mundial en Europa; que en consecuencia, el episodio de Colombes es una falacia; que Rimet no concibió el Mundial en Uruguay en 1924; que dicha concepción —como lo certificó Buero en 1932 y como lo demuestran todos los documentos— surgió en febrero de 1929 en el seno del Club Nacional de Football de Montevideo a iniciativa de los dirigentes Espil y Usera Bermúdez; que la documentación aportada por Buero en su libro desmiente la existencia de un encuentro en Ginebra con el contenido que le atribuye Rimet; que de 1925 a 1928, la única preocupación del Comité Ejecutivo de la FIFA fue salvar el torneo olímpico de Ámsterdam; que la idea de una Copa del Mundo propia de la FIFA —fuera de los Juegos— surgió recién en 1927 en el seno de la primera Comisión Bonnet, a iniciativa de Delaunay; que fue estudiada y formalizada por la segunda Comisión Bonnet, sin sudamericanos; que se manejaron entonces solo las candidaturas europeas y los reglamentos financieros correspondientes a la perspectiva de un Mundial en Roma o en París; que en Barcelona Rimet defendió el reglamento financiero «francés amendado por Seeldrayers»; que este fue rechazado por 12 votos contra 8; que en Barcelona Rimet cobijó la candidatura oficiosa de París; que sufrió por lo tanto una doble derrota al aprobarse el reglamento financiero uruguayo y Montevideo como sede; que Buero no efectuó ningún trabajo de convencimiento de los dirigentes de la AUF; que por el contrario, fueron los dirigentes de la AUF quienes tuvieron que batallar durante dos meses para convencerlo; que el Congreso de Barcelona selló el choque entre la opción europea de la FIFA y la opción mundialista de Uruguay; que la AUF se impuso gracias al apoyo inesperado y maniobrero del bloque central liderado por Italia.

Como los conjuntos anteriores, el conjunto 5 presenta dos fallas mayores. La primera es que Rimet no aporta la menor prueba de la realidad de los contenidos que atribuye a los diferentes episodios, que se desarrollan siempre en un marco privado, sin dejar rastros, y como si se tratara de una conspiración. La segunda gran falla es que todos los puntos que desarrolla Rimet en este conjunto hallan su negación documental irrefutable en el libro *Negociaciones internacionales*. Como ya lo hemos dicho, los documentos que Buero publicó en 1932, sin traducción, modificación o comentario, fueron difundidos en el seno de la FIFA y nunca desmentidos. Entre 1932 y 1954, esta obra fue considerada como «la verdad histórica indiscutible». Rimet la conocía perfectamente y no es una prueba menor de su impostura el hecho de que no mencione jamás esta fuente indispensable, obra de su supuesto cómplice.

En los cuatro episodios del conjunto 5, Rimet se presentó como el gran amigo de Uruguay. En Colombes, admiró la técnica suprema de los futbolistas celestes; en Ginebra, la seriedad de Buero; en Barcelona, las buenas disposiciones de la AUF y la calurosa fraternidad de los sudamericanos. Construyó así la imagen de un individuo elevado, que reconociendo los méritos ajenos, defendió el derecho natural de Uruguay a organizar la primera Copa del Mundo y luchó con fervor para imponerlo.

La verdadera cara de este cuento de hadas es la usurpación: más te halago y más te robo.

Eliminando de la historia los torneos olímpicos de fútbol de 1924 y 1928, Rimet usurpó a Buero, a la AUF y a Uruguay los grandes méritos que representaron dos conquistas mundiales únicas. Arrogándose la idea del «Mundial en Sudamérica» desde 1924, usurpó al Club Nacional de Football, y en particular a Usera Bermúdez y a Roberto Espil, el mérito del proyecto audaz de organizar el Mundial en Montevideo. Atribuyéndose el trabajo de dirección del proceso de convencimiento, usurpó los méritos absolutos que tuvieron la AUF y Buero en este aspecto. Presentándose como el salvador de la Copa del Mundo —los supuestos esfuerzos de la FIFA para obtener cuatro inscripciones, el supuesto peregrinaje por toda Francia y los presuntos intentos de convencer a Italia— usurpó los méritos de la AUF —que supo mantenerse firme contra el proyecto liquidacionista de Copa Paneuropea— y los méritos de Buero —que recorrió toda Europa hasta obtener la participación de cuatro equipos del Viejo Continente—.

Para terminar con este conjunto, diremos que se conoce con bastante exactitud la génesis creativa de las falsificaciones que lo componen. Puede llamar nuestra atención el hecho de que Rimet colocó el «episodio de la concepción» tan tempranamente, en 1924, seis largos años antes de su realización, y con Ámsterdam de por medio. La explicación es de orden práctico y se relaciona con la técnica típica de los grandes mentirosos que arraigan siempre sus cuentos en hechos reales. Rimet y Buero se encontraron efectivamente en Ginebra, en 1925, y fue el hecho que sirvió de anclaje a la construcción de la impostura.

En una carta de Juan Buero a su padre Enrique, enviada desde Río de Janeiro el 19 de julio de 1950, tres días después del «Maracanazo», puede leerse lo siguiente:

> Por intermedio de Jules Rimet, a quien fui a saludar en forma interesada al Serrador, conseguí las mejores localidades para el partido. Hablamos de los pasados campeonatos, de cómo *un día en 1925 surgió de una conversación contigo* la idea del Campeonato en Montevideo y de muchos otros recuerdos que hoy ya son historia.

La invención que Rimet ya manejaba en ese momento era que la idea del Mundial montevideano había surgido en 1925 pero *en coautoría* con el diplomático uruguayo. En su relato definitivo, Rimet cambió un punto fundamental: esa «conversación contigo» que en 1950 era un proceso de creación común, pasó a ser en 1954 una transmisión de inventor a ejecutor. En consecuencia, hubo que fabricar un episodio previo de invención pura, que el dirigente francés situó en 1924. La conversación con Juan Buero, en el marco de un encuentro también «providencial» en el Teatro Serrador, obedeció pues a la metodología habitual del impostor nato, que opera con prudencia, efectuando sucesivos sondeos privados, instilando mentiras atenuadas que permiten verificar reacciones, generar precedentes y rastros aceptados, hasta el momento de parir la impostura pública.

La verdad: El sistema de «Mundial todo pago» y el Campeonato del Mundo de Montevideo fueron concebidos en febrero de 1929 por el Club Nacional de Football de Montevideo, propuestos a la FIFA en abril de 1929, defendidos en el congreso de Barcelona contra las posiciones de la dirección de la FIFA y de Rimet, y salvados posteriormente por la acción conjunta de los dirigentes de la AUF y de Enrique Buero contra el boicot oculto liderado por el presidente de la FIFA.

Conjunto 6: Rimet ocultó la liquidación de la Copa de Europa en 1927

La mentira: Como solo la FIFA podía organizar el campeonato de Europa propuesto por el «grupo de Praga», Rimet designó una comisión encargada de formalizar el proyecto e hizo todo lo posible para que se discutiera a nivel del Congreso en 1927 y 1928.

Este conjunto corresponde a la mentira significativa 23. Se compone de un encadenamiento continuo de falsedades.

Rimet afirma: que el Comité Ejecutivo no tuvo más remedio que vetar la propuesta de Copa de Europa formulada a fines de 1926 por el «grupo de Praga»; que solo la FIFA tenía derecho a organizar un torneo internacional, continental o no; que el Comité Ejecutivo aceptó la designación de una comisión cuya tarea consistió en proponer proyectos de campeonatos de fútbol, continentales o mundiales, susceptibles de ser organizados por la FIFA; que todas las propuestas emitidas —cuatro proyectos mundiales y dos europeos— resultaron interesantes, dignas de ser aprobadas «sin dificultades» por el congreso de la FIFA; que las propuestas fueron enviadas, como prometido, a todas las asociaciones afiliadas para ser discutidas en Helsinki en 1927; que desgraciadamente algunas de estas «circulares» no llegaron a tiempo a las asociaciones; que en consecuencia, los delegados de las asociaciones afectadas solicitaron la postergación de los debates. Señala entonces: que en su calidad de presidente, aceptó el pedido; que lamentó que se perdiera un año más; que las circulares fueron reenviadas; que fueron finalmente discutidas en el congreso de 1928 en Ámsterdam.

Nosotros hemos visto en los capítulos correspondientes que: desde las decisiones adoptadas en 1921 por el Congreso Olímpico de Lausana, y votadas por Rimet y Seeldrayers, la FIFA no tenía derecho a organizar un campeonato geográficamente restrictivo; que por lo tanto, no podía proponer ante el congreso una copa continental; que los argumentos empleados para vetar la propuesta de Europa Central fueron falaciosos; que Rimet creó la Comisión Bonnet con la idea de enterrar definitivamente el proyecto continental y evitar el surgimiento de una confederación europea; que las propuestas emitidas por la comisión fueron prácticamente todas inconstitucionales, y por ende, impresentables ante el congreso; que de todos modos, no fueron enviadas a las asociaciones; que el pedido de postergación de los debates no provino de las asociaciones «afectadas» sino de los dirigentes holandeses sumamente preocupados por la interferencia que se estaba creando entre estas discusiones y los preparativos del torneo olímpico de Ámsterdam; que en Helsinki la Copa de Europa fue definitivamente vetada por el Comité Ejecutivo con el pretexto de que tendería a extenderse hasta convertirse en el torneo internacional de la FIFA; que el Comité Ejecutivo solo autorizó la organización de copas internacionales regionales limitadas que denominó «competiciones internacionales»; que las propuestas mundialistas de la Comisión Bonnet tampoco fueron estudiadas; que en 1927 solo se mantuvo el proyecto presentado por el Comité Ejecutivo de una Copa de la FIFA abierta a todos los países a realizarse en

1930, después de asegurada la consecución del campeonato olímpico; que en 1928 tampoco se discutieron las propuestas de la comisión.

El conjunto 6 conlleva, como los anteriores, dos fallas esenciales. La primera es que Rimet inicia el episodio evocando la propuesta de Copa europea de los países centrales, pero no explica finalmente qué pasó con dicha propuesta ni menciona el nacimiento de la Copa Internacional de Europa Central. Solo se le ocurre señalar la evidencia de que en la Copa de Europa no podían participar todas las asociaciones de la FIFA. En el tratamiento del tema, ignora también la existencia de la Copa América, creada por Uruguay y disputada desde 1916, que motivaba la iniciativa del «grupo de Praga». La segunda gran falla es la retrógrada ambigüedad que introduce entre Copa del Mundo y Copa continental, opuesta a la clara conceptualización de los diferentes niveles geográficos que fijan la naturaleza de las organizaciones y de las competiciones, presente en los proyectos de los delegados de la comisión, y también manejada, claro está, por los dirigentes sudamericanos.

Las ambigüedades conceptuales empleadas por la cúpula de la FIFA generaron una situación particularmente grave. No solo se impidió el surgimiento de una competición que los equipos europeos necesitaban para alcanzar el nivel técnico de los futbolistas sudamericanos, sino que, lo peor, se provocó la insatisfacción de las asociaciones de toda Europa incluyendo a Francia. Se generó entonces una fuerte presión que, haciendo eco a las maniobras de Rimet, hizo que el Campeonato del Mundo de la FIFA «tendiera a convertirse» en torneo continental. La deriva empezó a expresarse con el boicot de 1929-1930, y se realizó plenamente en 1934 y 1938 cuando la FIFA instauró un arbitraje exclusivamente europeo.

La verdad: La FIFA no tenía derecho a organizar una Copa de Europa pero Rimet creó una comisión haciendo creer que sí era posible, para luego sabotear el envío de los proyectos a las asociaciones, y en el Congreso de Helsinki, vetar definitivamente el proyecto continental.

Conjunto 7: Rimet ocultó la tentativa de liquidación del Campeonato del Mundo de 1930 por la FIFA

La mentira: Desde el cierre del Congreso de Barcelona, Rimet enfrentó sin pausa el movimiento abstencionista masivo de los delegados de las asociaciones europeas, obteniendo difícilmente la participación de cuatro asociaciones del Viejo Continente, entre las cuales la de Francia pero no la de Italia.

Este conjunto comprende las mentiras 26 a 29.

Rimet afirma: que la candidatura de Uruguay había sido votada con gran entusiasmo; que en el viaje de regreso en tren, el entusiasmo se vino abajo y la mayoría de los delegados europeos adoptaron una posición abstencionista; que este viraje resultó de un súbito miedo al cruce del Atlántico; que la crisis de pánico incidió como una epidemia a nivel de las bases pero no entre los dirigentes de la FIFA; que se distinguieron entonces por un lado, los delegados, apocados y abstencionistas, y por otro, «la FIFA», inquebrantable y participacionista como no podía ser de otra manera; que a la FIFA le costó mucho obtener la participación de cuatro asociaciones europeas; que incluso la francesa decidió poco después abstenerse con el argumento de que no había jugadores disponibles para formar un buen equipo. Rimet prosigue sosteniendo: que no aceptó la abstención de su asociación; que durante un tiempo reiteró sus «ruegos encarecidos» sin resultado; que decidió entonces recorrer toda Francia para reclutar jugadores; que pudo componer así un equipo bastante bueno y forzar la participación de la FFFA; que viajó a Uruguay con ese nuevo equipo; que intentó incluso convencer a Italia de participar; que así lo destacó la prensa a principios de febrero de 1930; que lamentablemente, Italia no pudo viajar por razones de fuerza mayor.

En los capítulos correspondientes, hemos podido demostrar: que en el tren de regreso de Barcelona no viajaba «la mayoría de los delegados» sino la cúpula de la FIFA más buena parte de la directiva de la FFFA; que ese fue el grupo que inició el proceso abstencionista, oculto e ilegal; que esa actitud se produjo en reacción a lo ocurrido durante el Congreso de Barcelona: el rechazo del plan francés, la imposibilidad de plantear la candidatura oficiosa de París, la renuncia de Italia y la constitución de una mayoría *contra natura* formada por el bloque sudamericano y el bloque central; que en el mentado tren viajaban Rimet, Seeldrayers y Hirschman; que los tres máximos dirigentes tramaron el proceso de boicot; que en el tren se decidió adoptar la táctica de exigir más y más concesiones financieras a la AUF, hasta obtener su claudicación; que durante ese viaje, la FFFA decidió adoptar la abstención, convirtiéndose en la primera asociación boicotista; que, como lo demuestran los libros oficiales de la FFFA, los informes del Comité Ejecutivo, los comunicados del Comité Organizador europeo, y los intercambios entre Rimet y Buero, la cúpula de la FIFA ocultó lo tramado a los dirigentes uruguayos; que las primeras abstenciones fueron anunciadas recién seis meses después de Barcelona; que, entretanto, las presiones financieras crecieron hasta alcanzar niveles delirantes; que cuando Rimet y Hirschman comprendieron que la AUF no cedería, consideraron favorablemente la «propaganda contra el campeonato» desarrollada simultáneamente en Austria, Alemania, España e Italia; que los libros de la directiva francesa revelan la participación activa de Rimet en el boicot hasta marzo de 1930, con una efímera hesitación en noviembre de 1929; que Rimet se mostró participacionista públicamente, pero como presidente de la FFFA —y eso era lo importante— afianzó el abstencionismo de su asociación durante un año; que, como se lee en las actas, se comprometió a explicar las razones de la no participación francesa ante la confederación sudamericana; que emitió un comunicado en el cual certificó su total apoyo a la negativa francesa y a su pretexto; que en ningún momento, las actas de la FFFA revelan discrepancias o la voluntad de Rimet de organizar un voto o una consulta; que los dos únicos artículos de prensa que dan una imagen activa de Rimet fueron dictados a periodistas amigos en febrero de 1930, nueve meses después de Barcelona; que se limitan a mostrar los temores y dudas de un presidente ante un impasse; que esos artículos no constituyen verdaderas pruebas porque funcionan muy bien como cobertura ante las intimaciones del subsecretario Pathé y porque no se ven confirmados por ningún documento independiente, oficial u oficioso; que Rimet no hizo ningún peregrinaje para reclutar jugadores; que los jugadores franceses que fueron a Uruguay eran los habituales; que durante el mismo mes de febrero, Rimet mantuvo contactos con los dirigentes de la FIGC pero que, contrariamente a lo que expresa, no fue él quien convenció a los italianos sino los italianos que lo convencieron a él; que a mediados de febrero y principios de marzo, Rimet adhirió al proyecto sustitutivo de Copa Paneuropea; que el único «aporte» eventual de Rimet pareció ser entonces agregar a la Copa Paneuropea el apéndice de una eventual Minicopa Mundial en Montevideo entre dos equipos de Europa y dos de América; que Italia no viajó a Uruguay porque nunca pensó hacerlo.

Rimet nos dice, en resumen, que siempre fue participacionista y que lideró la campaña en favor de la participación. Nosotros hemos comprobado que, de acuerdo con lo que señalan los documentos apropiados, lideró el proceso de boicot casi hasta el final, cediendo al participacionismo cuando el Estado belga forzó la decisión de Seeldrayers y cuando Henri Pathé ordenó el cambio de actitud de los franceses. Entonces sí, Rimet, adhiriendo a la posición política de su Estado y obteniendo en contrapartida la promesa del puesto de presidente de la Comisión Nacional de Deportes, se empeñó realmente en convencer a sus colegas.

Como los anteriores, este conjunto 7 presenta dos fallas fundamentales. La primera concierne la estructura misma de la demostración que termina aportando las pruebas de que sucedió lo contrario. Rimet revela su presencia en el tren de regreso así como el desencadenamiento del boicot apenas terminado el Congreso de Barcelona. Se presenta entonces, al igual que en otros episodios, como exterior a lo sucedido, evitando toda transcripción concreta de las discusiones ocurridas y prefiriendo brindar una interpretación psicológica. El lector espera entonces que el presidente de la FIFA, tan supuestamente favorable al respeto de las decisiones y al Mundial en Uruguay, actúe con vehemencia en el sentido de alertar inmediatamente a los principales interesados, los dirigentes uruguayos, o por lo menos a su supuesto cómplice, Enrique Buero. Nada de eso aparece mencionado en la documentación reproducida en *Negociaciones internacionales*, figurando en cambio correspondencias que demuestran que el presidente de la FIFA ocultó totalmente lo tramado e hizo creer a Buero que se preparaba una inscripción masiva de las asociaciones europeas.

Intentando cubrir esta falla, en vez de señalar cómo, con su supuesto cómplice, operó para salvar lo planeado en Ginebra, Rimet prosigue como si nada la narración de sus hazañas personales presentándose como un esforzado servidor de la causa: el peregrinaje para constituir un equipo, los contactos con Italia, los permanentes ajetreos.

La segunda falla fundamental de este conjunto es la de siempre: Rimet se muestra nuevamente incapaz de presentar la menor prueba documental limitándose a citar el artículo de un amigo «periodista» que «desgraciadamente no pudo oír lo que se dijo», sin brindar, claro está, la fecha de su publicación, sumamente tardía, que ubicamos con certeza absoluta a mediados de febrero de 1930. Este tipo de «pruebas», confirman en realidad la hipótesis de una cobertura —«decía una cosa y hacía todo lo contrario», explica Cazal—. No deben leerse como la comprobación de lo que Rimet escribió un cuarto de siglo después sino como la semilla de la impostura que un experto en la materia plantó en la acción misma y que años más tarde, germinó como impostura literaria.

La verdad: Al salir del Congreso de Barcelona, desde la cima de la FIFA, Rimet promovió un boicot oculto contra el Mundial en Montevideo hasta la claudicación de la AUF, primero afianzando el abstencionismo de las asociaciones dirigentes de la FIFA, luego fomentando reivindicaciones financieras exorbitantes, y finalmente, en febrero-marzo de 1930, en alianza con Italia, promoviendo la sustitución del Mundial por una Copa Paneuropea en Roma.

.

Breve cronología del período estudiado

1900 En el marco de la 2.ª olimpiada organizada en París, la USFSA francesa llama por primera vez a un Mundial de fútbol entre selecciones. El llamado fracasa. Solo se juega un modesto triangular interclubes.

1901 Dirigentes del fútbol holandés y francés entablan los primeros contactos con la FA inglesa con el objetivo de crear una Unión Europea de asociaciones.

1902 Carl Hirschman, secretario de la asociación holandesa, escribe a la FA inglesa proponiendo la creación de una Unión Internacional de asociaciones europeas y de un Campeonato Internacional europeo. Frederick Wall, secretario de la asociación inglesa, transmite la propuesta a la IFAB.

1903 Hirschman no obtiene respuesta de los ingleses. El dirigente de la USFSA Robert Guérin intenta por su lado. Fracasa, pero en junio decide crear la federación internacional sin pasar por los ingleses. Establece entonces una alianza entre la USFSA y la asociación belga, UBSSA. Guérin y Mühlinghaus redactan un primer proyecto de Tratado internacional. Los dirigentes alemanes aportan modificaciones. Por otro lado, Guérin obtiene el apoyo financiero de *L'Auto* con vistas a la creación de una Copa de Europa. A fin de año, el periódico deportivo se retira.

1904 Guérin y Louis Mühlinghaus crean la FIFA. El primer congreso vota la Constitución y define el principio de un Campeonato Internacional. Ocho países forman el núcleo fundador. Guérin es designado presidente. Los ingleses no participan. Considerando inapropiada la iniciativa continental, llaman a un congreso paralelo en Londres en 1905.

1905 En la Conferencia de Londres del 1.º de abril, los ingleses adhieren solo en teoría a la idea de crear una Unión europea. No reconocen a la FIFA, rechazan el Campeonato europeo y eluden el tema de la afiliación. El 2.º congreso de la FIFA proyecta una Copa Internacional entre selecciones de Europa a realizarse en 1906 en Suiza. El proyecto es aprobado por unanimidad. Son convocados quince países incluyendo las cuatro asociaciones británicas. La intervención de Londres y la propaganda de De Laveley contra el campeonato conducen al boicot. Bélgica bloquea las inscripciones. Guérin, Mühlinghaus y Schneider tratan de salvar la Copa, en vano. A principios de noviembre, el presidente francés, traicionado, renuncia a su cargo en la USFSA, abandona la FIFA y el fútbol.

1906 Los ingleses se afilian a la FIFA de manera especial. Imponen una tutela en la cual tienen poderes y privilegios pero no deberes. En ocasión del 3.ᵉʳ congreso de la FIFA entierran la idea de organizar un Campeonato, cierran el boletín oficial, apartan a Mühlinghaus y nombran un Comité interventor (Comité de Estudio) con poderes absolutos, superiores a los del Comité Ejecutivo. Empieza un período de parálisis denominado por los historiadores europeos «la dominación inglesa». La USFSA es apartada del poder y pasa a ser considerada como una asociación sospechosa que no representa verdaderamente al fútbol nacional francés.

1908 En los Juegos Olímpicos de Londres, la FA dirige el primer campeonato internacional de fútbol entre selecciones de Europa. Impone un reglamento amateur que rebaja las ambiciones de la FIFA. Quedan excluidos del torneo los jugadores europeos que alguna vez cobraron algún premio o alguna compensación, o que estuvieron registrados como profesionales. La medida afecta las Islas Británicas y varios países del Continente, entre los cuales está Francia. Dentro de la FIFA se inicia un conflicto entre el presidente Daniel Woolfall y ciertos dirigentes continentales en torno a dos temas: la afiliación de las asociaciones británicas y la administración de las leyes del juego.

1912 En el congreso de Estocolmo, los delegados alemanes pasan a la ofensiva contra la opresión inglesa. Denuncian el hecho de que la FA conduce una federación internacional paralela afiliando directamente a asociaciones como Argentina, Chile o Gales del Sur, sin pasar por la FIFA. La joven asociación de fútbol sueco organiza el doble torneo olímpico de Estocolmo. Se enfrentan 13 selecciones de Europa bajo un reglamento amateurista drástico. Se juega un campeonato principal y un torneo consuelo bajo arbitraje internacional continental. Queda demostrado que una asociación continental puede organizar un torneo internacional.

1914 En el Congreso de Cristiania, aprovechando las recientes decisiones del congreso olímpico de París, Hirschman propone que se considere el torneo de los Juegos olímpicos como campeonato internacional de la FIFA, y que sea dirigido y reglamentado por la federación de acuerdo con lo establecido en el artículo 22. La propuesta es rechazada. Se impone la moción anglo-suiza que califica el torneo olímpico como «Campeonato del Mundo amateur» y niega a la FIFA el derecho a dirigirlo. Se oficializa así la rebaja del fútbol continental como fútbol inferior. Rimet y Seeldrayers participan por primera vez como delegados del congreso de la FIFA. Ambos votan sin objetar la propuesta amateurista inglesa.

1914-1918 Durante la Gran Guerra, el fútbol internacional europeo desaparece salvo raros encuentros entre seleccionados de países neutros. La FIFA sobrevive gracias a Hirschman que, desde Ámsterdam, produce un balance anual, envía informes a las asociaciones y tramita nuevas afiliaciones provisorias. En octubre de 1918, muere Woolfall.

1919 Vuelta la paz, Hirschman intenta reactivar la FIFA. Siete meses después de firmado el Armisticio, el mando militar estadounidense obtiene el aval del mando francés y organiza los Juegos Interaliados. En ese marco se disputa el primer campeonato internacional de fútbol de carácter intercontinental (mundial). Juegan ocho equipos de países aliados, seis europeos, más Canadá y los Estados Unidos. Gana Checoslovaquia en una final muy dura contra Francia. En el reglamento, los organizadores declaran explícitamente su total rechazo de la distinción entre amateurs y profesionales. Los equipos, todos pertenecientes a la FIFA, alinean gran cantidad de jugadores que viven de sus sueldos de futbolistas.

El amateurismo del fútbol olímpico a la inglesa se vuelve definitivamente caduco. En diciembre, Inglaterra, Bélgica, Francia, Luxemburgo, Escocia y Gales deciden irse de la FIFA. Llaman a la creación de una nueva federación internacional «de las asociaciones de 1920» sin los países exvencidos y sin los neutros que juegan contra ellos. El voto no obtiene nuevo apoyos.

1920 Inglaterra se va de la FIFA. Renuncia De Laveley que era vicepresidente del Comité Ejecutivo. En una asamblea organizada al margen del torneo olímpico de Amberes, se impone la tesis liberal y la FIFA se reunifica. El torneo de Amberes es el primer campeonato internacional olímpico de fútbol casi totalmente abierto a todos los jugadores. Es también el primer Campeonato de Europa. La convocatoria es mundial pero solo se presentan equipos europeos más Egipto. La opinión deportiva del Viejo Continente considera a los vencedores belgas como Campeones del Mundo. Empieza la era mundialista olímpica no amateur.

1921 Rimet es designado presidente de la FIFA después de un voto por correspondencia. La federación internacional vuelve a ser francesa. El congreso olímpico de Lausana confirma la transferencia de los poderes deportivos a las federaciones internacionales. Estos incluyen el poder de establecer toda la reglamentación, técnica y general, incluyendo los criterios de admisión de los atletas. Rimet y Seeldrayers votan estas medidas. Se entierra así la resolución adoptada en Cristiania. Rimet acepta conducir el torneo olímpico de fútbol previsto en 1924 en París. Es designado vicepresidente del Comité Ejecutivo del Comité Olímpico Francés.

1923 El Congreso de la FIFA reunido en Ginebra aprueba la conducción del torneo olímpico de 1924. Delega el poder de programar, reglamentar y organizar a la Comisión Técnica de la federación francesa que actúa bajo control de Rimet. En agosto de 1923, *France Football*, órgano oficial de la FFFA, llama a todos los futbolistas del globo a prepararse para «ese campeonato del mundo» de fútbol.

1924 El 25 de abril, la FFFA califica oficialmente el torneo olímpico de París como «Torneo Mundial de Fútbol» y oficializa la puesta en juego de un título de Campeón del Mundo. Al margen del torneo olímpico, el congreso de la FIFA reconoce y aprueba la presencia masiva de profesionales en los seleccionados de fútbol que se aprestan a jugar. Del 25 de mayo al 9 de junio de 1924 tiene lugar el primer Campeonato del Mundo de fútbol. Lo conduce la FIFA, lo califica la FFFA. Participan 22 países de 4 continentes geográficos (5 continentes futbolísticos). Se destaca la presencia de un representante británico: Irlanda libre, y la participación de la superpotencia deportiva, los Estados Unidos. La final entre el campeón de Sudamérica, Uruguay, y el oficioso campeón de Europa, Suiza, culmina con la victoria de los sudamericanos 3 a 0. La opinión futbolística mundial reconoce a Uruguay como Campeón del Mundo de fútbol.

1925 Coubertin se retira de la presidencia del movimiento olímpico. Le sucede el conde Henri de Baillet-Latour. El aristócrata belga lidera una coalición clasista de dirigentes británicos y suecos, ávidos de imponer el amateurismo como ley internacional. El Congreso Técnico Olímpico reunido en Praga se arroga por primera vez el derecho a establecer una legislación internacional. Decide luego restringir los poderes de las federaciones internacionales en materia de admisión de sus deportistas y adopta un código del amateurismo que prohibe la participación en los Juegos de los atletas que alguna vez fueron profesionales o exprofesionales, y de los amateurs compensados o excompensados.

1926 El congreso de la FIFA lanza una contraofensiva burocrática destinada a anular las prescripciones olímpicas de Praga. El objetivo es conducir el torneo olímpico de Ámsterdam en condiciones reglamentarias que posibiliten la presencia de los profesionales de Europa Central, Gran Bretaña y Estados Unidos. La FIFA aprueba el pago de compensaciones por pérdida de sueldo y la mixidad de los equipos (amateurs, no amateurs y profesionales) en los partidos y campeonatos internacionales. En noviembre, los países de Europa Central más Italia proponen la creación de una Copa de Europa. El Comité Ejecutivo de la FIFA veta la propuesta pretextando que una tal iniciativa pertenece exclusivamente a la FIFA. Para neutralizar la disidencia, Rimet crea una comisión encargada de elaborar, supuestamente sin restricciones, proyectos con vistas a la organización de «torneos internacionales propios» de la FIFA. Los continentalistas se hallan fuertemente representados.

1927 El Comité Ejecutivo no envía a las asociaciones los proyectos elaborados por la Comisión Bonnet. No pueden discutirse en Helsinki. El secretario de la FFFA, Henri Delaunay, propone la organización de un Campeonato del Mundo abierto a todos los jugadores de las asociaciones afiliadas, a disputarse cada cuatro años. Confirmando la prioridad dada al Campeonato del Mundo de Ámsterdam y la lucha contra las prescripciones de Praga, el congreso de la FIFA vota la recalificación del profesional en amateur. Habiendo alcanzado un arsenal de disposiciones estatutarias suficiente, la FIFA anuncia que el fútbol no irá a Ámsterdam si el COI no reconoce las posiciones definidas por la federación internacional en 1926 en su congreso de Roma (mixidad de los equipos y profesionalización de los seleccionados por compensación de salarios perdidos). El Comité Ejecutivo del Comité Olímpico Internacional anula el código del amateurismo decidido en Praga hasta nuevo aviso.

1928 Al margen del torneo olímpico, la FIFA vota el principio de un Campeonato del Mundo propio a disputarse en 1930. Del 27 de marzo al 13 de junio se desarrolla en Ámsterdam el segundo Campeonato del Mundo de fútbol. Participan 17 países de 5 continentes. Dotado de un marco reglamentario abierto y profesionalista que autoriza la presentación de todos los jugadores, la final entre Uruguay y Argentina consagra la superioridad del fútbol rioplatense. Los uruguayos ganan el segundo partido decisivo 2 a 1 y se consagran bicampeones mundiales.

1929 En enero, la comisión preparatoria de la FIFA presidida por el suizo Gabriel Bonnet llama a todas las asociaciones miembro a candidatura para ser sede del Campeonato del Mundo de 1930. El 18 de febrero de 1929, la directiva del Club Nacional de Football aprueba el proyecto de Mundial en Montevideo y lo presenta a la AUF. A principios de marzo, el proyecto es aprobado por la Confederación Sudamericana de Fútbol y enviado a la FIFA. El 18 de mayo, en el Congreso de Barcelona, el bloque sudamericano impone su reglamento financiero y la candidatura de Montevideo contra las pretensiones de la dirección de la FIFA. La victoria de Uruguay se explica por el apoyo que le brinda el bloque «central» liderado por Italia, cuya actuación contra Rimet funciona como una venganza por el veto de la Copa de Europa. Inmediatamente después del Congreso, en el viaje en tren de regreso, los dirigentes franceses, belgas y holandeses, entre los cuales se hallan Rimet, Seeldrayers y Hirschman, deciden boicotear el Mundial en Montevideo que acaban de votar. Durante seis meses ocultan lo tramado a los dirigentes uruguayos. De junio a diciembre, liderados por Hirschman, los dirigentes europeos despliegan una vasta ofensiva de reivindicaciones económicas destinadas a obtener la claudicación de Uruguay. A fines de 1929, no hay una sola asociación europea inscripta.

1930 En enero, Austria y Alemania inician una campaña de desinformación contra el Mundial en Uruguay. Invirtiendo responsabilidades, denuncian el supuesto boicot de los sudamericanos contra las asociaciones europeas. En marzo, la prensa italiana anuncia el desistimiento de la AUF y el reemplazo del Mundial por una Copa Paneuropea en Roma. La radicalización y los métodos empleados en Italia reflejan la acción de los líderes fascistas de la FIGC bajo control directo de Mussolini. El Duce quiere «su Copa». En ese momento, la abstención de las asociaciones europeas se vuelve declarada y unánime. Rimet juega entonces un cuádruple juego. Como presidente de la FIFA, se declara favorable al Mundial decidido en Barcelona. Como presidente de la FFFA, mantiene la unanimidad de la directiva en favor de la abstención. Como político subordinado, se muestra dócil ante las intimaciones del subsecretario Henri Pathé que le exige la participación y le promete un puesto como presidente de la Comisión Nacional de Deportes. Como maniobrero empedernido, trama con los italianos la sustitución del Mundial de Montevideo por una Copa Paneuropea esperando a cambio consolidar su posición como presidente de la federación. La AUF no claudica. Asume sola la responsabilidad de la convocatoria. Movilizando relaciones políticas, Buero impone a Seeldrayers y a Rimet la participación. Después de largas tractaciones, obtiene la inscripción de Rumania y Yugoslavia. Del 13 al 30 de julio tiene lugar en Montevideo el primer Campeonato Mundial de Fútbol de la «serie FIFA». La final entre Uruguay y Argentina confirma la supremacía del fútbol rioplatense. Como lo declara Rimet, Uruguay se convierte entonces en el primer triple Campeón del Mundo de fútbol de la historia venciendo 4 a 2 al rival albiceleste.

Reseñas biográficas

Adrián Beccar-Varela
1880-1929

Fue consejero e intendente municipal de San Isidro (Buenos Aires). Fue presidente de la disidente Asociación Amateur de Fútbol Argentino de 1920 a 1926 y de la Asociación del Fútbol Argentino de 1927 a 1928. En 1929, participó como delegado de su país en el congreso de la FIFA reunido en Barcelona, actuando entonces como portavoz del bloque sudamericano y argumentando con fuerza en favor de la candidatura de Uruguay. Fue ese discurso que le valió cierta fama en la historia del fútbol mundial. Su incidencia en la elección final de Montevideo fue exagerada por los historiadores. Tres semanas después de aquél congreso, falleció en la capital catalana víctima de tifus.

Enrique Buero
1891-1975

Abogado egresado de la Universidad de la República, fue un importante diplomático uruguayo. En 1916 fue nombrado secretario de Estado del Ministerio de Relaciones Exteriores y en 1918 secretario de Estado al Tesoro. De 1920 a 1923 fue diputado luego de lo cual ocupó el cargo de embajador en Berna y delegado de Uruguay ante la Sociedad de Naciones (sede en Ginebra). En 1927 actuó como embajador de Uruguay en Bruselas y La Haya, y en 1930 fue designado juez en la Corte Internacional permanente en La Haya. En 1932 empezó a ejercer como embajador extraordinario y ministro plenipotenciario en Berlín donde fue acreditado hasta 1934. En 1935 trabajó como presidente de la Administración de Puertos. En 1939 retomó su actividad de embajador, primero en Madrid, luego en Lima de 1942 a 1945 y en Río de Janeiro de 1946 a 1948. De 1948 a 1953 obró como embajador en la Corte de St James's de Londres. También fue miembro del Tribunal de Conciliación Turco-Danés.

En 1923, siendo ministro del Uruguay en Suiza, tramitó la afiliación de la AUF ante la FIFA. Fue delegado de la AUF ante el Congreso de la FIFA de 1924 y primer vicepresidente sudamericano de la federación internacional, designado por el congreso en 1928 en reemplazo del inglés William Pickford. En 1929, Buero respondió positivamente a la idea de los dirigentes del Club Nacional de Football —Usera Bermudez y Roberto Espil— de proponer la candidatura de Montevideo para el Mundial de la FIFA de 1930. En el Congreso de Barcelona, con el apoyo del bloque sudamericano, obtuvo los votos necesarios al rechazo del «reglamento financiero francés amendado por Seeldrayers», impuso el reglamento financiero uruguayo y consagró la victoria de la candidatura de Montevideo. A principios de 1930 quebró el boicot europeo movilizando contactos políticos al más alto nivel. Se convirtió entonces en presidente oficioso de la FIFA, lo que no impidió el progresivo deterioro de las relaciones entre la AUF y la federación internacional.

La situación se complicó cuando, a principios de 1932, la FIFA confió el campeonato mundial de 1934 «al único candidato», Italia, país que había liderado el boicot contra Montevideo en 1930. Los dirigentes de la AUF dejaron de contar con Buero y olvidaron su rol determinante en las tres conquistas mundiales de Uruguay. El diplomático publicó el libro *Negociaciones Internacionales* en marzo de 1932 en Bruselas. La obra, que se compone exclusivamente de documentos —informes, cartas y telegramas— intercambiados por Buero con los dirigentes de la AUF y de la FIFA, entre 1923 y 1931, desmiente las tesis fundamentales desarrolladas por Rimet sobre la creación del Mundial de 1930 y muestra inequívocamente la inexistencia de un plan elaborado por el dirigente francés en 1924-1925. Buero se retiró totalmente del fútbol en 1934.

Pierre de Coubertin
1863-1937

Fue un historiador, pedagogo y dirigente deportivo francés que bregó por la introducción del deporte en las escuelas y creó los Juegos Olímpicos modernos. En 1883, en Inglaterra, empezó a practicar diferentes deportes: remo, boxeo, equitación, esgrima, y sobre todo, tiro. Durante varios años estudió el sistema educativo inglés. Regresó a Francia en 1887 con la intención de mejorar los métodos utilizados en la enseñanza y de promover el deporte escolar, sin mayor éxito. En 1888, creó un comité para la propaganda de los ejercicios físicos en la educación.

Coubertin integró la USFSA desde su creación en 1889. Editó entonces dos revistas, *Revista atlética* y *Deportes atléticos*. En 1892, fue árbitro de rugby. Favoreció la creación del campeonato de Francia de esta disciplina. En 1894, fundó el Comité Olímpico Internacional y lo integró en calidad de representante de Europa Continental. En 1896 sucedió al griego Dimítrios Vikelas como presidente del Comité Olímpico Internacional. En 1907, tomó distancias con la USFSA y apoyó al CFI de Charles Simon de tendencia popular y profesionalista. Ese año, impulsó el Trofeo de Francia «*Challenge de Football Association*», para el cual diseñó la placa de oro que lleva el nombre de los vencedores.

En 1913, dibujó la bandera olímpica con los cinco aros. Después de la guerra, se convirtió en un tenaz adversario del amateurismo inglés. En 1921, propuso organizar los Juegos de 1924 en París como conmemoración de los treinta años de la creación de la olimpiadas. Escribió que dicha edición había sido «demasiado campeonato del mundo». En 1925, criticó severamente las decisiones que se aprestaba a adoptar el Congreso Técnico de Praga. Renunció a la presidencia del Comité Olímpico Internacional después de los Juegos de invierno de Chamonix. Dejó 34 libros, 57 folletos y 1224 artículos. Entre sus obras más importantes se cuentan *Las memorias olímpicas* (1931) y *Las memorias de juventud* (1933). Es erróneamente considerado por la mayoría de los historiadores del deporte como un defensor acérrimo del amateurismo y un adversario del fútbol.

Henri Delaunay
1883-1955

Verdadero jefe del fútbol francés de 1908 a 1955, fue futbolista, árbitro, redactor, administrador hiperactivo y sumamente eficiente de la FFFA. En la FIFA, fue considerado como el gran especialista de las Leyes de Juego.

En 1908, fue designado secretario general del CFI, organismo que antecede a la federación francesa. En 1917 creó la Copa de Francia. En 1919, con Rimet, fundó la Federación Francesa de Fútbol Asociación. De 1924 a 1928, actuó como delegado de la FIFA ante la IFAB. Fue el brillante jefe de redacción del semanario *France Football*, portavoz oficial de la FFFA de 1923 a 1947. Con Rimet, fue el principal responsable de la calificación del torneo olímpico de 1924 como Campeonato del Mundo y como «Torneo Mundial de Fútbol» (*Tournoi Mondial de Football*).

En 1927, en el marco de la primera Comisión Bonnet, propuso organizar un Campeonato del Mundo de la FIFA separado de los Juegos y un Campeonato de Europa cada dos años. La idea del Mundial no era revolucionaria: en 1925 el congreso olímpico había emitido un voto pidiendo a ciertas federaciones internacionales «sacar sus campeonatos del mundo de los Juegos». Delaunay defendió la idea del Mundial hasta la elección de Montevideo en Barcelona. Luego, con Rimet, fue un promotor tenaz de la abstención contra el campeonato en Uruguay.

A partir de 1929, propuso con insistencia organizar una Copa de Europa Occidental, complemento de la Copa de Europa Central iniciada por Meisl en 1927. La iniciativa no prosperó pero su presión contribuyó a continentalizar los Mundiales de 1934 y 1938. En 1946, Delaunay intentó oponerse a la denominación del Campeonato del Mundo como «Copa Jules Rimet», considerando sus propios méritos superiores a los del presidente de la FIFA. Su reivindicación se ve desacreditada por el boicot de 1930, el no envío de un seleccionado francés al Mundial de Brasil en 1950, y también por la negación que implica del «Torneo Mundial» de 1924.

Delaunay fue designado secretario general de la flamante UEFA en junio de 1954. Falleció el 9 de noviembre de 1955.

Robert Guérin
1876-1952

Ingeniero de profesión, fue periodista en gran cantidad de diarios deportivos, secretario de la sección fútbol de la USFSA, técnico de la selección francesa de fútbol, fundador de la FIFA en 1904 y su primer presidente de mayo de 1904 a noviembre de 1905.

En 1903, intentó negociar la creación de una Unión Internacional con la FA. Al constatar el desinterés de los dirigentes ingleses, decidió crearla sin ellos. Privilegió entonces una alianza con el dirigente belga creador de la Copa Jean Ponthoz, Louis Mühlighaus. Fue el principal redactor del Tratado constitucional de 1904 y del proyecto de Copa Internacional de 1905. En nombre de la USFSA, convocó el primer congreso de la FIFA y estableció el nombre de la nueva entidad.

Durante su mandato, la FIFA funcionó democráticamente fijándose como perspectiva actuar decididamente en la creación de grandes eventos deportivos. Desde 1903, Guérin debió enfrentar los obstáculos que le pusieron Hirschman y los dirigentes ingleses. De julio a octubre de 1905, su Copa Internacional padeció el boicot inspirado por la FA inglesa, liderado en el Continente por el belga De Laveley, y apoyado por Hirschman. Hasta el 31 de octubre luchó para salvar el proyecto argumentando contra la propaganda belga en los boletines de la FIFA y proponiendo la sede de la USFSA como centro de inscripciones. El 1.º de noviembre, al margen del partido Francia vs Londres, intentó una última negociación con los ingleses. Su fracaso lo llevó a renunciar a sus funciones en la USFSA y en la FIFA al día siguiente. Como Buero, no se ocupó más de fútbol. Como Buero, fue uno de los dirigentes más rectos del fútbol internacional.

En el *Handbook 1929* escribió un artículo fundamental sobre los «errores históricos» de los dirigentes ingleses. Desprovisto de la idea de enriquecerse personalmente a costa del fútbol, no entendió nunca la causa de la tenaz oposición que le libraron los jefes de la FA, y que apuntaba a proteger las jugosas ganancias que les confería el control del muy cerrado campeonato interbritánico (*British Home Championship*).

Carl Hirschman
1877-1951

Fue banquero, secretario general de la Real Federación de Fútbol de los Países Bajos y uno de los fundadores de la FIFA en donde actuó como vicepresidente de 1904 a 1906 y como secretario tesorero de 1906 a 1931.

En 1902 buscó contactos con la FA con el objetivo de crear una coordinación del fútbol europeo y una Copa Internacional. Sus tratativas fracasaron. A partir de 1903 complicó la tarea de Guérin. En agosto y octubre de 1905, apoyó el boicot que condujo a la liquidación del proyecto de Copa de la FIFA. Fue recompensado por Woolfall con el puesto de secretario general tesorero en reemplazo de Mühlinghaus.

En 1914, en Cristiania, propuso hacer del campeonato olímpico de fútbol un torneo internacional de la FIFA en el sentido del artículo 22 de los estatutos. Su propuesta no fue aceptada. Durante la Guerra, desde su oficina de Ámsterdam, mantuvo un vínculo administrativo con las diferentes asociaciones afiliadas. En 1920, con el sueco Christian Kornerup, se opuso a la política suicida de exclusiones preconizada por los británicos, los belgas y los franceses. De 1921 a 1928, con el apoyo de Rimet, llevó adelante la estrategia de los torneos olímpicos mundiales. Después de la derrota de la selección de fútbol de su país ante Uruguay en el torneo de Ámsterdam dejó de ser un elemento motor del fútbol internacional.

En 1927, fue uno de los principales adversarios de la Copa de Europa promovida por Italia y los países centrales. En 1929, obstaculizó lo más que pudo las tareas del Comité organizativo uruguayo sin obtener la claudicación de la AUF. A principios de 1930, manifestó exigencias financieras disparatadas ante Uruguay, indignas de un alto dirigente de la federación.

En ocasión de su primer Mundial fuera de los Juegos, la FIFA recuperó sumas considerables. Hirschman perdió todo en especulaciones financieras. Tuvo que renunciar en 1931. Interrogado sobre estos hechos durante el congreso de 1932 en Estocolmo, Rimet, molesto, se limitó a señalar que la federación neerlandesa había colmado las pérdidas. Hirschman recibió una pensión de la FIFA hasta su muerte en 1951.

Édouard de Laveley
1854-1938

Fue empresario, industrial minero, banquero y dirigente deportivo. Fue el primer secretario general de la asociación belga de fútbol. Entre 1903 y principios de 1905, se mantuvo al margen del proceso fundacional de la FIFA. A partir de abril de 1905, y en particular a raíz de la Conferencia de Londres, empezó a trabajar al servicio de su amigo Wall como agente de la FA en el Continente. Fundó el Comité Olímpico Belga en 1906 y fue su primer Presidente.

En 1905 en Londres, negoció la liquidación de la Copa Internacional promovida por Guérin y el reemplazo del presidente francés por Daniel Woolfall. Desde su prensa *La Vie sportive*, contradiciendo las posiciones que había defendido en Londres en abril, desarrolló la propaganda contra la Copa Internacional de la FIFA. Al salir de la Primera Guerra, desde su puesto de Vicepresidente miembro del Comité Ejecutivo de la FIFA, promovió la línea dura dictada por los ingleses: exclusión de los exvencidos y de todos los neutros que acepten organizar partidos contra ellos. El fracaso de esta política suicida lo llevó a renunciar en 1920.

Ya decrépito, De Laveley escribió un texto en el *Handbook 1929* en el que se presenta como el verdadero fundador de la FIFA. Afirmó entonces que Woolfall fue el primer presidente de la federación, negando los aportes fundamentales de Guérin. Pese a su carácter absurdo, este texto, representativo del arbitrario «punto de vista inglés», fue retomado como «fuente seria» en el libro publicado por el *Museo del Fútbol Mundial* en 2017.

Hugo Meisl
1881-1937

Fue futbolista del *Viena Cricket and Football Club*, árbitro internacional, seleccionador de Austria de 1912 a 1937, creador de la *Wunderteam*, secretario de la Federación Austríaca de Fútbol, y destacado delegado de su país ante la FIFA. Instauró el profesionalismo en Austria en 1925. En 1926, formó parte del «grupo de Praga» que propuso crear una Copa de Europa a imagen de la Copa América. Creó la Copa Mitropa interclubes y la Copa Internacional de Europa contra la política centralista de Rimet.

En el seno de la federación internacional, Meisl no fue partidario del Campeonato del Mundo. Según él, los grandes torneos planetarios terminarían alejando al público de los partidos que se disputaban en el marco de los campeonatos nacionales. En 1924, catalogó el fútbol desplegado por los uruguayos de «octava maravilla del Mundo».

Jules Rimet
1873-1956

Fue presidente de la Federación Francesa de Fútbol de 1919 a 1949 —con una interrupción entre 1942 y 1944— y presidente de la FIFA de 1921 a 1954.

En 1897 creó el club multideportivo Red Star que pasó a ser miembro de la USFSA. En 1898 integró la comisión de atletismo de la USFSA. En 1910 creó la LFA —Liga de Fútbol Asociación— que adhirió primero a la USFSA y en 1913 al CFI. En 1914, asistió al congreso de la FIFA en Cristiania como delegado de Francia votando a favor de la moción amateurista suiza. El 4 de agosto partió a Rouen como soldado. En febrero fue nombrado sargento. Siguió cursos para ser oficial y fue trasladado a Bislée, Chauvoncourt y Les Paroches, cerca de la frontera con Alemania. En 1917, llegó a Souarces con el grado de teniente. Fue desmovilizado el 6 de enero de 1919. El 11 de marzo, la flamante FFFA lo designó presidente.

Siendo presidente de la asociación francesa, en diciembre de 1919 apoyó la moción inglesa que apuntaba a crear una nueva federación internacional. El 1.º de marzo de 1921, mediante voto por correspondencia, fue designado presidente de la FIFA. De 1921 a 1924 actuó como vicepresidente del Comité Ejecutivo del Comité Olímpico Francés. En 1923, dirigió en Ginebra el congreso de la FIFA que decidió conducir el torneo olímpico de 1924. Bautizó dicho campeonato como «Tournoi Mondial de Football». Hasta 1928 mantuvo firme la estrategia definida por Hirschman de consagrar Mundiales de fútbol en los Juegos.

De 1925 a 1927, promovió con Seeldrayers la estrategia de guerrilla reglamentaria contra las decisiones olímpicas del Congreso Técnico de Praga. Obtuvo la anulación provisoria del código del amateurismo lo que le permitió reglamentar el torneo de fútbol de Ámsterdam en favor del profesionalismo internacional. En 1927 se opuso a la creación de la Copa de Europa promovida por el «grupo de Praga». A través de la Comisión Bonnet, organizó su liquidación. En el Congreso de Barcelona de 1929, defendió el reglamento financiero francés y la candidatura oficiosa de París como sede del Mundial de 1930. Apenas terminado el congreso, promovió el boicot contra el Campeonato del Mundo en Montevideo con la idea de obtener la claudicación de la AUF. En febrero y marzo de 1930, aprovechando la propaganda contra el campeonato organizada por los dirigentes fascistas del fútbol italiano, estableció una alianza con la FIGC y propuso sustituir el Mundial por una Copa Paneuropea en Roma. En mayo, presionado por el Estado francés, dudó y finalmente aceptó la participación.

En 1934, Rimet aprobó el hecho de que el Mundial de Roma se jugara con arbitraje exclusivamente europeo y bajo control personal de Mussolini. En 1936, en Berlín, condujo personalmente el torneo olímpico de fútbol y apoyó la decisión de anular el partido Austria-Perú. En 1938, organizó la «Coupe du Monde» en París oficializando la anexión de la *Wunderteam* por Alemania. Rimet presidió el Comité Nacional de Deportes francés de 1931 a 1947. Durante la Colaboración con la Alemania nazi, este organismo se convirtió en un poderoso aparato estatal de adoctrinamiento de la juventud encargado de hacer respetar el *nuevo orden moral*.

Rimet se retiró de la FIFA en 1954, año en que publicó su libro de memorias, *Historia maravillosa de la Copa del Mundo*. Con esta obra, que dio un nuevo impulso a la *cultura de la mentira* instaurada en la FIFA como método de gobierno desde la «dominación inglesa», buscó engañar a las autoridades noruegas y obtener el Premio Nobel de la Paz. Murió en 1956. Es considerado como «el inventor del Campeonato del Mundo». Sus escritos revelan un uso profesional de la falsificación con una tendencia permanente a la impostura y a la usurpación de méritos ajenos.

Rudolph Seeldrayers

1876-1955

Fue un deportista belga polivalente, y uno de los más grandes dirigentes deportivos de su país, de la FIFA y del movimiento olímpico.

Como atleta brilló en atletismo y fútbol. Practicó remo, natación, críquet, hockey sobre césped, golf y tenis. Nacido en Dusseldorf (Alemania), cursó estudios de derecho en la Universidad de Bruselas. Fue presidente de la asociación nacional del fútbol belga de 1929 a 1937. Delegado ante la FIFA a partir de 1914, actuó como secretario técnico de los Juegos Olímpicos de Amberes y se destacó como activo intelectual del deporte en el congreso olímpico de Lausana en 1921. Fue la eminencia gris de la FIFA bajo la presidencia de Rimet y su especialista en materia jurídica. En la federación internacional, ejerció como vicepresidente a partir de 1927, y como presidente de 1954 a 1955. Dirigió el Comité Olímpico Belga de 1945 a 1955.

Entre 1921 y 1928, Seeldrayers elaboró los fundamentos constitucionales que permitieron a la FIFA organizar dos mundiales olímpicos de fútbol en condiciones de plena libertad reglamentaria. Defensor de la «compensación por pérdida de sueldo» y de un fútbol social, fue el conceptor del reglamento profesionalista que rigió el torneo de 1928 en Ámsterdam. Fue también el primer dirigente europeo en romper el boicot contra el Mundial de Montevideo lo que explica que, en aquella época, su prestigio en Uruguay fue mayor que el de Rimet. Seeldrayers murió un año después de su elección como presidente de la FIFA. En 1956, el Comité Olímpico Internacional lo nombró miembro de honor a título póstumo.

Frederick Wall

1858-1944

Fue futbolista en el equipo Royal Engineers, secretario general de la Football Association inglesa de 1895 a 1934, y director de Arsenal de 1934 a 1938. Dirigió su asociación con mano de hierro combatiendo las reivindicaciones de los futbolistas profesionales, imponiendo drásticas limitaciones de salario y quebrando sindicatos.

En el plano internacional, concibió la estrategia de dividir el mundo del fútbol en dos niveles: el nivel superior (profesional) del *British Home Championship* y el nivel inferior (amateur) de los campeonatos olímpicos. En 1919, después de la muerte de Woolfall, intentó la liquidación definitiva de la FIFA promoviendo un cisma mundial y la creación de una nueva federación. En 1927 lideró la renuncia de las asociaciones británicas argumentando que la FIFA violaba los principios del amateurismo olímpico, oponiéndose de este modo claramente al avance que significaba un fútbol mundial abierto.

En su libro *50 Years of Football 1884-1934* explicó que la decisión de irse de la FIFA se tomó cuando se volvió claro que el objetivo de Hirschman era controlar el fútbol mundial. En ese mismo libro, Wall confirmó la fecha y el carácter especial de la primera afiliación inglesa a la FIFA, que se concretó recién en 1906.

Daniel Woolfall
1852-1918

Fue miembro asalariado de la directiva de la Football Association de 1901 a 1918, y presidente de la FIFA de 1906 a 1918. Los trece años de presidencia Woolfall se conocen hoy como el período de la «dominación inglesa». La FIFA fue sometida entonces a una política que, en el plano internacional, el especialista francés Pierre Cazal calificó de «amateurismo integral» y que en el plano interno se caracterizó por un veto sistemático a toda iniciativa tendiente al desarrollo deportivo y material de la federación. Woolfall dictó los reglamentos que rebajaron drásticamente los torneos olímpicos de fútbol de 1908 y 1912 a un nivel amateur, en momentos en que otras disciplinas se dotaban de marcos reglamentarios totalmente abiertos y acogían muy deportivamente a los verdaderos campeones profesionales, amateurs o no amateurs.

En su trayectoria como presidente de la FIFA aplicó al pie de la letra las directivas que le dictaba Londres. Al asumir su cargo en

1906, retomó los argumentos de Clegg contra la Copa Internacional de Guérin: subdesarrollo del fútbol continental, asociaciones aún no nacionales, federación aún no internacional. Y agregó el tema de la falta de unidad en la aplicación de las reglas de juego que sirvió para paralizar indefinidamente la actividad de FIFA. Durante su mandato, la FIFA se convirtió en un organismo de papel, limitado a organizar reuniones vacuas y votar textos inútiles.

En 1914, en Cristiania, impuso la oficialización del amateurismo mediante la denominada «moción suiza». Woolfall argumentó entonces que los futbolistas amateurs y profesionales no debían mezclarse. No era lo que sucedía en Gran Bretaña, ni en las Ligas profesionales ni en el BHC. Durante la Guerra, Woolfall abandonó toda actividad relacionada con la FIFA. Murió el 24 de octubre de 1918, dos semanas antes de la firma del Armisticio.

Bibliografía sucinta

Documentos
Actas de los congresos olímpicos, 1894-1930
Estos documentos son comunicados en formato digital por el Centro de Estudios Olímpicos.
studies.centre@olympic.org
Invitaciones y boletines olímpicos, 1894
Estos documentos son comunicados en formato digital por el Centro de Estudios Olímpicos.
studies.centre@olympic.org
Informes oficiales de los Juegos Olímpicos, 1896-1932
Estos documentos son descargables de las colecciones del Knowledge Center *de la LA84 Foundation.*
la84.org
Reglamentos del fútbol fuera de los informes oficiales, 1920-1924
Estos documentos son descargables del sitio web de bibliotecas suizas de lengua francesa RERO.
doc.rero.ch
Actas de los congresos de la FIFA, 1904-1930
Estos documentos son comunicados en formato digital por el Centro de Documentación de la FIFA.
sitio web de la FIFA, formulario de contacto

Estatutos, Constitución de la FIFA, 1904-…
Estos documentos son comunicados en formato digital por el Centro de Documentación de la fifa.
sitio web de la fifa, formulario de contacto

Boletines oficiales de la FIFA, 1904-1905
Estos documentos son comunicados en formato digital por el Centro de Documentación de la fifa.
sitio web de la fifa, formulario de contacto

Actas de la directiva de la FFFA, 1929-1930
Estos documentos son consultables en la Mediateca de la Federación Francesa de Fútbol
mediatheque.fff.fr.

Prensa

Le Football Association, 1919-1923
La colección es consultable en la Mediateca de la Federación Francesa de Fútbol.
mediatheque.fff.fr

France Football, 1923-1930
La colección es consultable en la Mediateca de la Federación Francesa de Fútbol.
mediatheque.fff.fr

La Presse, 1902-1906
La colección es consultable y descargable en la Biblioteca digital de la Biblioteca Nacional Francesa.
gallica.bnf.fr

Tous les sports, 1924
Biblioteca de la Federación Francesa de Fútbol.

Le Miroir des sports, 1924
La colección es consultable y descargable en la Biblioteca digital de la Biblioteca Nacional Francesa.
gallica.bnf.fr

Sporting, 1920-1930
Colección Pierre Cazal.

Libros y artículos

ARRIGHI Pierre: *1924, primera Copa del Mundo de la FIFA*, Montevideo, 2014.

ARRIGHI Pierre: «Gramática de los viejos reglamentos deportivos», en *Cuadernos de historia 14*, Biblioteca Nacional del Uruguay, 2013.

ARRIGHI Pierre: *Los Juegos Olímpicos nunca fueron amateurs*, París, 2017.

BUSCHMANN Jürgen y LENNARTZ Karl: *Vergessener Weltmeister Uruguay, Paris 1924 — Mundiales olvidados de Uruguay, París 1924*, Agon, Kassel, 2005.

CARBONELL DEBALI Arturo: *Primer Campeonato Mundial de Football*, Ediciones De Ka, Montevideo, 1930.

CARPENTIER Florence: «*Aux origines de l'exclusion du tennis aux Jeux Olympiques*», «Orígenes de la exclusión del tenis en los Juegos Olímpicos», Cairn Info, 2009.

CAZAL Pierre: *L'intégrale de l'équipe de France de Football — La integral del equipo de Francia de Fútbol, París 1924*, First éditions, 1998.

COUBERTIN Pierre de: *Mémoires olympiques — Memorias olímpicas*. Reedición de la impresión de 1931, éditions Revue EPS, París, 1996.

DELAUNAY Pierre, DE RYSWICK Jacques, CORNU Jean, dirigido por VERMAND Dominique: *100 ans de football en France — 100 años de fútbol en Francia*. éditions Atlas, París, 1983.

DIETSCHY Paul: *Histoire du football — Historia del fútbol*, Perrin, París, 2010.

FIFA: *FIFA 1904-2004 Le siècle du football — FIFA 1904-2004 El siglo del fútbol*, Le cherche midi, París, 2004.

FIFA WORLD FOOTBALL MUSEUM: *L'histoire officielle de la Coupe du Monde de la FIFA — La historia oficial de la Copa del Mundo de la FIFA*, Marabout, París, 2017.

GARRIDO Atilio: *Un continente de fútbol. Conmebol 1916-2016*, Conmebol, Montevideo, 2016.

LEBLOND Renaud: *Le Journal de Jules Rimet — El diario de Jules Rimet*, First éditions, París, 2014.

RIMET Jules: *Histoire merveilleuse de la Coupe du Monde — Historia maravillosa de la copa del mundo*, René Kister, Ginebra, mayo de 1954.

TERRET Thierry: *Les Jeux interalliés de 1919 — Los Juegos Interaliados de 1919*, L'Harmattan, París, 2002.

WALL Frederick, *50 Years of Football, 1884-1934 — 50 años de fútbol, 1884-1934*, Soccer Books Limited, Cleethorpes, 2016.